点亮
学校质量

潘晓莉 ◎ 著

企业管理出版社
ENTERPRISE MANAGEMENT PUBLISHING HOUSE

图书在版编目（CIP）数据

点亮学校质量 / 潘晓莉著. -- 北京：企业管理出版社，2025.6. -- ISBN 978-7-5164-3286-0

Ⅰ. G637

中国国家版本馆CIP数据核字第202523AP03号

书　　名：	点亮学校质量	
书　　号：	ISBN 978-7-5164-3286-0	
作　　者：	潘晓莉	
责任编辑：	张　羿	
出版发行：	企业管理出版社	
经　　销：	新华书店	
地　　址：	北京市海淀区紫竹院南路17号	邮　　编：100048
网　　址：	http://www.emph.cn	电子信箱：504881396@qq.com
电　　话：	编辑部（010）68456991	发行部（010）68417763
印　　刷：	北京厚诚则铭印刷科技有限公司	
版　　次：	2025年6月第1版	
印　　次：	2025年6月第1次印刷	
开　　本：	710mm×1000mm　1/16	
印　　张：	17.75	
字　　数：	270千字	
定　　价：	88.00元	

版权所有　翻印必究·印装有误　负责调换

序 一

教育，质量视角下的把望

教育可以称为国家与国民最有价值的终身福利，它作为一种"播种希望，收获繁荣"的思想性、知识性活动，立足于历史和现实，决定性地影响着个人、家庭、国家、民族、文明的未来。

教育强，人才强；教育强，国家强。教育作为影响国家、民族乃至文明繁盛与否的底层体系，其质量的高低自然攸关兴衰成败。可以说，只有高质量的教育系统地落实在家庭、学校、岗位、社会4个具体的层面时，一个宏伟的历史篇章才会无尽地展开。

学校教育是教育体系中相对最为成熟、专业度最为完整的一个板块。作为人生必要的一个个时段，学校教育的方向、目的、方式、方法，以及学风、校风滋养着教师和学生的人性成长、知识生命。观诸那些优质的学校，无不形成了教师、学生、地区、国家命运绑定在一起的人文生态体系，它们不是片刻耀眼的流星、阴晴不定的月亮，而是居于引力场核心的恒星，其最大的特征是久历风雨却依然保持高水平。

2021年，青岛超银中学荣获两年一度的中国质量奖提名奖，作为一个地方名校，能获此国家级荣誉实属不易，可喜可贺。其获奖的理由就是多年来积淀形成了"点亮人性"原点上，"仁和"为根、"守衡"为魂，"和而有势，衡而尚进"的和谐、和合、和赢、均衡、平衡、持衡的超银"和衡"模式。

2022年，这一模式成为山东省首批质量管理模式推广案例。

作为教育质量的一个思考者，在引导超银中学系统性"嫁接"质量的过程中，我也深刻地体认到目前学校质量问题上存在的研究和管理空缺。学校质量，不是披上一件"质量"的外衣那么简单，而是需要从意识到内容、到形式的系统实施，需要大量学校、师生追求高质量学习、高质量成长的实际行动。我有幸在超银的校园内看到了人性教育根底上言传身教、潜移默化、生机盎然的弥漫，应该说，超银不一定是全国做得最好的、最有名声的，但它肯定是其中十分耀眼的一个，这源于它几十年来的持之以恒、孜孜以求。

一、为高质量学校画像

一所高质量的学校，如果要给它画像，该是什么样的形态、特性、特征？

按照能力"六边形战士"的结构与逻辑，一所学校应达到教学、教研、教管、文化、机制、人才等六个方面的均衡，并具有比较优势。"大学之道，在明明德，在亲民，在止于至善"，追根溯源，学校的高质量就是围绕着"德、智、体、美、劳"五维的高、中、低境界，锁定立德、辨识、执着的三角内核功能。其"四梁"应是底层架构的沟通、方法、质量、效率，"八柱"应是运营方面的组织、实施、监测、协调、考核、激励、总结、作风。

世界上没有完全相同的两片树叶，在基本特征一致的情况下，各所学校都有着各自的具体特征、特性、特点、特色，而高质量的学校基本一致的主体形象应是如下的状态。

绩效结果：绩效、人才、经验三个衡量指标稳健上扬。

主体特征：持续平稳攀升。

基本特点：扎实。

基本特色：纯正。

关键特性：阳光、勃发。

超银没有特殊的生源优势，却以"和衡"模式证明了教育"炼金术"的奥秘：当"仁和"的根系深扎土壤，"守衡"的枝干向阳生长，平凡的师生也能创造出非凡的教育生态。这恰是本书命名为《点亮学校质量》的深意——质量不是冰冷的评估指标，而是需要被持续点燃的人文之火。

二、学校质量的构成

成为名校肯定与生源有关，但这绝不是充要条件。实际上，大家巨匠眼里无废材、手中无朽木，其根本在于"匠"的质量。名校之"名"，在于它是一座熔炉，不论何种原料，都能炼成高纯度、高精度的有用之材。

在此意义上，可以把学校作为质量对象进行如下剖分。

结构上：本体、行为、结果三个层次的质量。

对象上：学校、师生、课堂三大主体的质量。

内容上：责任、知识、能力三个维度的质量；教学、教研、教管三个方面的质量；学习、生活、工作三个领域的质量。

功能上：启发、激发、奋发三个境界的"教学相长"质量。

学校的质量，首先是其主导思想的品质，有什么样的立校意识、教育思想、成果思想，就必然有什么样的教育制度、教育行为，高质量的思想主导高质量的行为。其次是其管理的质量，也就是对于学校、班级、课程、师生、作业等不同层面的驾驭的质量，一切因管理而不同，同样的食材在不同的厨师手里，做出来的菜肴品位大不相同，同样的学校、班级、课程、师生，因为管理者、教师的不同而状态迥异，原因无他，意识、技能、技艺上存在差异而已。

我在走访过的诸多优质学校中，发现了一个耐人寻味的现象：最动人的教育场景往往与硬件无关。某乡村中学的水泥操场上，教师用粉笔绘制的"星空地图"引领学生探索宇宙；某城市名校的实验室里，学生为失败百余次后获得的实验数据欢呼；超银为了让学生大胆扶起路边跌倒的老人而推出了"撑腰体"……这些画面共同诠释了质量的底层密码：教育是心灵与心灵的共振，质量是生命对生命的照亮；真正的教学质量在于唤醒而非灌输，在于激发而非塑造。

三、学校优质化的路径与钥匙

第一，"质量型"是学校优质化的基本路径。

"质量型"的基本思想，概括起来就是"质主量从，四基三标"。"数量型"是以规模大小、速度快慢、增长多少为标志的模式，其主导思想是量的增益，基本特征是一花独放的单维度经济效益为主，即好成绩为王；"质量型"是以状态优劣、层次高低、持续性强弱为标志的模式，其主导思想是质的增益，基本特征是经济、经验、精英（人才）、精神四个维度的效益，通俗来说就是"质量当家，主导运行的全过程"，具体表现为基础、基层、基本功、基本思想"四基"的夯实筑牢，进而对经济、经验、人才三个维度进行指标性考量。

"质量型"的基本路径，概要而言就是一魂四目、三纲五常。一魂即"质主量从"的灵魂；四目即以机制、模式、技能、作风为目，覆盖学校运营的全部活动；三纲即建立并落实学校文化、人才、质量三个纲领；五常即创新、激励、共享、亮化、总结工作的机制化、模式化。

其中，总结是最后一道工序，也是工作闭环的最后一扇门。常态化的总结，要的不是八股文式的例行公事，而是"事后复盘，总结要点"，对阶段性结果与经验、教训、亮点、案例等方面的成因进行梳理、整合、萃取、升华，从而得出系列性、系统性的内容，这是比那些用数字表达的活动业绩要珍贵若干倍的成绩。

第二，学校优质化的三把钥匙。

学校、教师、学生是教育的大三角，上课、作业、考试是教育的小三角。学校要实现优质化，一是在这两个三角中通过找长抓短、集长补短、扬长避短，找到找准改进、创新的标靶；二是面对这两个三角中不断涌现的新问题、新方法、新经验，找到找准解决痛点、堵点、难点、盲点、误区的支点、撬点；三是在这两个三角的工作中不时会有亮点闪现，要在梳理、集成、"反刍"亮点的基础上，提炼出新的思路、方法、措施。

四、学校质量的四重维度

若将学校质量比作一棵大树,那么我们既要观察地表之上郁郁葱葱的树冠(显性成果),更要关注地下纵横交错的根系(隐性机制)。这种立体视角下,学校质量呈现为四个相互滋养的维度。

思想的纯度决定教育的高度。北京某中学将"教育需要慢下来"作为核心理念贯穿课程设计,重塑了整个课程体系:取消铃声分割的课时,实行主题式跨学科学习,甚至允许学生用整个下午观察一朵花的绽放。这种反效率主义的勇气,源自对"教育即生长"本质的坚守。当教育思想摆脱功利主义的桎梏,质量便有了自由呼吸的空间。

管理的温度塑造教育的生态。深圳部分学校对教师专业发展激励机制做了有益的探索,如某校实施的"教学创新成果兑换体系",允许教师将教研成果转化为专业发展资源,这种将管理制度转化为成长生态的智慧,印证了管理大师德鲁克的判断:"好的管理是让平凡人做非凡事"。当考核指标让位于专业尊严,质量便在人性的土壤中自然萌发。

课堂的活度折射教育的深度。上海部分小学在语文教学中开展了文学思辨实践,如某校通过"孔乙己偷书行为伦理分析"引导学生进行多课时深度讨论,教师都认为这是最成功的教学——因为思想的火花比标准答案更珍贵。这类课堂实践揭示了一个道理:最有质量的学习往往无法量化。当课堂从知识传输站变为思维运动场,质量便在思辨的激荡中淬炼成型。

文化的厚度滋养教育的韧性。在云南边境地区的多所民族中学普遍保留着师生围炉夜话的传统,有的学校将现代科学与民族文化融合,形成独特的跨学科对话机制。这种文化沉淀形成的"教育免疫力",使学校在功利的浪潮中始终保持着精神坐标。正如人类学家玛格丽特·米德所言:"文明延续的本质,是长辈对晚辈的耐心倾诉。"

五、学校的质量王牌，多来几张

学校的质量王牌包括名师、名课、名生、名事件，其成名的内容由方法、经验、模式、机制，以及标志性的思想、理念、名言所组成。所谓"多来几张"，就是让这些内容扩容、增高，以提升学校的含金量、驰名度。只有从小名气的标签成长为标杆，成长为地域、时代、民族、文化的标志，那样的名校才能承受"王冠"之重。

作为本书的核心案例，青岛超银学校的实践堪称中国基础教育质量探索的典范。在第三任总校长潘晓莉——这位青岛市最年轻的教育行业拔尖人才、山东省齐鲁名校长培养工程唯一民办校代表的引领下，超银用近十年时间完成了从普通民办校到全国质量标杆的蜕变。当我们追问"什么是学校质量的终极体现"时，超银的"和衡"模式给出了震撼人心的回答：质量是看得见的人性之光，是数十年如一日的坚守，更是敢于打破常规的教育勇气。期冀读者通过借鉴青岛超银学校持续摸索的事例、亮点、轨迹，能让我们的孩子站在前人的肩膀上眺望得更远。

2024 年 12 月于北京

（项润：中国·泰山质量论坛组委会主任、中国质量 50 人沙龙首要发起人、北京盛世泰山企业管理顾问有限公司董事长、《企业研究》杂志封面人物）

序二

探寻教育高质量发展之道

2021年，青岛超银中学荣获第四届中国质量奖提名奖，这不仅在当时引起轰动，而且直到今天，赞誉之声依然在不少地方回响。因为获得如此之殊荣者，在中国初中教育领域尚属首家，迄今也是唯一。

人们在为之惊叹不已的时候，也在叩问它何以取得如此之高的成就。这所民办学校究竟有何绝技妙招，才能在全国各个行业的质量评比中脱颖而出呢？

潘晓莉校长出版的《点亮学校质量》一书，为我们揭开了这一谜底。

一、学校文化

纵观几十年乃至数百年兴盛不衰的世界级大企业，无一例外地都拥有属于自己的优质企业文化，正是在以文化人中，让企业始终保持着蓬勃向上的精神气象。

学校何尝不是如此。优质的学校文化，为学校的持续高效发展注入了生生不息的生命动力，让其从一个成功走向另一个成功。

超银从其诞生之日起直到现在，一直关注学校文化建设，持续不断地促进师生的发展。

有的学校也有制度，还张贴到墙上乃至装订成册，可是师生对之知之甚少，即使全然了解，由于没有内化于心，所以那些制度只是成了一纸空文。超银则不然，其制度手册"薄得可怜"，一共60页，都是在学校发展历程中随着国家法律法规的不断完善，吸取了一些教训后而建章立制。手册中涉及的"红线问题"包括有偿补课和体罚或变相体罚学生，任何教职工触犯这两道红线，都知道"我必须离开了"，不需要任何领导干部再去谈话。其他的包括《接待家长礼仪规范》《外出学习审批制度》等，则根据情节轻重对教师的行为进行规范和校正。久而久之，大家不仅敬畏学校制度，而且从遵守制度中生成了一种自豪感、责任感。教师的很多行为正是应了"达克效应"里的"我不知道我知道"这一最高级别的认知层次，这也是潘晓莉校长在系统学习卓越绩效管理模式之后发现超银的教师每天都在做的正是这个模式下的事，只是他们自己不知道而已。所以，超银中学能一举拿下中国质量奖提名奖就不足为奇了，毕竟他们每天都在琢磨如何从优秀走向卓越。

比如《教师家访须知》这一制度，其主要目的是加强家校联系，了解学生的家庭背景和学习环境，以及促进学生学习和发展。其中要求"每学年家访数量不少于班级总人数的50%"，但超银的老师们创造性地发明了"菜单式家访"，即家长可以根据自己的需求自主选择参与家访的学科老师、时间和形式。每到寒暑假，超银的班主任和科任老师都忙了起来，大家根据家长的选择进行分工，有的入户家访，有的在学校接待，对于不方便进到家里的家庭，老师们会"组团"约在附近的咖啡厅，对家长和孩子进行多对一的"问诊把脉"。通过这种形式，老师们不仅每学年都可以访遍全班，还大大调动了家长的积极性，主动参与到家校合作中，大大拉近了家校距离，密切了师生关系。

所以，在超银学校，所有的制度都已经内化到了师生的心里。正是有了这种优质的学校文化，整个学校无须领导特殊监管，却会有序地运行。有着上千名教师和上万名学生的超银学校，正是因为有了制度文化，才有了高效而又"自动"的运转，才有了真正意义上的高质量。

如果说超银学校的制度文化有着内化于心、外化于行的特点，那么，其精神文化则在无声中彰显着巨大的生命能量。学校精神文化是指学校行为主

体共持的价值取向、道德归属、思维方式、文化思潮、生活观念等意识形态及共创的精神氛围,是一个学校本质、个性、精神面貌的集中反映。学校精神一经形成,便具有相对的稳定性、较强的融合性和渗透性,是学校发展的底蕴所在。

比如"拼搏忘我、永不言败、敢于争先、勇于探索"的十六字超银精神,就属于精神文化的范畴。这种学校精神甚至无法用具体的标尺予以衡量,可是它无时无处不在,它或隐藏或彰显于师生的一言一行之中,有"道法自然"之美,也有行云流水之势。如果从某一个人身上可以看到这种精神文化气象的话,那么,成千上万师生所汇聚而成的精神文化,则有了气势磅礴和雷霆万钧之力,从而让整个学校气象万千又朝气蓬勃、所向无敌又硕果累累。

二、激活潜能

孟子说:"人皆可以为尧舜。"看来,每一个人都有着巨大的生命潜能,可是,这些潜能如果不予激活,就有可能慢慢地消解,乃至处于死寂状态。一个人本来可以叱咤风云地取得巨大的成绩,却在庸庸碌碌中度过一生。

激活人的潜能,需要伯乐,也需要机制。超银教育集团的创始人张勤董事长不仅是一个伯乐,而且也是激活潜能机制的创建者。

如果没有董事长的慧眼识英才,潘晓莉也许能成为一位优秀的教师,却未必能成为掌管这所万人学校的校长。其实,当初乃至后来被委以重任,也出乎潘晓莉的意料,甚至感到无法胜任工作。可是,她从董事长的信任中受到了鼓舞,内在的动力也自然而然地被启发,隐藏在身上的潜力也被激活,于是,从开始的不自信到后来的信心满满,从起初的小有成绩到今天的成绩斐然,进行了一次又一次的突围,创造了一个又一个的奇迹,乃至有了凤凰涅槃式的生命飞跃。

令人欣慰的是,潘晓莉"心有灵犀一点通"地领略到了董事长的智慧,也从不同的视角激活每一个教师内蕴的生命潜能,让他们从不同的方面拔地而起,斩获成功。

教师们又自觉不自觉地激活潜能于所教的学生，让这些生机勃发的孩子惊喜于自己的潜能之大，不仅当下在各个方面取得了优秀的成绩，而且还会将这种品质向其未来的生命不断延伸，从而让他们拥有一个更加美好的人生。

当更多的教师和学生的潜能被激活之后，不但每个人都有了新的生命气象，而且汇聚成一种积极向上的群体能量，从而让超银彰显出了更加旺盛的生命张力，其知名度、美誉度和可信赖度也越来越高，乃至从青岛走向山东和全国。

三、立己达人

孔子所说的"己欲立而立人，己欲达而达人"，是其终身"一以贯之"的"道"，而超银学校正在践行着孔子这一立己达人之道。

在"己立立人"方面，潘晓莉绝对是"身先士卒"，不断地发展与超越，实现了其人生的价值；超银的教师们一直在努力而行，不仅持续学习提高教学水平，而且修身以敬和"幼吾幼以及人之幼"；学生们也一直行走在品学兼优之路上，本书中的美德少年的事迹，动人心扉，感人至深。可以说，这是一个不断奋进且超越的群体"雕像"。

更让人可敬的是，这些已经在成就自身中不断前行的人们，同时也在"己达达人"之道上阔步前行。他们希望更多的学校更好更快地发展，于是，在政府的支持下，托管了两个办学质量相对薄弱的公办学校，并让超银的干部和老师"进驻"学校，全面接管。被托管学校不仅教学成绩取得大幅度提升，更可喜的是，学生的精神面貌焕然一新，学校也呈现出一派欣欣向荣的景象。孩子幸福了，家长满意了，社会赞誉了。

在与潘晓莉校长的交流中，让我感动的还有这本书的出版。因为这些成功的经验不只适用于民办学校，也适用于公办学校，不仅适用于优质学校，也适用于普通学校，所以，她希望更多的学校能够从学校质量发展的角度，跳出教育做教育；从生命成长质量的角度，让更多的孩子拥有一个美好的童年和少年时光，每一天都生活得更有质量。没有历史担当的精神，没有"立

人达人"的品质，是不可能如此而为的。

这让我不由地想起孔子高足曾子之言："士不可以不弘毅。"超银学校的一批有识之士，正在弘毅而行，其他学校的校长和教师们，是不是也应当"择其善者而从之"和"见贤思齐焉"呢？

陶继新

2024 年 12 月 29 日于济南

（陶继新：山东教育社编审、原总编辑，《中国教育报》山东记者站原副站长，教育部"国培计划"中小学名校长领航工程导师）

目录

第一章　一个标本，从无到有的历程　001

第一节　那份厚重的教育情怀　003
　　一、背负嘱托的艰难起步　003
　　二、星火，从职业高中点燃　005
　　三、基础教育才是心仪的应许　006
　　四、贯通小初高，跨越漫漫征途　010
　　五、3.0时代，跨越在二次蜕变线上　019

第二节　钟乳石的折射，精神基因、文化根脉　022
　　一、人文胚胎，落定课堂琅琅读书声　022
　　二、活力之源，体制、用人与文化　025
　　三、学校特色，追求与实际的契合　029
　　四、师生们的星空，超银精神的镜像　034

第三节　学校质量和模式质量　038
　　一、模式探索，办学方式多样　038

　　　　二、解读超银高中崛起之路　　　　　　　　　　　042
　　　　三、卓越，山巅之光的照耀　　　　　　　　　　047
　第四节　钥匙——"和衡"素质教育质量管理模式　　052
　　　　一、探因：源与流　　　　　　　　　　　　　　052
　　　　二、"和衡"模式　　　　　　　　　　　　　　053
　　　　三、模式的力量：做法与结果　　　　　　　　　054
　　　　四、"和衡"的移植成活了　　　　　　　　　　066
　　　　五、墙外香，流韵国内外的足迹　　　　　　　　067
　　　　六、质量之路，方向对就不怕路远　　　　　　　069

第二章　市场浪涛中，学校教育之锚　　　　　　　071

　第一节　锚定在人性基因上的德育　　　　　　　　　072
　　　　一、德育，从生物模仿到人文体系　　　　　　　072
　　　　二、几千年的德育森林　　　　　　　　　　　　075
　　　　三、德育品牌化，融入日常细无声　　　　　　　079
　第二节　对思想进行校正，德育最耀眼也最不起眼的事　088
　　　　一、为师之范数千年　　　　　　　　　　　　　088
　　　　二、超银德育观念的体系与落地　　　　　　　　091
　　　　三、机制成长，从1.0到3.0　　　　　　　　　　093
　　　　四、规矩、标杆、灯塔，是做出来的　　　　　　096
　　　　五、四个源头上流觞　　　　　　　　　　　　　100
　第三节　结果可视，赢得心动在触动　　　　　　　　104
　　　　一、美德少年火全网　　　　　　　　　　　　　104
　　　　二、殊荣，"群生现象"冰山下的根系　　　　　108

三、超银，公众"槽点"里的"一把火"   113

第三章　百年教育改革的投射　　123

第一节　办学思想，原点决定终点　　124
    一、学校质量谁领航　　124
    二、教改：对象、内容、方法　　130
    三、教学成果：短在一次考试，长在后半生　　135

第二节　学校活力的"三量"：含金量、含氧量、含光量　　148
    一、每堂课都是生命中的一片绿叶　　148
    二、"六维和衡"课程体系　　153
    三、破困局，布新局　　155
    四、一校一品，棵棵大树皆不同　　162
    五、办学品质"活生生"，每位师生每节课堆起来的样本　　174

第三节　作业，"学而时习"与"变现"的信息工具　　182
    一、标准化：疑惑—困惑—不惑　　182
    二、打通迷宫之墙释放天性　　186
    三、生出教育数字化的翅膀　　195
    四、作业改革，让学校家长各归其位　　199

第四节　多维评价，牵动动力源　　203
    一、"五育"融合的多维评价体系　　204
    二、如何考评？成长之重与操作之轻　　208
    三、大数据，千人样本的综合素质报告　　210

第四章　学校，民命所系、社会所期　　213

第一节　学生心灵故乡里永远的"金牌门童"　　214
　　一、"金牌门童"故事里的理念　　214
　　二、点滴涟漪扩无际　　215
　　三、渗透进家庭，拨动家长需求　　223
第二节　学校不是学校的私家领地　　230
　　一、家长满意，促进社会教育的边际关系　　230
　　二、家校关系，通力合作见真章　　234
　　三、学生的心灵由我们一起守护　　238
　　四、学校，众望所依之地　　247
第三节　学校质量，培育未来的母腹　　250
　　一、教育系未来　　250
　　二、学校伸向未来的"触须"　　253
　　三、"三健康"，人的底层逻辑量表　　260

后记　在奠基人的瞩望中　　263

第一章

一个标本,从无到有的历程

2021年9月16日，在中国质量（杭州）大会上，由国家市场监督管理总局组织的第四届中国质量奖评选结果正式揭晓，青岛超银中学凭借"点亮人生""和衡"素质教育质量管理模式一举夺得中国质量奖提名奖（见图1-1），成为全国5.29万所初中学校中唯一获此殊荣的学校。

图1-1 超银中学获得第四届中国质量奖提名奖

中国质量奖是中国质量领域的最高荣誉，于2012年经中央批准设立，每两年评选一次。中国质量奖旨在推广科学的质量管理制度、模式和方法，促进质量管理创新，传播先进质量理念，激励引导全社会不断提升质量，推动质量强国建设。

超银中学获此奖项，既是对过去一代代超银人拼搏奋进、不断超越的肯定，也是对未来超银继续走高质量办学发展之路的激励，更是一代代超银人拼搏奋进、坚持质量立校、敢于跳出教育办教育而换来的成果。超银创建的"点亮人性"原点上的"和衡"素质教育质量管理模式，持之以恒地"活跃"在校园、班级、课堂，"活跃"在每一位师生、家长的心田。模式是最具智慧能量的阶段性定式和促进优质成长的金钥匙，而且它的生命力也最有说服力。在这个"全国唯一"的背后，是众多有教育情怀的民办教育办学者经历的缩影，也蕴含了一部当代民办教育从苦到甜、从弱到强的奋斗史。

第一节　那份厚重的教育情怀

一、背负嘱托的艰难起步

民办教育在我国有着悠久的历史，无论是春秋时期的私学，还是宋代的书院，抑或是近代的教会学校，历来都是我国教育不可分割的重要组成部分。1978年改革开放以来，国家陆续出台政策放开民办教育，形成公办教育和民办教育"两条腿走路"的方针，以国家办学为主体，鼓励群众自筹经费办学，民办教育被纳入国家教育体系，民办教育事业开始复苏。1992年，党的十四大报告指出，"鼓励多渠道、多形式社会集资办学和民间办学，改变国家包办教育的做法。"1993年2月中共中央、国务院颁布的《中国教育改革和发展纲要》指出，"改变政府包揽办学的格局，逐步建立以政府办学为主体、社会各界共同办学的体制""国家对社会团体和公民个人依法办学，采取积极鼓励、大力支持、正确引导、加强管理的方针"，民办教育开始推进到中、高等职业教育和职业培训领域。20世纪90年代初，一些城市的基础教育、高等教育等领域的民办学校不断发展，呈现出多类型、多层次的特点。在这一全国性趋势的推动下，青岛的民办教育也开始起步。当时，青岛滨海学院、南洋学校、白珊学校等不同层次的民办学校陆续创办，标志着青岛民办教育开始起步。尽管办学理念各有特色，但整体仍处于发展初期，规模较小，教育层级相对有限，社会影响力尚在逐步积累之中，可以说，创办民办学校这条路并不好走。但是出身于这座城市里一个教育世家的两兄弟——张旗和张勤，在他们的心中一直有一团"火"，那就是投身教育事业的理想和情怀。他们的父亲是青岛二中原物理名师张友农，被一场突如其来的车祸夺去了生命。父亲重伤住院期间，看着一群群前来探望的学生，张旗和张勤感受到了父亲被尊敬和爱戴的力量,这也正是促使他们循着父亲的足迹进入人民教师队伍的力量。此后,张旗一直任教于青岛市多个公办学校,和父亲一样成了一名优秀的教师。张勤则在从教数年后"下海"经商,但他的内心从未真的离开教育,仍时刻关注着教育。兄弟二人只要凑在一起,聊的都是教育话题。直到有一天,他们从媒体了解到国家颁布的新政策,敏锐地捕捉到了兴办民办学校的机遇。

1997年,国务院颁布《社会力量办学条例》,这是中华人民共和国成立以来第一个规范民办教育的行政法规,标志着我国民办教育进入了依法办学、依法管理、依法行政的新阶段。条例中提出:"社会力量办学事业是社会主义教育事业的组成部分。"这意味着民办教育的地位从"补充"转变为"教育事业的组成部分",民办教育的春天来了。而这一政策也促使张勤和张旗下决心要办一所民办学校,这既是追循父亲的意志,又承载着兄弟二人想要为党和国家教育事业尽一份力的责任。

他们随即行动起来,学校的启动资金来自张勤经商后收获的"第一桶金"。几经考察和辗转,最终确定租下当时位于青岛市市北区明霞路12号的一处废弃的校舍用来办学(见图1-2)。由于资金短缺,课桌椅等办学硬件设

图1-2 位于青岛市市北区明霞路的超银发源地

施又成了问题。几经周折，他们最终从一些公办学校淘汰的设备中凑齐了办学需要的部分设施。旧桌椅重新刷漆，再招聘一些刚退休不久的老教师，就此成了学校初创的班底。学校名字叫什么好呢？回顾自己40年的创业经历，张勤认为，坚持是一个人最伟大的品质，遇到困难只有不退缩，勇于面对，才能不断战胜自己，才能超过银子像金子一样闪闪发光。超过银子才是金，那不如就叫"超银"吧！

二、星火，从职业高中点燃

20世纪90年代，国家陆续颁布了《关于大力发展职业技术教育的决定》和《中华人民共和国职业教育法》，为职业教育的兴起与发展奠定了基础。1998年4月18日，经青岛市教育局批准，青岛超银职业高级中学正式成立。学校创立之初，几位办学者包括张勤、张旗、邓炳端等人，他们带领同事们走街串巷，奔波于各大招生咨询大集，最终招收了第一届200多名学生，完成了6个班的招生计划。可以说，这一招生成绩已经远远超出了业内人士的预期，超银办学的星星之火就此点燃。为了适应当时的社会需求和就业需求，初创的超银职业高级中学以司法文秘专业为主项，后期又陆续设置了讲解主持、法律事务、旅游服务与管理、网球（体育特长班）、舞蹈表演等专业课程。为了给学生提供更好的教育资源，学校聘请了当时的央视主持人、著名相声演员和青岛电视台资深主持人担任顾问，对学生进行职业道德以及艺术和专业指导。学校还与青岛市司法局签署了独家联合办学协议，定向培养学生。模拟法庭等诸多司法实践活动的课程吸引了众多学生踊跃报名，一时间成为岛城职高专业设置的一大亮点。该专业也培养出一大批热爱司法事业的学生，如今活跃在青岛市法律界的许多精英人士就是从超银职业高级中学毕业的。

超银从职业教育起步，经过三年的发展，终于在青岛市民办教育的版图上立住了脚跟。学校陆续与华东政法学院、湖北警官学院等院校签署输送协议，学生毕业后直升对口大学继续深造。除了培养出专业突出、技能过硬的优质学生外，更为社会输送了大批实用复合型人才。2003年，超银职业高级

中学和当时已经成立的超银中学联合青岛市歌舞剧院开设了舞蹈特色班。每天上午学生在超银中学学习文化课程，下午由青岛市歌舞剧院的教师专门辅导舞蹈课，学制五年，颁发中专文凭，毕业后可直接与歌舞剧院签约。当时，该舞蹈特色班也成为超银职业高级中学、超银中学与专业艺术机构密切对接、通力合作的典范。

超银职业高级中学这段办学历程虽然并不长（1998—2008年），却奠定了超银办学的基因和文化。如今大家熟悉的超银各大校区一些重要的特征和办学思路都是从超银职业高级中学传承下来的，比如坚持教育家办学思路，建设风正心齐的教师队伍、拼搏超越的校风学风，办家长满意的教育，等等。

三、基础教育才是心仪的应许

职业高中走过了三年，除了培养出一群有特长、爱生活、朝气蓬勃的学生，超银的办学者也发现了一些教育存在的问题。很多学生在小学和初中阶段出现的问题没有被及时纠正，导致一些"好苗子"错失了接受高等教育的机会。

基础教育在社会发展和个体成长中占据着至关重要的地位，它不仅是提高国民素质、培养各级各类人才的基石，更是一个国家教育体系的起点和基础。只有强大基础教育，为每个孩子提供全面、均衡、高质量的基础教育，才能为他们的未来创造无限可能。这种教育不仅仅是知识的灌输，更是价值观的塑造、能力的培养和对个性的尊重。

基础教育阶段是学生形成世界观、价值观和人生观的关键时期。在这一阶段，学生不仅学习基础知识和技能，更重要的是养成良好的品德、健康的体魄、审美的情趣和劳动的习惯，其中德育是第一位的，它是价值观层面的引领。超银的办学者开始思考：如果能从基础教育开始办学，是不是就能为国家、为社会培养更多的人才？

2001年，超银的办学者遵循教育初心，顺应时代的变化，提出了从职业教育尽快转轨到基础教育的新发展战略。几经辗转，最终在市北区广饶

路141号租用一处校舍创办了青岛超银中学，也就是如今的超银中学广饶课改校区（见图1-3）。秉承教育家办学的思想，建校之初，超银中学就聘请了刚刚从青岛二中退休的校长邹积经。彼时的青岛二中已经是闻名全国的重点高中，邹校长本人有着丰富的治校经验，在学校管理、教育教学方面形成了自己独特的风格。他曾荣获全国先进教育工作者、教育部劳动模范、省市优秀教育工作者、青岛市十佳校长、青岛市优秀教师等多项荣誉称号。在退休前，邹校长已经接到了数所学校的盛情邀请，为何最终会选择当时初创的超银中学呢？答案还是"教育情怀"四个字。邹积经当年求学时，他的老师正是张勤董事长的父亲张友农，"帮助我恩师的孩子把学校办起来，办下去，这是我来超银中学当校长的初衷和目标"。

图1-3 原超银中学广饶路校区

2001年初夏，在市北区广饶路141号的大门口，邹校长一人一桌一茶杯，支撑起了超银中学的"招生咨询处"。老校长的热情比气温更高，对所有来咨询的家长和孩子都进行一对一的沟通交流。和超银职业高级中学初创时如出一辙,大家并不看好刚刚建校的超银中学,更多的报名者是冲着邹校长的大名来的。最终,384名水平参差不齐的孩子成了超银中学的首批学生。超银基础教育的大船,正式从这里启航了。

招生工作结束后,邹校长开始思考超银中学的未来,思考这所学校应当具备怎样的气质和灵魂。邹校长结合自己数十年的教育经历,把教育经典的理论和自己通过实践得出的真知进行结合,开始为超银中学制定校训。那段日子,邹校长一直随身带着一个本子,随时记录自己的想法和思路。最终,"砺志、铸魂、奠基、自立"八字校训经董事会一致通过,一直沿用至今。对校训的解读,邹校长是这样说的:"立志"容易"砺志"难,学生需要在千锤百炼、矢志不移中才能磨砺出自己的意志。"铸造灵魂"是超银"根植人性、启迪智慧"办学观的一种格局,它包括理想信念、道德情操等内容的价值意志。"为学生的终身发展奠基"不是一句空话,中小学是整个教育过程中最基础的阶段,只有"地基"打牢了,才有将来的"万丈高楼"。"自立"是超银赋予学生面对社会的一种根本性能力,其中包括了自主学习、独立思考、担当责任的能力。建校以来,全体超银师生在这种磨砺意志、铸造灵魂、奠定基础、自立自强的校训精神引领下,创造了一个又一个辉煌,校训也深深刻入每个超银师生的心里,影响着他们的一生。

超银中学建校前几年,"拼搏超越"就被刻进了学校的基因里,特别是教师队伍,在社会上迅速形成了"超银的老师是超人"的口碑。有一天上完两节课后,教英语的商老师找到校长请假。校长了解情况后才得知原来当天中午商老师要举行婚礼。面对人生大事,商老师没有跟任何人说,因为在她的心里学生是第一位的。为了不耽误课程,她把筹备婚礼的事情一股脑扔给了自己的丈夫,甚至在婚礼当天早上还来学校上了两堂课。这位新娘子用了当天上午仅有的一个多小时的时间,赶到婚礼现场化了个妆,来不及做其他的细致准备就"匆匆忙忙"走进了婚姻殿堂。老师为什么会这样做?没有制度的约束,有的只是文化的传承。建校初期,退休返聘的老教师们就给年轻教师打了样、树了标。教语文的吴老师生病在医院打吊瓶,一看要到上课时间了,把针拔下来就走,多次受到大夫批评;教数学的杨老师腰椎不好,挂着拐棍坚持上课,下课后就在办公室将两个椅子拼起来平躺一会儿以减轻痛

苦；教语文的于老师脚崴了，每天打车上下班，从未耽误一节课；教研活动时老教师把自己一辈子的教学经验毫无保留地传授给年轻人……这样一群可爱可敬的老教师，言传身教出一批批优秀的年轻教师，他们所教的学生又怎会不像金子一样闪闪发光？很快，成立仅两年的超银中学就迎来了一次检验教学质量的机会。当年学科类竞赛风靡全国，2002年4月，全国初中数学竞赛青岛赛区开赛，各个初中学校摩拳擦掌，精锐尽出。一般而言，由于学科深度和涉猎知识面有所差异，各初中学校都会派出初三学生参加竞赛。而当年的超银中学建校只有两年，还没有初三学生，学校只能派出初二学生组成参赛队伍，结果一举夺得该项比赛团体项目第二名的好成绩。当时有媒体称之为"2/3打败了1"。从那时起，超银中学的影响力逐渐扩大。

2002年，超银中学又迎来了一位在日后的学校发展中起到了至关重要作用的教育专家——从青岛十二中副校长位置退休的张桂芝校长。她来到超银中学后，先后担任教导处主任、校区副校长、校长、总校副校长、总校常务副校长。在超银中学，这位内心坚定、思维缜密、对初中教育有深刻洞见、对办学质量有执着追求的教育专家成为学校发展的定海神针。她高举质量立校的大旗，坚持以课堂为主渠道，每天身体力行、心无旁骛、全身心地投入教学管理工作中。她平均每学期听评课200余节，以此来指导、引领青年干部、教师迅速成长。她用自己的理论和实践为学校营造了风清气正、拼搏向上的良好风气，为教师队伍的培养、为超银文化的传承做出了重要贡献。

在第一代领导集体的带领下，学校以质量为生命线，围绕办学质量推出了诸多举措，比如校长包干制、提优班培训计划等。经过全校师生三年的拼搏努力，超银中学第一届毕业生创造了震惊全市的成绩。当年青岛各个高中的录取分为直升录取和中考录取两种方式。在率先进行的直升录取考试中，超银中学就有10人被当时青岛市最好的高中——青岛二中直接录取，直升率全市第一！在接下来的中考中，超银中学又交出了一份令人惊叹的成绩，各项指标均位居全市初中学校前列。作为一所刚创办三年的民办初中，超银中学犹如一匹黑马，备受瞩目。之后，学校的招生也伴随着中考成绩一路走红。2004年，从青岛十七中校长位置刚退休的张应奎校长应邀来到超银中学担任副校长。担任高中校长时，张校长就极其重视办学质量，把十七中带到了青岛市优质高中的行列。来到超银中学后,他迅速适应了民办初中的办学模式,凭借务实的作风,使超银中学得到进一步的提升和发展。

从 2005 年开始,超银中学每年的招生现场都特别火爆。家长为谋求一个学位,往往提前一两年就着手准备,每到报名时,学校门口都早早地排起了长队。那个年代民办初中的招生是"额满为止",每到报名日的前一天晚上,就有家长带着帐篷、马扎、泡面来到学校门口开始排队,很多家庭甚至是祖孙三代"接力排队"。有几年报名日前夜下起了瓢泼大雨,但依旧无法浇灭家长把孩子送进超银中学的热情。有市民说,"超银中学的报名简直是奇观,别的学校都是拼命往里招生,而超银却出现了学位实在太紧张,不得不派出工作人员努力劝后面排队的家长选择其他学校的现象。"家长的认可、社会的认可,也促使超银中学逐渐成长为青岛市民办教育中的品牌学校。

四、贯通小初高,跨越漫漫征途

从孔子时期的私塾教育到如今的强调个性化教育,展现了中国基础教育的发展历程和未来方向。孔子是中国古代私塾教育的创始人,他提出的"有教无类"思想,打破了教育的阶层壁垒,使教育普及到更广泛的社会阶层。孔子的私塾教育注重道德教育和个人品德的培养,这与当代中国基础教育中强调的"立德树人"有异曲同工之妙。中华人民共和国成立后,基础教育进入了一个全新的发展阶段。1983 年,邓小平提出的"三个面向"(教育要面向现代化,面向世界,面向未来)成为中国现代教育的航标。1985 年,《中共中央关于教育体制改革的决定》提出"有步骤地实行九年制义务教育",推动了义务教育的普及。进入 21 世纪,中国教育开始着力于教育现代化,强调素质教育和个性化教育。个性化教育是深入贯彻素质教育的客观要求,它强调尊重学生主体性和差异性,发展学生潜能。智能时代的到来,使得个性化教育成为教育变革的必然趋势,技术的发展为个性化学习提供了可能。个性化教育的核心是因材施教,它要求教育系统能够根据每个学生的特点和需求提供定制化的教育服务。这种教育模式旨在帮助每个学生获得自我成长和自我实现,这与孔子时期的教育理念相呼应,同时也体现了中国基础教育的发展方向。

从孔子的私塾教育到如今的个性化教育，中国基础教育一直在不断地探索和进步，以适应时代的发展和人的需求。超银教育也是如此。

2006年，青岛市原四方区政府、教育和体育局为了解决区域内优质教育资源不均衡的问题，邀请超银到区域内办学。在鞍山五路2号，超银自行投资建起校舍，创办了超银中学鞍山路校区（见图1-4）。这次建校，超银的办学者们心态归零，从头出发，但与1998年办学时不同的是他们多了一份底气和从容。多年的办学实践积累的宝贵经验和文化的积淀在这时发挥了重要作用。

图1-4 原超银中学鞍山路校区

超银中学鞍山路校区由原青岛八中校长傅余勇担任首任校长。傅校长是2001年来到超银中学广饶路校区的，带着丰富的治校经验，担任校区副校长。在接到筹建新校区的任务后，傅校长欣然赴任，成为鞍山路校区的创校校长。对他来说，有利条件是超银的品牌已经在岛城教育界打响，超银文化已经初步形成，也有了相对稳定的师资团队。但挑战也显而易见，毕竟万事开头难。为了支持新校建设，董事会从广饶路老校区输送了各学科的骨干力量，他们带来的不仅是经验，更是超银精神和超银文化。同时，傅校长亲自组织招聘面试，对来自全国各地的上百份简历逐一审核，与应聘者交流，请他们试讲，最终确定了首届30名教师队伍的名单。

傅校长不仅关注教学质量，也特别关注学生的综合素质发展。他将"慎独"思想纳入学校德育体系，对全校师生都产生了深远影响。他从培养学生综合能力的角度出发推出了"超银论坛"活动，旨在引导学生关注社会、思索人生、启迪智慧。他还特别重视学生体质健康，提出"每天一千米，健康属于你"的口号，号召全校师生每天都进行跑操活动，一直延续至今。在傅校长的带领下，学校的素质教育硕果累累，和教学成绩齐头并进，进一步擦亮了超银的金字招牌。

然而，回顾鞍山路校区的建校史，和广饶路校区类似，前三年基本上属于"捡漏期"。在广饶路校区未能报上名的，才会"退而求其次"选择鞍山路校区。对于生存是基础的民办学校来说，生源数量是第一位的，对质量不敢过多奢求。虽然在那个时候超银已经小有名气，但是家长最认可的还是广饶路校区，毕竟超银的名声都是广饶校区创出来的。鞍山路校区第一届招收了9个班，在全市的基线测试中仅位列第九。面对现实，傅校长提出了三年后"保六争三"的目标。一千多个日日夜夜，鞍山路校区的师生们不断践行超银精神，运用科学的教育教学方法，教学成绩突飞猛进。在三年后的青岛市中考中，鞍山路校区一举考出了全市第三名的好成绩，与广饶路校区并驾齐驱，成为青岛市优质初中的头部学校。

2009年，根据国家的相关政策要求，位于市北区镇江支路的一所改制小学要规范其办学性质。市北区教育和体育局希望由超银来接管这所改制学校。当时这所学校一年学费仅有2000多元，招生还有些困难。随着超银文化的浸润，成立短短数年，青岛超银小学（见图1-5）便跻身全市热点小学行列。

图1-5 青岛超银小学

2010年后,青岛超银学校进入了发展的快车道。2011年11月,由中共青岛市委主办的刊物《青岛通讯》在封面头题的位置,将青岛超银学校誉为"岛城民办教育的一面旗帜"。在该期党内刊物中,《青岛通讯》的采编人员全方位解读了超银的办学之路,回顾了超银成为"岛城民办教育的一面旗帜"的发展历程。

2015年,青岛西海岸新区教育和体育局在相对偏远的区域投资建设了一所新校(见图1-6),为了把这所学校办出品质、办出成绩,新区教育和体育局以"公建民营"的形式引进超银学校。经过三年的发展,西海岸新区超银学校教育教学成绩斐然,异军突起,如今已经发展成为一所千人大校。

图 1-6 西海岸新区超银学校

2016年，超银教育集团与青岛报业传媒集团合作办学。新校区位于市北区金沙路16号，校舍由报业传媒集团的厂房改造而成（见图1-7）。随着新校区的投入使用，老厂房焕发了新活力，国有资产被盘活，周边居民也享受到了优质的教育资源。

图 1-7 超银中学金沙路校区

2017年，青岛超银高中成立（见图1-8）。超银高中继承并发扬了超银的优质教育基因，经过短短两年的发展，迅速得到广大家长和学生的认可，教育教学连创佳绩。如今超银高中从最初只有4个班160名学生的小规模民办高中发展成一所千人学校，录取分数线从第一届低于全市公办最低普高线28分，到2024年高于公办普高线13.5分，成为全市唯一一所在一、二志愿就报满的民办高中。生源数量和质量的提升改变了市民对民办高中的刻板印象，在一定程度上也改变了青岛市高中学校的格局。

图1-8 青岛超银高中

2018年，市北区教育和体育局为缓解招生压力，与超银教育集团达成一致意见，将超银中学鞍山路校区搬迁到青岛第四十三中学（镇江路40号），更名超银中学镇江路校区（见图1-9）。2021年，经市政府决策，将镇江路校区划归市南区管理，至此超银在市南区、市北区均拥有了自己的校区。学校的搬迁和变革并没有对办学质量造成影响，随着办学条件的改善，如今的镇江路校区在市南区的体质监测、教育科研、竞赛获奖、师生面貌等方面均处于领先地位，办学质量持续提升。

图 1-9 超银中学镇江路校区

2018年，为有效缓解老城区学位紧张、入学难的问题，应政府要求超银中学金沙路校区小学部正式开始招生。同年教师节前夕，青岛市市北区区委区政府领导专程来到超银中学金沙路校区走访慰问。领导们对超银学校给予了充分肯定："虽然民办学校与公办学校的体制不一样，但教育的目的是一样的，都是提供优质的教育资源。能让孩子受到好的教育就是好的学校，我们全力支持像超银这样的民办学校。"

2021年，超银教育集团在加拿大温哥华地区创办了加拿大超银双语学校（见图1-10）。超银也成为山东省首家在海外创办学校的民办教育集团。

图 1-10 加拿大超银双语学校

还是这一年，超银教育集团的办学模式又有了新突破，成为全省首家托管公办学校的民办教育集团。可以说，优质民办学校托管薄弱公办学校，这种做法在全国范围内并不鲜见。这种办学模式旨在提升公办学校可持续发展的能力，使优质教育资源得以突破办学性质的限制，实现融合、共享和双赢局面。在南方地区，民办学校托管公办学校已经取得了丰硕的成果，通过输出理念、输出管理、输出团队、输出课程，在师资、学生培养等领域实现民办学校和公办学校的全方位深度合作，在保持公办性质不变的前提下，多措并举提升学校的办学质量。

而青岛实施民办学校托管公办学校的突破源于2021年年初。当时，崂山区政府做出了一个重要的决定——为了崂山区的"战略北进"顺利推进，政府决定把北宅周边的4所公办中小学合为一校，建成一个新的九年一贯制学校。同时，为了办出品质，让周边的居民满意，要引入优质教育品牌来管理。最终崂山区政府以"名校引进"的方式邀请超银到北宅街道办学，托管这所新校，更名为崂山区书院学校，加挂"青岛超银学校（崂山校区）"校牌（见图1-11），为整个崂山区的"战略北进"提供优质的教育资源支持。

图1-11 崂山区书院学校（超银崂山校区）

随着超银崂山校区的发展，这一办学模式引起了教育系统的广泛关注。2023年，市北区教育和体育局与超银达成合作办学协议，以政府购买服务的形式，由超银托管区内的薄弱公办学校——青岛二十三中。该消息一经披露，立刻引起社会的热议，媒体纷纷表示：此次政府购买服务项目是市北区落实优质基础教育资源倍增计划、初中强校提质的重要举措，一定会对该片区的发展带来重要的积极作用，一个新的优质学区正在崛起（见图1-12）。

图1-12 青岛二十三中（超银中学重庆南路校区）

一年后，超银中学重庆南路校区不负众望，在中考中交出了令人满意的答卷，各项指标均有显著提升，家长满意度也跃居全区前茅，在区里的各项学生综合能力测试中，各个年级的学生均表现出色，成绩斐然。2024年6月3日，市北区区委区政府领导一行前往超银中学重庆南路校区走访调研。区委高书记表示，通过走访感受到超银入驻一年来学校发生的变化、取得的成效，政府与超银的合作办学是一种很好的模式探索，不仅实现了多方共赢，也发挥出了育人的功效。不管公办还是民办，最终的目标就是要育人，要带给学生最适合的教育。政府购买优质民办学校的服务，既可以提高被托管学校的教育教学水平，提高家长满意度，又可以解决周边对口公办小学学生流失的问题，实现基础教育优质资源倍增；从托管学校分流到其他公办学校的教师既能大大缓解公办学校师资结构性缺编的问题，又能为地方财政节省一大笔购买第三方服务的资金；既能够让优质民办教育提升品牌美誉度，又可以带动周边经济的发展，最终的受益人是我们的孩子，国家的未来。

超银教育集团托管两所公办学校的成功经验给全市经济发展和教育提升工作带来极大的信心。2024年7月15日，在青岛市政府举办的新闻发布会上，有关负责人宣布，崂山四中新校区将纳入华青教育集团（民办教育集团）管理，和超银托管一样，托管后的崂山四中办学性质依然为公办，周边的学生依旧采取之前的录取政策，享受公办学生的一切待遇。

从1998年至今，伴随着改革开放的深入推进、国家政策的不断出台，在各级政府的大力支持下，超银经过近30年的发展，从一个仅有384人的小学校发展成了包括小学、初中、高中8个校区的教育集团。超银学校的发展历程，在一定程度上体现了中国基础教育改革和民办教育成长的历史进程。学校从单一的初中教育起步，逐步向上拓展至高中，向下延伸至小学，构建起覆盖小学、初中、高中的完整基础教育体系。在这一过程中，超银教育集团不断探索与实践，如同蒲公英的种子乘风播撒，在政府政策引导与区域合作的支持下，让优质教育资源在更多区域生根、开花、结果。

五、3.0时代，跨越在二次蜕变线上

一直以来，教育都不是一成不变的。随着社会的变迁、科技的发展，教育也在发生实质性的变化，从工业时代的教育1.0形态，即课堂式学习，到当下的教育2.0时代，即素质教育变革所倡导的社群式学习、项目式学习，再到未来的教育3.0形态，即社会化学习……随着教育改革的步伐，超银教育集团也在不断蜕变。

2024年春季，超银教育集团迎来了发展史上的另一个重要时刻，张勤同

志因个人原因决定辞去董事长职务。为进一步推进集团的战略规划，经董事会研究决定任命张毅帅同志为超银教育集团新一任董事长，全面负责集团的发展战略、运营管理和决策执行。

公告发布后，超银教育集团从上到下都感受到了集团开启变革的勇气与决心。首任董事长张勤以他坚守教育的情怀，以他对教育事业的责任与追求，以他的智慧与胆识，几十年来勤勤恳恳，孜孜以求。他一手把超银从一株幼苗培养成岛城教育的一棵大树、一面旗帜，也给予全体超银教职工充分的尊重与信任，一路支持与培养，让每个人都能在超银这个大舞台上展现才华，跟随超银品牌熠熠闪光。在他带领超银教育集团发展的近30年时间里，为青岛教育做出了卓越的贡献。

如今，年轻有为的张毅帅董事长接过旗帜，继续引领超银前进的脚步。他以国际视野传承超银精神，大力弘扬民族文化。他的上任也为超银未来的发展指引了方向——超银教育集团IB联校正式成立，超银课程改革迈入3.0时代。张毅帅是将IB（国际文凭）课程引入青岛市乃至山东省基础教育领域的先行者，其初心是要给超银的学生和全市的学生提供全世界最优质的教育资源。在他的推动下，超银教育集团于2017年与加拿大UBC（英属哥伦比亚大学）教育学院合作进行教学科研与师资培训。2021年，由他主持推进的加拿大超银学校投入使用，从此中国的教育故事和超银的品牌影响力也传播到了海外。在他的带领下，超银教育集团开创了"立足青岛，面向全国，走向国际"的发展格局，通过与国际化教育的交流与融通，超银迎来了发展的新局面。

超银学校从初中教育起步，逐渐扩展到小学和高中教育，形成了完整的基础教育体系。在近30年的发展中，学校不断迭代升级，从教知识到教能力，再到引入IB课程，落实新课标，体现了教育方式的创新和教育质量的持续提升。当前，中国教育正处于数字化转型的关键时期，这一转型不仅仅是技术的应用，更是教育方式和理念的深刻变革。这一时代的教育更加注重学生的个性化发展和创新能力的培养。回顾超银学校的发展史，1.0时代的十年，是教学成绩稳步提升和自我超越的十年。"超前"意识引领下的超银2.0时代，是"五育"融合，素质教育全面开花的传承阶段。而身处3.0的创新

阶段，超银会在 IB 课程理念的助力下，打造新的教育生态。超银学校作为国家教育改革的缩影，正通过不断的教育创新和质量提升，跨越在教育改革的二次蜕变线上，迎接教育的新时代。

第一章 一个标本，从无到有的历程

第二节　钟乳石的折射，精神基因、文化根脉

河图洛书作为中华文化的早期象征，反映了古人对自然与社会秩序的朴素认知，也为后来的思想和教育传统奠定了文化根基。个体的成长和发展离不开适当的教育与社会环境。印度"狼孩"的故事常被引用来说明，儿童在早期阶段若缺乏良好的教育与社会化环境，个体发展将受到严重影响。家庭教育作为个体最初的教育形式，提供了情感支持与价值观启蒙，学校教育则以系统化的方式传授知识、培养能力。两者均离不开文化氛围与环境支持。对于一所学校而言，拥有高质量并能落地生根的文化理念，能够为学生的终身发展提供坚实的价值基础，其影响将随着时间的积淀逐步显现。

到 2020 年，超银已经有五个校区了，这五个校区分布在青岛市的三个行政区，涵盖小学、初中、高中三个学段，超银正式走向集团化办学之路。为了让各校区既保持相对统一的管理风格，又能"一校一品"促进各校区良性竞争，实现和谐发展，超银教育集团通过优势互补或以老带新的方式，实现互惠互助、共同成长，为实现"名师、名生、名经验"的"三名"战略注入"强心剂"。2021 年，超银中学凭借其首倡的"和衡"素质教育质量管理模式一举夺得第四届中国质量奖提名奖，而该模式的核心就是文化理念。

一、人文胚胎，落定课堂琅琅读书声

人文胚胎是人文精神或人文价值在个体发展早期的萌芽状态。它指的是在儿童或青少年时期，通过教育和环境的影响，人文精神和价值观开始在个体心中生根发芽的过程。个人的使命感和目标往往与他们所属的集体——无论是家庭、社区、国家还是民族的目标紧密相连。这种使命感可以通过教

育、文化传承和社会化过程被传递和强化。

将国家的使命传递到学校教师，意味着教育系统在培养下一代时不仅要传授知识和技能，还要培养他们对国家和民族的责任感和使命感。教师在这个过程中扮演着至关重要的角色，他们不仅是知识的传递者，也是人文胚胎的塑造者。

教育确实是世界上最容易也是最难的一件事。容易的是，它可以通过简单的传授知识来实现，比如教授阅读、写作和算术等基本技能。难的是，它需要激发学生心中良善的种子，培养他们的感受力、思辨力和创造力。这需要教师不仅要有深厚的知识储备，还要有启发和引导学生思考的能力。学生的心田可以是坚硬的石头，也可以是肥沃的土地，这取决于教育的方式和环境。好的教育能够使心田变得肥沃，培养出开放、好奇和愿意接受新思想的个体，而不好的教育可能会使心田变得坚硬，阻碍新思想的接受和个人的成长。

人文胚胎的塑造和培养，与学校的使命、愿景、价值观紧密结合，旨在通过教育激发学生的内在潜能，培养他们成为具有社会责任感的个体。使命、愿景、价值观是组织文化的重要组成部分，也被称为企业战略上的"三板斧"。但是很多人对于使命、愿景、价值观的概念比较模糊，总觉得这是比较务虚的东西。其实文化对于一个组织的战略和经营的塑造需要经历长期的过程，我们无法立竿见影地看到效果，但它的影响是深远的、潜移默化的。

优秀的使命、愿景、价值观能够帮助单位员工建立对企业的信心和信仰，让员工自发产生驱动力，为共同的目标努力，而不是为了自己的生活，为了领导能继续维持组织运转。

如果一家单位把赚钱当作其最终目标，那么每个员工想的是"我是在为老板打工"，考虑的是自己要如何赚钱，企业就会出现各种问题。反之，如果员工把共同的使命、愿景当成目标，把赚钱当成结果，那么员工会坚信他是在做一番伟大的事业，他会武装自己，努力成长为一个能打胜仗的兵，这家单位就有希望成为一家伟大的组织。

1. 超银使命：培养能适应未来社会发展的人

超银学校的学生不是"掐尖"来的，也不是所谓精英阶层的子女，更不是天赋异禀的"神童"，超银的学生是在招生政策要求之下面向社会或电脑派位招生录取来的。这就要求超银的教育必须面向全体，要先培养每个孩子做完整的普通人，这是底层逻辑。在这个基础上，对天赋异禀或有个性特长的学生，学校也有资源和不同的课程去托举他们。超银教育的使命体现的是让学生学会学习，而不是仅仅记住知识点，因为未来社会一定是人工智能的天下。我们现在教给学生的所有知识、技能都有可能在未来被颠覆。不管未来怎么变，我们的学生要首先有学习的能力去适应这个社会，然后再去谈推动、引领社会发展的问题。

2. 办学愿景：办"政府放心、学生喜欢、家长满意、社会认可"的学校

为什么愿景很重要？无论哪个单位、组织，尽管员工在你的面前表现得很喜欢钱，但事实是没有人真的会为了钱玩命地工作。就算你真的给他很多钱，他可能会玩命工作一段时间，但是过了足够长的时间以后，他也会慢慢觉得没劲。大部分时候，员工自己最期望从工作中获得的与管理者所设想的截然相反。

然而，是什么使得我们能够每天跳下床去干活呢？答案是：愿景。一所学校只有有了愿景，才会有取舍。超银办学近30年，将愿景凝练为4组词16个字——政府放心、学生喜欢、家长满意、社会认可，这是基于超银的办学实践，也是很高的目标和追求。

3. 价值观：为希望聚合力量

"希望"是孩子，"力量"是家庭、学校、社会三方。为了让我们的孩子成人成才，超银要聚合家庭、学校、社会所有的力量，因为每个孩子都是家庭的希望、社会的希望，更是国家的希望、民族的希望。把多方力量汇集起来，为孩子成长发展赋能。

"希望"还可以引申为国家和人类。每个人都应该为"希望"聚合一点

力量。好好地生活是一种力量，做好自己的本职工作是一种力量，根据自己的所学所思，有发明创造也是一种力量。要培养学生具备善良之心灵和利他之行为，引领学生拥有更高的格局，为国家乃至人类社会的发展进步贡献力量，创造希望。

学校质量之"深"在于为世界的可持续发展培养人才，其"浅"也涉及每个个体的生存发展之道。从一个学校的价值观最能看出这所学校的魂。在办学的过程中，办学者会遇到各种各样的变化和机遇，什么事该干，什么事不该干，都要结合学校的价值观来判断。当你有一个明确的、伟大的价值观的时候，选择做还是不做一件事就变得简单很多，就不容易陷入很多机会陷阱。

4. 办学理念：明德树人，至境治学

"明德"出自《大学》首句"大学之道，在明明德，在亲民，在止于至善"，是指高尚的品德。"至境"是指炉火纯青、登峰造极的境界。

"明德树人"说的是学校坚持"立德树人"的根本任务，肩负为国育才、为党育人的大任，培养学生具有优秀品德、责任担当、健康生活意识等。超银的办学理念，首先体现在"德"，因为教育本身是启发良知的过程，也是教师用良知施教的过程。

"至境治学"说的是教师和学生严谨治学，学生在德、智、体、美、劳等诸方面达到可能达到的最高境界。与超银文化中的"拼搏超越"相融，与超银的品牌语"点亮生命，人人闪光"呼应。"明德树人"与"至境治学"相辅相成，先教做人，再教学问；学会做人促做学问，学问深厚促做人境界提升。

二、活力之源，体制、用人与文化

基因，是内在成因，是根脉，是抗体。正如人长得像自己的父母是有遗传基因，一所学校也有自己独特的精神基因，从而形成不同于其他学校的人文性格和文化磁场。

在具体办学中，体制机制、精神基因、文化根脉这些因素相互叠加，决

定了一所学校能办出怎样的质量和高度。在大部分人的印象中，民办学校有自己的体制优势，具体表现为灵活的机制优势，决策自主高效。办学体制灵活可以长线布局整体谋划；精细的服务优势能够采用差异化方式为学生提供个性化服务；丰富的资源优势可以利用多样化手段在拔尖创新人才早期培养上闯出新路。比如，在教师队伍方面，民办学校可以运用制度优势，不断调整和升级教师队伍。而公办学校的教师，因为机制缺乏或不完善，通常都会一直工作到退休，这无疑会导致教师队伍的僵化，难以激发活力。再比如，公办学校面临的行政检查较多，而民办学校检查相对较少，校长的主要精力都能集中在教学上，像超银学校的校长每天至少有一半的时间是在课堂或教研组中。领导关注什么，下属就会忙于什么，这是任何单位的普遍规律。

然而，同样是观音庙，有的香火旺盛，有的却冷冷清清；同样是饭店，有的门庭若市，有的却生意惨淡；同样是汽车，有的即使加价也有人排队购买，有的即使打折也无人问津。在教育领域，如果将原因仅归结于体制和机制，那么是否所有的民办学校都应该比公办学校更好？放眼全国，情况并非如此。公办学校中也有表现卓越，令民办学校望尘莫及者，如清华附小、人大附中、锡山高中等。民办学校中也有一开始红火，后来逐渐萎缩甚至关门的，或者从一开始就先天不足，中途夭折的，还有历经波折，生存艰难的。如果体制和机制真的如此神奇，那么这些现象又该如何解释？

体制和机制固然重要，但还有两个关键核心是文化和人。机制是基础，文化是动力，人是关键。

在超银教育集团的办学历程中，无论政策怎么变、人员怎么变，超银的教风、学风始终不变，教育质量越来越高，家长满意度越来越高，其中的奥秘在于文化。文化从哪里来？是经过多年来的办学沉淀下来的。首任董事长张勤在创校之初心里就已经有了这个"文化"，他笃信天道酬勤，这不正是超银精神中不断拼搏超越的写照吗？办学者的文化又从哪里来？家庭、学校、社会三方的教育会给一个人打上独有的文化标签，而家庭又是所有文化来源的土壤。张勤出生于教育世家，少年的经历加上父亲对子女深刻的影响，办学之初他的心里就有了要办一所"和父亲一样，让学生喜欢、受人尊敬"的学校的想法。受人尊敬，自然是精神层面远大于物质层面，不追逐经

济利益，一切为了学生，成为超银文化的底色。

从职业高中到基础教育再到普通高中，每次学校"过坎"的时候，其实都处在选择经济利益还是学校利益的十字路口。职业高中起步时和青岛市司法局的联合办学，是保学校声誉还是经济利益？超银高中成立初招生是保生源质量还是生源数量？张勤都义无反顾地选择了前者，这就给了校长们极大的自主权去发挥教育家办教育的空间。有了董事长的支持，校长们自然要干出个"样"来。于是"撸起袖子加油干"就成了超银的文化。这种文化不用看领导脸色，因为方向已经给你了；不用选择站队，因为大家都在同一条船上驶向同一个目的地，你只需要干就行了。

这种文化也使得学校的工资待遇和考核福利非常的简单易操作。超银学校的工资采取"基本工资＋课时费"的模式，以解决干多干少不一样的问题；校龄补贴解决的是干长干短不一样的问题；奖金则是解决干好干坏不一样的问题。尤其是奖金的设置，以师德为先、教育质量为魂。触碰师德底线，一票否决；教学质量高，重奖团队，大奖个人；家长满意度、学生个性特长发展也都在奖励范围之内。至于职称多高，论文多少，课题几个，虽然学校也会发奖金，但与教育质量考核不挂钩。因为再多的课题和奖项，如果没有优质的教育教学质量来体现，都是空中楼阁。教师的工资奖金制度就像指挥棒，直指学校文化的内涵——努力让学生成长受益的教育人才是超银文化认可的教育人。这种文化萌芽于建校之初，而后跟随学校的发展贯穿全过程，并不断升级迭代。从"加班加点"拼体力，到"盯、关、跟"拼感情，再到"金牌门童"拼智慧，大家发现，无论是新建一个民办校区还是托管一个公办校区，无论是老教师还是大学刚毕业的新教师，都会被超银的文化磁场所吸引。无论是在办公室里还是餐厅里，无论是在工作时还是放假时，教师们凑在一起谈论的内容极少有家长里短、是非八卦，几乎全都是学生的表现、教学的困惑和个人成长的喜悦。你的成绩不好会有同事主动来帮你，你的成绩好不会听到同事的风凉话；你被领导批评了，同组的教师会开解你、引导你，给你满满的正能量，你被领导表扬了，所有人都会把功劳给到团队，而不是沾沾自喜。这种向上的、拼搏的、纯粹的工作氛围就是超银风正、心齐、拼搏、超越的创业精神，也是董事长创校之初心中所想的学校文化——"和父亲一样,让学生喜欢、受人尊敬"。

有了董事长的思路和想法,剩下的就是落实度的问题了,关键在人。管理大师德鲁克说:"管理就是激发人的善意。"领导力最重要的就是激发潜能,激发善意,人人都做自己的领导,为了实现共同的目标去竭尽全力。所以人就成了一个组织成功与否的关键。

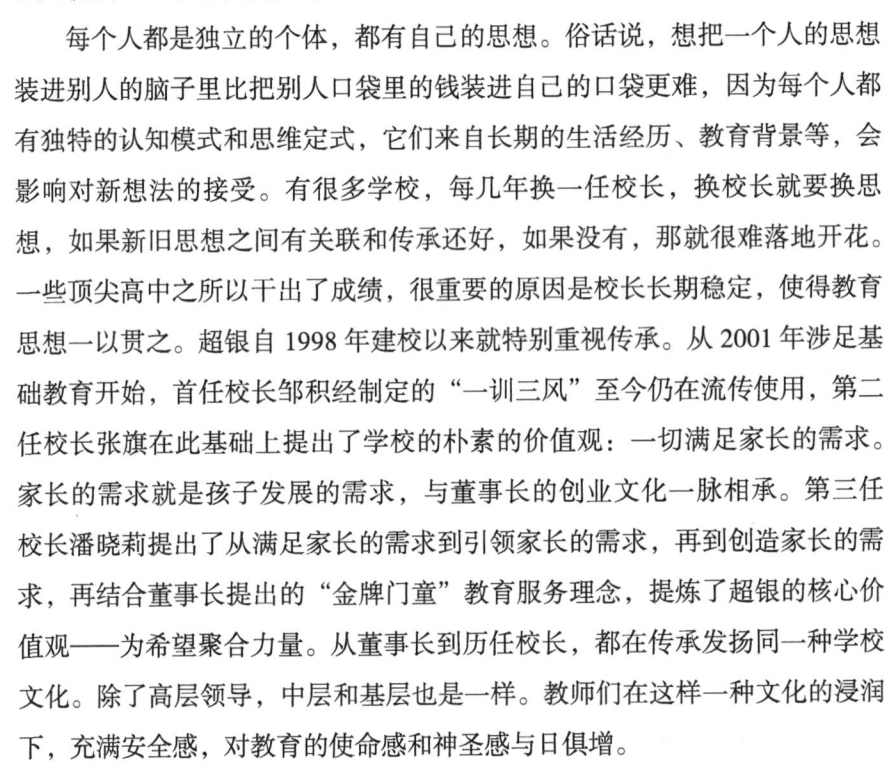

每个人都是独立的个体,都有自己的思想。俗话说,想把一个人的思想装进别人的脑子里比把别人口袋里的钱装进自己的口袋更难,因为每个人都有独特的认知模式和思维定式,它们来自长期的生活经历、教育背景等,会影响对新想法的接受。有很多学校,每几年换一任校长,换校长就要换思想,如果新旧思想之间有关联和传承还好,如果没有,那就很难落地开花。一些顶尖高中之所以干出了成绩,很重要的原因是校长长期稳定,使得教育思想一以贯之。超银自1998年建校以来就特别重视传承。从2001年涉足基础教育开始,首任校长邹积经制定的"一训三风"至今仍在流传使用,第二任校长张旗在此基础上提出了学校的朴素的价值观:一切满足家长的需求。家长的需求就是孩子发展的需求,与董事长的创业文化一脉相承。第三任校长潘晓莉提出了从满足家长的需求到引领家长的需求,再到创造家长的需求,再结合董事长提出的"金牌门童"教育服务理念,提炼了超银的核心价值观——为希望聚合力量。从董事长到历任校长,都在传承发扬同一种学校文化。除了高层领导,中层和基层也是一样。教师们在这样一种文化的浸润下,充满安全感,对教育的使命感和神圣感与日俱增。

一个优质的组织一定有人才链的延续。选对人去传承文化,落实思想观念是关键。人选对了,文化自然会在持续发展中升华;人选不对,就会造成文化中断甚至组织倒退。人怎么能选对?体制机制是基础。而文化在体制机制基础之上和人才关键领域之中起到的正是动力作用。发挥文化的动力作用,将每个独立个体的不同思想凝聚起来,统一发力,才能让人产生强大的信仰力量,确保文化传承过程中的持续上升。

三、学校特色，追求与实际的契合

列夫·托尔斯泰有句名言："幸福的家庭都是相似的，不幸的家庭各有各的不幸。"放在教育领域仍然适用。优秀的学校都是有共性的，因为几乎所有优秀的学校都致力于人的培养。中国教育的根本任务是"立德树人"，优秀的学校通过丰富的课程体系、强大的师资队伍、良好的校园文化氛围和持续的教育创新改革注重学生核心素养的培养。还没有达到优秀程度的学校其实也知道应该从上述维度入手，但往往理念与实践脱节，课程体系单一，师资队伍薄弱，缺乏创新和实践性，不能满足学生多样化的需求，难以适应社会的发展变化。

一花独放不是春，百花齐放春满园。随着超银学校的校区越来越多，小、初、高学段打通，为促进各校区良性竞争，实现特色发展，超银大力实施学校的集团化发展战略，握指成拳，共同发展。如今，超银教育集团打破校区边界、学段边界、行政区边界，整合全市优质教育教学资源实现办学质量显著提升。为了保证办学质量，超银教育集团始终坚持以下基本原则。

1. 坚持"四统一"原则

多年来的教育实践形成了特色鲜明的"超银模式"：各校区严格遵循"四统一"原则，即统一管理、统一师资、统一教研、统一测评，实现管理互通、研训联动、文化共建、质量同进；在教师层面，集团每年统一组织干部培训、全体教师培训、学科大教研等，在学生层面，集团每年统一组织运动会、艺术节和各类读书、书法等素养展示活动，通过集团层面的培训和活动，达到统一思想、凝聚人心的作用，同时让超银的文化理念不断渗透和升级。

集团化学科大教研是确保质量同进的重要平台。超银有多个校区、众多优秀教师，这也使得集团化教研有了土壤和载体。一位优秀教师可以让一个班的学生受益，但超银更希望每一位教师的教学研究成果可以让各个校区的学生都受益。一堂优质课、一张试卷、一段视频的背后是学校各个校区教师

们共同打磨的结果。校区内的教师集中备课（以下简称集备）并不少见，而超银学校将团队合作的力量进一步发挥，打破校区界限、学科界限，甚至学段界限的校区间大集备正成为超银学校的教研新方式，让优质的教学成果最大限度地惠及每一位学生。

超银的集团化学科大教研是如何进行的呢？以"'双减'背景下语文写作教学"大教研活动为例。经过前期精心选题，集备直击"写作"这一语文教学中的难点，以"妙笔生'画'——让动作活起来"为主题进行交流与研讨。语文大教研活动由校区轮流主办，参会的不仅有超银中学各校区的语文教师，也有各校区的小学语文教师。跨学段、跨校区的教研为教师们提供了满满的"干货"，为"双减"下的语文教学注入新能量。主办校区在前期准备过程中充分发挥校区集备力量，语文组教师们反复打磨，将课程内容进行大刀阔斧的整合，使课程标准、教材、考点有效融合，教学设计充分落实学校"生本课堂，关注差异"课改要求。随后，在各校区语文组的共同研讨下，教师们对这堂课进行了更为细致的二次"解剖"，博采众长让集体的力量最大化，让个体的优势转化为集团的优势。

足球赛、运动会、小厨神、课间操……这些学校视频号里记录精彩校园生活的视频，被出课的何老师设计成了本堂公开课的"导入"，用以训练学生们在写作当中动词的运用。随后，何老师结合视频，利用老师的范文激发学生的阅读兴趣。果然，在这种独特的设计下，课堂氛围变得格外热烈。何老师又把三十六计中的"连环计""擒贼先擒王""树上开花""声东击西"设计成写作的锦囊妙计，激发学生的学习兴趣，并指引学生的探究方向。在佳作展示环节，何老师让学生观看电影《我爱我的祖国》进行写作练习，在培养学生能力的同时，激发同学们的爱国情怀。最后，同学们互相批改作文，互相学习，也以此锻炼学生的思辨力和表达力。这节创意十足的课使学生的参与度大大提升。

以课堂为样本，教研活动的开展更加有的放矢。公开课结束后，各校区的语文教师共同对这堂展现校区集备成果的课例进一步剖析。有的老师表示，通过学生之间互相评价时使用的鼓励话语以及老师课堂上对学生的积极反馈，能够看出老师很注重评价学生的语言艺术；有的老师表达了对于课堂

设计创意的欣赏以及学生在课堂上积极参与的赞许；有的老师指出，在修改作文环节，老师没有亲自批改，而是让学生以小组为单位进行讨论，互相修改，真正实现了让全体学生在课堂上"动起来"。

超银学校教科研中心逢主任作为专家对本堂课进行了全面的点评总结，随后提出改进意见。紧接着，逢主任又带来了一场《如何上好作文指导课》的培训，倡导教师们尽量用学生的考场作文当例文，利用身边榜样的力量，让同学们看到自己以及身边的同学也能写出非常优秀的作文，从而激发学生对写作的信心和动力。

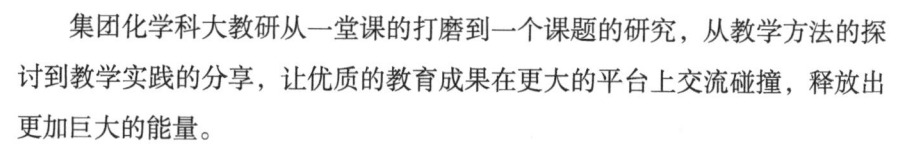

集团化学科大教研从一堂课的打磨到一个课题的研究，从教学方法的探讨到教学实践的分享，让优质的教育成果在更大的平台上交流碰撞，释放出更加巨大的能量。

除了教育科研，在单位组织管理上，集团化办学优势也在发挥着重要作用。青岛超银教育集团党委、青岛超银教育集团工会联合会、青岛超银教育集团监察委员会（以下简称监委会）的先后成立，使集团各级各类组织机构逐渐完善，为整个集团发展赋能。比如监委会就对规范教师的教育教学行为起到了至关重要的作用。作为超银教育集团内部的最高监管部门，这一部门的成立显示出集团对学校教育教学规范管理的态度和力度。监委会立足点、线、面，全方位监督、规范教师的职业道德和行为，及时发现和纠正学校发展中存在的问题，进一步提升超银学校的办学品质。

监委会的工作职责包括监督学校教职员工师德师风等工作，指导督促各校区建立健全风险防控体系及各项规章制度；对学校干部队伍作风建设、执行力、廉政建设等方面进行监督检查；收集校内校外各方面对教育教学和管理方面的意见建议，抓好督促落实并反馈办理结果；配合有关部门做好对本集团教职员工违规违纪问题的核查处理，助力矛盾化解，维护学校正常的教育教学秩序。除了集团通过各个渠道公开监委会电子邮箱和电话号码之外，各个校区均设置了校外公开信箱，同时开通了公开电话、电子邮箱、智慧校园意见邮箱，通过多种形式确保信息收集渠道畅达，从而对收集到的信息第一时间进行处理及反馈。每学年结束后，监委会都会统计所有的投诉和建议数据，形成"内参"报告，供董事会和集团各位校长参阅。随着监委会职能的进一步完善，相关信息和数据也和校长考核同步挂钩。

2. 坚持"一校一品""老校带新校"原则

坚持"一校一品"原则。在传承"超银基因"的同时，集团也鼓励各校区探索形成各自的办学特色，"一校一品"：超银中学广饶课改校区——高水准发展成为超银"黄埔军校"；超银中学镇江路校区——"名校引进"，扩大办学规模，科创教育特色凸显；超银小学——引入IB课程创办精品化优质民办小学，成为山东省首家IB世界成员校；西海岸新区超银学校——公建民营，推广优质教育资源；超银中学金沙路校区——与报业集团联合办学，IB融合教学赋能优质基础教育；超银学校崂山校区和超银中学重庆南路校区——政府购买服务，托管薄弱公办学校焕发新活力；超银高中——质量立校，以优质赢得信赖，打破民办高中的传统印象。

坚持"老校带新校"原则。从2015年青岛西海岸新区超银学校成立到2023年年底，超银几乎每一至两年就有一个新校区或者是新学段成立，而"老校带新校"原则的贯彻落实也成为各校区高位均衡发展的重要基础。为保证新校的办学品质，集团每成立一个新校区，都会从老校区派出管理干部和骨干教师支持新校区的发展。实践证明，所有新建校区在老校区的带动下，都能够迅速植入"超银基因"，取得高起点、高标准、高水平的发展，实现"家长广泛认可、新校快速成长"的阶段性目标。

3. 强化集团引领，实现融合共建发展

教学共研，项目联创，这是集团化办学的核心，也是实现"名师、名生、名经验"的"三名"战略的重要途径。

教学共研方面，集团聘请全国模范教师、全国特级教师等"国字号"专家担任教科研中心主任，对学校进行的教育教学活动进行整体把脉，指导各校区开展系列教科研活动，扎实推进学校课程改革。同时，集团定期举办课堂教学交流互访和校区之间的教师弹性交流等活动，如每学期都会开展的小初衔接研究活动、项目式学习实操观摩培训会、德育主题论坛等。同时，集团内部的树标也必不可少，评选集团名师、建立名师工作室也是带动青年教

师成长的良策。通过名师工作室的辐射带动作用在备课、上课、课程开发等方面"结对帮扶",加强了集团内教师间的沟通与融合,促进教师队伍的均衡发展,形成集团内的良性互动。除此之外,及时梳理优秀教学模式,让"超银基因"可以在校区间复制。近年来,超银形成了课堂教学"1234"模式和"三个六"策略,独创的"教学创新七法"等教育教学成果给了学生充分的自主学习、探究、合作时间,有效提高了课堂教学效率,师生同受益,素质教育水平逐年提高。

在探索集团化办学模式的过程中,成果最为显著的是打破学段壁垒,研究小学初中衔接的有效性,最终形成"5+1+3"教育新模式。早在 2019 年,超银学校便定期从集团层面开展各项研讨学习活动,针对小初衔接问题进行梳理,找出症结,集合各校区的资源和智慧探索小初教育衔接思路,不断地将学段衔接工作进行深化和完善,实现资源共享和合理利用,努力实现"6+3>9"的效果。2020 年 9 月起,超银中学各个校区都出现了"特别"的班级,在"5+1+3"的衔接模式试点中,超银小学六年级的部分学生通过家长自主选择,分别在超银中学广饶路校区和镇江路校区"落户",在真实的环境中开启了衔接学习。

在试点过程中,集团多次邀请教育专家就学科融合、学段衔接、目标整合、教育贯通进行分析,在小初衔接上进行大胆的改革和创新,学生适应良好,家长满意度较高。自此以后,超银小学各校区六年级与初一年级教师的衔接集备形成常态化,校领导、学科骨干教师、心理健康研究中心就知识体系衔接、行为习惯培养、心理健康塑造等各方面的贯通,不断进行研究改进。

在"5+1+3"模式的实践中,教师们的感受很深,大家普遍认为这是让学生受益终身的事。比如从语文的微观层面来讲,语文教师会让学生利用每天的早读时间,诵读适合小学六年级学生学习的初中必背古诗词,熟读成诵。同时,每周由初中语文教师进行古诗鉴赏能力的培养,提高学生的语文学习能力。前期通过和初中教师的共同教研,小学教师梳理了初中语文学习的必备能力,在衔接阶段重点培养,为学生升入初中做好充分的准备。而在数学组中,教师们更加强调在衔接过程中不断加强学生学法的指导。一是重视培养学生的自学能力，授人以渔，培养学生自学能力是教之根本；二是计算能力的培养，计算功底是学好数学的基础，初中数学在小学基础上又加上了乘方、开方运算，因此小学教师更加强调坚持计算能力培养，常抓不懈；三是从教学方式上，小学阶段学生认知的主要手段是通过直观感受来获取知识，而初中教师除了重视直观形象教学外，更加注重学生逻辑能力的培养和数学思想方法的渗透，重视教师的精讲和学生的精练，这也倒逼小学教师进行教学方式的改进提升。

项目联创方面，除名师工作室、教科研中心外，超银教育集团内部还设有心理健康研究中心、家庭教育指导中心、科创中心、信息化管理部、国际交流中心等部门，统筹各类教育资源，为集团化办学"助燃"。

在青岛市教育局正式发布《青岛市促进中小学生全面发展"十个一"项目行动计划》后，集团制定并实施了"511"方案，即五大中心、一系列"超银杯"赛事、一套定制化研学活动。各校区在此基础上，践行"十个一"项目要求，取得了丰硕的成果。每年都有上千人次在全国省市区各级各类比赛中获奖。通过这些项目，既推动了集团本身的发展，更为每个学生提供了展示自己、发现兴趣的舞台，积累集团创新发展经验，创造特色集团办学模式。

2020年3月，青岛市教育局等四部门印发《关于推进中小学集团化办学的意见》，逐步推进全市范围内的集团化办学工作。超银学校积极响应市教育局的相关要求，与优质教育资源展开合作，将已有的集团化办学经验运用到新校区，着重在"教学共研，项目联创"上开展工作，以"教学共研"为主体目标，致力开发党建、创新课程等多领域"项目联创"，从而真正实现了教育集团"1+1>2"的增值发展目标。

四、师生们的星空，超银精神的镜像

学校的精神和文化建设是其教育质量的核心，它不仅塑造了学校的品牌形象，更是学生品格和价值观形成的关键。例如，北京大学特别善于通过大型仪式弘扬北大精神，对学生进行爱国爱校教育，这种精神文化的传承让学生在追求学术的同时，也培养了深厚的家国情怀。同济大学则通过打造校园文化地标，如"一二·九"学生运动纪念园，使之成为爱国主义教育的重要场所，浸润同济文脉，这样的文化建设能够让学生在校园生活中自然地接受历史和文化的熏陶。学校精神和文化建设不仅丰富了学生的校园生活，也为学生的全面发展提供了精神动力和文化支撑。

什么是超银精神？概括起来就是16个字：拼搏忘我、永不言败、敢于争先、勇于探索。在学校这个大家庭中，师生共同构成了一个璀璨的"星空"，每个个体都像一颗星星，散发着自己独特的光芒。而超银精神如同一面镜子，反映出师生们的行为和态度，激励着他们拼搏忘我、永不言败、敢于争先、勇于探索。

正如张勤董事长所说，"超银"代表着超过银子就是金，是一种拼搏向上的精神。"超"有两层意思，首先是"超前"，指的是一种居安思危、超前发展的战略眼光；其次是"超越"，指的是一种勇于突破、超越自我的精神。教师带着这种精神，形成了"超银的老师是超人"的口碑；学生带着这种精神，在学习中比学赶超，在生活中形成正确的"三观"，提升自己，奉献他人。

超银学校的教师队伍中有这样特殊的一群人，他们的身份不仅仅是超银的教师，在多年前的学生时代他们就已与超银相识。从超银的学生到超银的教师，这份奇妙的经历让他们对超银有了更多不一样的感受，而角色的转变背后是超银人的传承。据学校统计，截至2024年，超银教育集团现有23位教职员工是超银学校的往届毕业生，他们重回母校在各校区、各个工作岗位上耕耘着、奉献着，一如当年自己的老师一样用自己的言传身教将超银精神代代传承。

老师说

2006年的9月，伴随着栀子花的香气，我踏进了超银中学的校门。那时，校园里迎风招展的国旗、摇曳的杨树、夏日的操场跑道，还有悦耳的铃声、琅琅的书声、老师抑扬顿挫的讲课声，给我留下了深刻的印象。也是从那时起，我开始养成自律慎独的习惯，开始树立人生目标，开始努力超越梦想，这是超银给我留下的宝贵财富。三年后超银帮助我如愿进入了青岛二中，为我接下来的大学、读研深造做足了铺垫。13年后的9月，我以教师的身份再一次踏进超银的校园，看到朝气蓬勃的学生们从这里扬帆启航，我也愿像我曾经的老师们一样，在课堂上给予他们我的全部知识，为他们保驾护航，助他们乘风破浪。

——张老师（超银中学2009届毕业生，超银小学语文教师）

作为超银毕业生，我对于超银印象最为深刻的莫过于"慎独"二字。后来的我们，一直感激着超银教会我们的"慎独"。自律即自由，我想所有的超银学子都会有这样的领悟。右行礼让、鞠躬问好也是超银的传统，即使离开超银后，我也继续遵守这些准则。与其说是形成了肌肉记忆，不如说超银的礼仪教育深入人心，影响着我的一言一行。

回到超银工作的第一天，教学楼里不断碰到学生们向我鞠躬问好，从那个情景中仿佛看到了当年的自己。特别感谢当年耐心教导我的栾老师，现在我面对学生时，也总会回想起当年栾老师温柔和善的模样，想起老师处理问题的方式，让我能够静下心来，倾听孩子的想法，找到适合他们的教育方法。

——梁老师（超银中学2012届毕业生，超银小学数学教师）

从超银毕业后差不多十年，我又回到了这个令我熟悉的地方。为什么会选择重返超银？我想最重要的原因就是这里承载了我认为我生命里最重要的时光。超银之所以叫超银，是因为超过银子就是金子，而我在这里超越自己的懒惰、疲惫，跌倒了再爬起来，即使前路坎坷，仍然向阳前行。

忘不了我的数学李老师，当年数学是我最不擅长的学科，她却让我担任了数学课代表，即使数次成绩都不理想，她都没有放弃我，也正是因为她的爱与包容，让我在最后的中考取得了很好的成绩。如今面对不同的学生，我

也像李老师一样怀揣同样的耐心与关爱,因为我知道,老师的一句话可能就会改变一个学生的未来。

——崔老师(超银中学2013届毕业生,超银中学道德与法治教师)

曾经,作为一名学生,我以母校是超银而自豪。在这里学习的三年里,我的老师们以高超的教学技巧和认真负责的态度让我领略到之前未曾体会过的学习的快乐,我还记得每一张试卷上老师认真的批注,每一节课上老师事无巨细的谆谆教诲。无论是学习中哪里出现了困惑,老师都不遗余力地帮助我答疑解惑。从那时起,我就希望未来能成为像超银老师一样拼搏奋进的人民教师。大学毕业后我如愿成为超银中学的一名教师,我为我能再次成为超银大家庭中的一员而感到幸福。每天和孩子们一起探索地球的奥秘,我体会到了作为教师的快乐。曾经的超银学生,现在的超银教师,我会努力点燃学生们心中的火种,为超银学子照亮前进的路。

——黄老师(超银中学2011届毕业生,超银中学地理教师)

第三节　学校质量和模式质量

一、模式探索，办学方式多样

2002年，《中华人民共和国民办教育促进法》（以下简称《民办教育促进法》）颁布后，全国各地的民办学校都在探索更加多样和灵活的办学模式，打破传统，适应时代需求。探索多元的办学模式，满足受教育者的差异化选择，促进不同办学模式的竞争，由此实现义务教育的优质均衡发展，这是民办学校不断探索的方向。

在超银学校近30年的办学历程中，经历了《民办教育促进法》、青岛市《关于加快发展民办教育的意见》等一系列制度文件的出台。在这个过程中，超银一直没有停止过探索民办教育发展之路的步伐。张勤董事长说："不管是公办教育还是民办教育，老百姓需要的是优质的教育资源，这种资源不应该拘泥于某一种模式。为了办老百姓心中的好学校，我们一直'上下而求索'。"

在超银的办学历史中，依法办学，顺应政策，敢为人先，不断探索，确保了超银能够一直走在教育改革大潮的前沿。在超银学校的几个校区里，存在着五种截然不同的办学模式。

1. 与高校合作办学打开局面

《民办教育促进法》第七章第四十五条规定："县级以上各级人民政府可以采取经费资助，出租、转让闲置的国有资产等措施对民办学校予以扶持。"

2001年，随着国家政策的变化，当时的超银学校调整办学方向，由职业教育转向基础教育领域。学校创建初期，各方面困难重重，其中最难解决的是校舍问题。经过多番考察和沟通，超银与青岛大学师范学院达成协议，使用该校位于广饶路141号的一处闲置校舍，创办起超银中学广饶路校区。

随着学校如期开学，广饶路校区带来的惊喜一个接着一个。2002年起，连续多年被青岛市教育局评选为"民办教育先进集体"，2004年首次参加全市中考便脱颖而出，并由此连续十余年在岛城名列第一。随着各项成绩和荣誉纷至沓来，超银中学在青岛逐渐打响了知名度。从2005年起，广饶路校区的报名开始异常火爆，许多家长连夜排队为孩子报名，广饶路校区的优异表现，为超银学校的进一步发展壮大奠定了坚实的基础。2024年，市北区政府为优化教育资源，将位于长阳路的一处校舍提供给超银中学广饶路校区使用。在考虑校名的时候，所有的校领导一致认为，学校地理位置变了，超银发源于广饶的情怀不能变，无论搬到哪里，广饶校区都是超银的根。随着硬件的迭代升级，超银广饶这所"老校"也焕发了"课程改革"的新芽，超银中学广饶课改校区在长阳路持续发展、向前。

2. 与政府合作办学扩大规模

2005年前后，青岛市原四方区教育和体育局正积极寻觅优质教育资源，与此同时，超银中学广饶路校区的报名情况也一年比一年火爆，难以满足广大市民的需求。2006年，青岛市原四方区政府、教育和体育局与已经在市北区办出名气的超银进行了多轮磋商，在土地使用等方面提供了一系列优惠条件，由超银自行投资建起校舍，创办超银中学鞍山路校区。

鞍山路校区没有辜负社会各界的期望，与广饶路校区一起，铸就了超银中学的"传奇"，以"校风正、学风浓、成绩好"三大法宝收获了市民的信任和追捧，将超银持续打造成为老百姓信得过的教育品牌。2015年，当时的黄岛区黄河西路和六盘山路交界处正在进行城市规划设计，这里地处城乡接合部，急需优质教育资源，黄岛区教育和体育局在此投资新建了一所高标准、高起点的现代化学校。但区教育和体育局不满足于新增一所普通学校，想要全方位提升新建学校的办学品质及区域整体教学水平，于是经过多轮磋商，区教育和体育局与超银合作成立了青岛市黄岛区超银学校，后更名为青

岛市西海岸新区超银学校。2018 年，超银与区政府的合作又有了新的发展，为了调节优质学位的供给，实现教育均衡发展，为政府分忧，通过"置换"的方式，鞍山路校区的原校舍留给了一所公办学校用以解决附近公办学生陡增的入学压力，而鞍山路校区则搬迁到镇江路 40 号的一处公办学校校舍中，办学条件也得到了大大的改善。

3. 承接改制学校建设国际化民办小学

20 世纪 90 年代，因优质教育资源不足，全国各地涌现出一批以"公办民助""国有民办"等形式为代表的改制学校。在初期，这些类型的学校确实对教育的健康发展起到了积极的促进作用，但后期也出现了很大的问题。2008 年，教育部下发了《教育部关于进一步做好义务教育阶段改制学校清理规范工作的几点意见》，要求改制学校或规范为公办学校，或规范为民办学校。

2009 年，青岛市市北区教育和体育局公布了该区小学招生方案，将镇江支路的一所改制学校规范为民办学校，由超银接管，更名为青岛超银小学，面向全市招生。学校延续了超银中学的优良传统，多年来取得了长足发展，办学质量连年提升，报名人数逐年增加。

2015 年，为了给学生提供更加优质的教育资源，超银引入了 IB 课程，让这个在全球被誉为成熟的国际化素质教育课程在超银正式落地。2023 年，超银小学获得 IBO（国际文凭组织）授权，成为山东省首家可以同时接收中外籍小学生的 IB 学校。

4. 校企强强联合谱新篇

随着国家支持力度不断加大，民办教育蓬勃发展。根据青岛市教育局推进教育集团化发展的新趋势，青岛报业传媒集团抓住机遇，与超银教育集团"联姻"，共同创办了超银中学金沙路校区。

金沙路周边居民区密集，学生一直以来面临"上学难"的问题。此次超银和报业传媒集团强强联手，延续了超银学校的办学理念和特色，进一步推广了优质教育资源，也开启了青岛市民办教育办学模式的新篇章。金沙路校区的开办也使超银集团化办学的优势进一步彰显。学校成立不到三个月，正好赶上全区家长满意度调查，结果出来后，金沙路校区位于第一名，让"超银"的金字招牌再次闪亮教育圈。金沙路校区建成初期，周边楼盘出售艰难，随着学校开学，宣传原来越多，周边的房价连续攀升，老城区附近的经济活跃度也迅速增加。

5. 打响政府购买服务项目的"第一枪"

《民办教育促进法实施条例》规定："县级人民政府根据本行政区域实施学前教育、义务教育或者其他公共教育服务的需要，可以与民办学校签订协议，以购买服务等方式，委托其承担相应教育任务。委托民办学校承担普惠性学前教育、义务教育或者其他公共教育任务的，应当根据当地相关教育阶段的委托协议，拨付相应的教育经费。"2021年，崂山区政府敢为人先，与超银教育集团合作办学，将崂山十一中和紧邻的三所小学交由超银管理。这所学校的性质为公办，接管后，从领导到教师再到行政人员都由超银教育集团直接派驻。这次合作不仅体现了崂山区政府对超银学校育人质量的高度认可，也充分印证了超银品牌的实力和影响力。

为全面提升崂山校区的办学质量，超银从集团内部选派优秀的干部团队和各学科的骨干教师全面接手崂山校区，同时优中选优在全国范围内招聘新教师。暑假里，干部、教师冒着酷暑马不停蹄地开展各项筹备工作，深入学生家庭走访、组织教研培训，在时间紧、任务重的情况下，以最饱满的热情确保新校区各项工作顺利接轨、完成。仅两年时间，该校学生的精神面貌、教育教学成绩就取得了重大突破，2023年超银学校崂山校区多人考入青岛市的优质高中——二中和五十八中，普高率较两年前近乎翻倍，一跃成为全区家长满意度最高的学校。崂山区教育和体育局组织的第三方督导评估报告显示，学校不仅教育教学成绩好，师生和谐度高，学生的压力值还低于全区平均水平，是一所"适负高效"的优质学校。

随着超银学校崂山校区这一政府购买服务项目的成功，市北区教育和体育局也向超银抛来了"橄榄枝"。2023年，市北区的一所公办初中——青岛二十三中正式被超银接管。和崂山校区一样，接管后，学校的办学性质不变，依然是公办学校，面向原学区片的公办和民办小学招生。托管费用由政府负责，这意味着学生和家长不需要多花一分钱的学费，就可以在家门口享受到超银提供的优质教育资源。超银从各校区选出的"精兵强将"组成干部和教师团队，还在全国范围内选聘了部分优秀教师，组成了一支70余人的教师队伍，充分满足学校教育教学需求。过去几年，青岛二十三中所在学区优质生源流失严重。超银托管后，生源开始回流，学生的精神面貌发生了翻天覆地的变化，各项办学指标也有了明显的提升。

二、解读超银高中崛起之路

如今的超银高中已经跻身青岛市优质高中的行列，稳步走在高质量发展之路上。回首过去的7年时间，这所民办高中的崛起之路绝非平坦，可以说是从极度不利的环境中慢慢发展起来的。

举办超银高中之前，"超银"已经是青岛教育界的一块金字招牌，校区从一个扩展到多个，可以说是"办一所，优一所"，覆盖小学至初中九年义务教育阶段。但在当时，青岛的民办高中教育发展简直可以用"惨淡"来形容，好生源都上了公办普高，民办高中生源质量和社会口碑也良莠不齐。与此同时，关于青岛市中考"普职比"的讨论沸沸扬扬，老百姓对于优质普高资源的需求真实存在且还没有被充分满足，而政府在这方面也一直在下大力气。

就是在这样的情况下，超银教育集团提出进军高中办学领域的新发展战略引起了不小的轰动。"超银小学和超银中学已经办得这么好了，在这个大环境下办一所民办高中，不怕砸了超银的'金字招牌'？""青岛民办高中大都没有能办好的，政策、环境、观念……众多制约条件一时难以改变，超银何苦自己为难自己？"周围的质疑声、反对声很多。就在超银高中办学前夜，几位老领导和老教育专家还向董事长提出建议，要么干脆别办，要办也不要走传统的文化课高考之路，可以走艺术特长之路，原因无他，只因公办高中太强大。高考不比中考，三年很难发生"翻天覆地"的变化。然而就是在这样的背景下，张勤董事长经深思熟虑后却坚持要办，他心中的想法是，超银已经有近20年的办学经验，摸索出了一套富有成效的管理和教育模式。这次进军高中学段，是一种教育情怀，更是一种教育理想，超银人就是要办一所优质民办高中，改变岛城家长对民办高中的刻板印象，为政府分忧的同时也要满足老百姓对优质高中教育的渴望。为党育人、为国育才，这是超银的使命，也是超银具有的底气。

为了给学校发展开个好头，超银高中继续坚持教育家办学的思想，选聘的首任校长马振辉来自青岛的百年名校——青岛九中，他是一位有教育情怀、有工作热情、有教育思想、有公办和民办"双料"办学经验的专家型校长。可以说超银高中的整个筹建过程，马振辉都是亲力亲为，决心要办出一所和超银品牌相匹配的优质民办高中。高中首批教师招聘历经半年时间，应聘者接受了由青岛教研室专家、山东省特级教师及青岛市重点高中教研组长组成的专家考评团的现场考核，可以说最后选拔出来的都是佼佼者。"我们是抱着创业的心态来办超银高中的，是不是名师并不是招聘的必要条件，我们更看重教师有没有爱心和责任心、有没有吃苦耐劳的创业精神，以及有没有想要在超银高中建功立业的愿望。"在组建首批教师的过程中，马振辉也有自己的"烦恼"，招聘历时半年多，从2000多份简历中经过比对、试讲、面试、谈话等环节，最终选出了一批心仪的教师，但是最后留40人还是20人？如果只给即将招收的高一新生配置师资，20人足够，但是如果考虑到学校的长远发展，那么至少需要40人才能保持未来师资队伍的稳定性和循环性，同时也便于开展教研、集备和培训等工作。而对办学者来说，多出来的20名教师是为下一届储备的，在长达一年的时间里实际上没有教学任务，其日常产生的人力资源成本是现实存在的。想到这里，马振辉的内心也是"七上八下"，哪个办学者不考虑成本？最终招聘方案上报董事会后，张勤董事长拍板决定："就按照40人的教师队伍来配置！超银高中的办学不是一朝一夕，而是要从长远考虑。从办学历史来看，超银从来不把经济利益放在首要位置来考虑。超银要办一所优质高中，坚持教育家办学的思想，而不是一味地追求经济利益。"

1."师生手拉手，一个也不丢！"

建校第一年，超银高中招收了大约 160 名学生，录取学生的平均分与公办普高线相差 28 分，其中达到公办普高线的只有 18 人。大多数学生是抱着"试试看"的态度选择了超银高中，因为"超银"这块牌子在青岛颇有名望。面对第一年生源质量较为薄弱的情况，马振辉没有气馁，而是告诉教师们："把成绩好的学生教好是教师的本分，把成绩一般的学生教好，才是我们超银高中办学的初衷和存在的价值。"

建校初期生源质量薄弱，超银高中的管理团队和教师团队不抱怨不懈怠，提出了"师生手拉手，一个也不丢"的理念并落实到教育教学的每一天。为应对"新高考"，超银高中实行"全员导师制"，为学生制定学习计划和生涯规划。一方面强调抓基础，采取"周周清"制度，不放弃任何一名学生；另一方面实行分层教学，成立学科学习小组，让学优生也能"跑起来"。以"精讲、善导、激趣、引思"的高效课堂，培养学生"肯学、会学、乐学"的学习品质。这届学生第一次面对山东省学业水平考试，最终创造了 9 门学科一次性全部通过的"超银神话"，其中两位入学成绩不佳的学生，还惊喜地收到了校长亲笔写的表扬信，极大地激发了学生的自信心。

在超银高中，马振辉校长提出并倡导"拒绝羞辱文化"，教师的一言一行，不允许对学生有一丝一毫的羞辱，反之应该是不断地肯定和鼓励。"我们要求教师的姿态尽量摆得低一些，有学生问问题时，超银高中的教师绝不会说'这么简单的问题都不会'这样的话，要充分保护学生的求知欲。"

于是，在超银高中的校园里随处可见学生追着老师问问题的场景，老师的办公室里也经常是"人山人海"，师生每天沉浸在学习交流的氛围当中。一名高一新生进入超银高中短短一个学期就提升幅度巨大，他分享说："以前我不太敢问老师问题，但现在人人都在追着老师问问题，完全不会担心老师批评我，学习的积极性被带动起来了。"在这样的文化影响下，师生都呈现了一种积极拼搏、不甘落后的状态。近年来，超银高中全员一次性通过山东省合格考几乎成为常态。

2. 坚持"做真教育、做实教育"

自建校以来，超银高中始终坚持"做真教育、做实教育"。什么是"真"和"实"的教育？就是全面贯彻党的教育方针，落实"立德树人"的根本任务，培养德、智、体、美、劳全面发展的学生。真，就是坚持按教育规律办事；实，就是把各项措施落到实处。学校倡导作风朴实、工作扎实、求真务实的"三实文化"，把经典的教育理论结合超银高中的学生实际提炼出来，形成适合超银高中学生全面发展的教育教学方法，不断探索有利于学校持续发展的有效管理方式。

马振辉校长自己也是"做真教育、做实教育"的践行者。从教近40年，他从未远离过课堂。除了日常处理学校各项事务，只要有空他就会"常驻"教室，日复一日地听课、评课，带领教师深耕教科研，并提出要落实课堂教学"三度"（深度、难度、密度），促进学生"三多"（多学、多思、多问）习惯的养成，让学生的潜质得到充分发挥。

传承超银基因，发扬超银精神，在超银高中的教师队伍中也表现得淋漓尽致。教师的敬业爱岗、拼搏努力有口皆碑。周五下午5点是超银高中学生的离校时间，宋老师放弃休息，陪伴学生在校自习。一开始，宋老师只是周五下午留下三五个"周周清"没有通过的学生晚走一会儿"查漏补缺"，这在超银高中是一个很普遍的行为，很多教师都会这么做。后来有一名学优生家长提出，自己的孩子能否也留校学习。这给宋老师打开了新的思路，"那时候我刚来到超银高中不久，对马校长提出的'师生手拉手，一个也不丢'的理解还停留在抓住班级后进生，不让一个人掉队上，但其实学优生也需要'不丢'。"

于是宋老师重新规划，兼顾班里的学优生和后进生，并争取到其他学科老师的支持，在"基础班"之外新增了一个"培优班"。晚自习的雏形有了，很多问题也随之而来，比如安全、作息、后勤保障等，最终宋老师又协调联合家委会统一组织解决了这一堆难题，为孩子们保驾护航。2023年高考，宋老师的班级交出了优异的答卷：重点本科达线人数、达线率全校第一，普通本科达线人数、达线率全校第二。要知道，当年这届学生里的最高录取分都

不到青岛市前四所优质高中的最低录取线。像宋老师这样在超银高中实现"教学相长"的老师还有很多。现教务处王主任是超银高中的首届"品牌教师"，在加入超银高中之前她曾在别的学校任教了两年，用王主任自己的话说，那是"成长缓慢，迷茫无助"的两年。直到来到超银高中后，王主任才找到了实现教育梦想的方向，"校领导治校严谨，能看到所有人都是在发自内心地做事。在马校长的带动下，老师们积极参与听课评课，学校里到处弥漫着研讨之风。"

细细数来，超银高中建校后的五届毕业生，交出了一份份"含金量"十足的成绩单。2024年毕业于陕西师范大学的徐同学是超银高中的第一届学生。如今的他已经考入青岛市市北区教育系统成为一名光荣的人民教师。他回忆起当时的选择，表示："当年的超银高中在青岛市并没有什么名气，而我的中考分数还不错，选择这里是我和家长、老师反复沟通的结果。我初中就在超银中学学习，已经非常适应超银的节奏。最终选择超银高中时，我的想法就是'搏一把'。三年后的事实证明，我的选择无比正确！超银高中既有自己的办学特色，也保持了超银中学的作风和传统。"超银高中用实实在在的成绩证明，一所好学校确实能够"超银成金"，它也凭借鲜明的办学特色和优异的办学成绩迅速跻身岛城八大优质高中的行列，赢得了众多家长的信任和口碑。家长们纷纷表示："把孩子交给超银高中，我们很放心！"

3. 改变民办高中的刻板印象

2023年夏天，超银高中毕业生刘同学以671分的成绩被北京航空航天大学录取。这位曾经的中考失利者成功逆袭，一时间成为师生眼中的"小明星"。而刘同学漂亮的"翻身仗"也让他的家人倍感欣喜。高考结束后刘同学的妈妈给超银高中送来锦旗，她说孩子入学时学校曾经承诺"低进高出、高进优出"，学校是真的做到了，全家人都非常感谢超银高中！

超银高中的崛起，带动了一批优质民办高中的涌现。民办高中不再是岛城学子考不上公办普高的"第二选择"，越来越多的优质生源开始在一、二志愿主动选择填报优质民办高中。"让被动选择变成主动追求"，可以说这一局面的出现在很大程度上要归功于超银高中。社会上有些人也在问，超银提供的教育，到底是"卷"的教育，还是科学的教育？超银高中用实实在在的办学业绩给出了答案。超银高中的高质量发展也证明了民办学校要想成绩好、质量高，绝不是靠"掐尖"，也不是靠所谓"卷"，而是"做真教育、做实教育"的结果。

回首 2017 年，在高中刚刚成立的时候，家长还是存有疑虑。但是当时超银中学在家长心中不可撼动的地位，对刚成立的高中起到了很大的品牌溢出效应。第一届录取的最高分学生徐同学的家长说："我们信任超银中学，从而选择超银高中。"多年后的今天，家长对超银高中的认可也形成了品牌溢出效应。这种效应不仅提升了超银高中自身的声誉，也推动了整个超银教育集团乃至青岛市整个民办高中的发展。

三、卓越，山巅之光的照耀

在教育的广阔天地中，历来都有一些学府，它们以卓越为灯塔，以山巅之光为指引，照亮学子们前行的道路。特别是那些不断探索、勇于实践的学校，它们以高质量发展为目标，展现了对教育质量的不懈追求和对卓越教育的深刻理解。

在 2019 年秋季各个学校刚开学的几天时间里，有一条刷爆青岛教育圈的新闻——《硬核实力！全省唯一！青岛超银中学赢得市长质量奖！》，这是学校自己的官方微信公众号上推出的一篇文章。紧接着，青岛市各大媒体平台推出《山东省首家！青岛超银中学赢得市长质量奖》文章，同样获得快速阅读和转发。很快，青岛超银中学赢得市长质量奖的消息更是"白纸黑字"落到了岛城多家媒体报端上。

青岛超银中学，一所民办学校，凭借办学 20 多年来总结提炼出的"和衡"素质教育质量管理模式获得了第六届青岛市市长质量奖卓越奖（见图 1-13）！

图 1-13 超银中学获得第六届青岛市市长质量奖

根据青岛政务网公开发布的《青岛市市长质量奖管理办法》，市长质量奖是市政府设立的本市最高质量奖项，由青岛市质量工作领导小组组织评审，经市政府审定批准，授予本市质量发展做出突出贡献的组织。市长质量奖每两年评选一次，评审的主要内容为参加评选组织前3年的发展质量综合业绩。

市长质量奖设卓越奖和创新奖两个奖项。青岛超银中学获得的是卓越奖，而卓越奖是授予质量管理绩效显著，产品质量（含工程质量、服务质量）水平以及自主创新能力、管理水平在全国同行业处于领先地位，对青岛市经济社会发展做出突出贡献的各类组织。

超银中学冲击质量奖始于2016年。为了突破发展瓶颈，走高质量发展之路，超银在这一年引入了卓越绩效管理模式，跳出教育做教育。三年的时间里，学校一直把卓越绩效管理模式的推广与应用作为"一把手工程"，由潘晓莉校长亲自挂帅。同时，学校聘请专家对全体教师进行培训，组建核心团队，边学边干。2018年，青岛超银学校成为山东省唯一一所入围省教育厅"山东教育改革发展 40 年"大型访谈活动的民办学校。为纪念改革开放 40 周年，展现 40 年来山东教育改革与发展的辉煌历程，宣传山东教育 40 年来取得的巨大成就，山东省教育厅在 2018 年年底启动了以"40 人 40 事与山东教育 40 年"为主题的"叙说山东教育 40 年"大型系列访谈活动。在全省近万所各类民办学校中，省教育厅选择超银学校作为唯一代表，由《山东教育》总编辑带队来青岛对其进行了专题采访报道。

　　报道中提到：改革开放 40 年，青岛的民办教育在时代的浪潮中不断发展。像青岛超银学校这样的品牌民办学校不断成长、不断探索和进步的过程，也是整个青岛市民办教育发展变化的缩影。历经大浪淘沙而铸就了自己的品牌的民办学校，在拓宽教育投入渠道、弥补公共教育资源不足、促进教育资源合理配置、创新教育竞争机制、增强教育体系内的改革和创新活力、激发不同办学体制之间的竞争活力、率先全面实现教育的高质量发展方面做出了卓越贡献。

　　2019 年，青岛超银学校成为山东省义务教育阶段唯一入围省教育厅"致敬七十年·逐梦新时代——《山东教育》封面人物精英汇"的民办学校。这一年正值中华人民共和国成立七十周年。在举国欢庆的这一时刻，山东省教育厅为《山东教育》封面人物杰出代表颁奖，是为了特别表彰他们为教育事业做出的突出贡献，表达对人民教师甘为人梯、为国育才的崇高敬意。

　　2020 年 11 月，山东省举行了"品牌聚力·智汇未来"2020 年山东品牌年会，青岛超银中学获得"2020 年度山东知名品牌"荣誉称号，成为全省唯一一家获此殊荣的教育类单位。山东省市场监督管理局、山东省品牌建设促进会等单位的领导出席本次年会，来自各个领域的企业先锋代表、行业精英、学者专家汇聚一堂，共话品牌发展之道，为山东省新旧动能转换增添新引擎，助力山东经济高质量发展。

　　参评市长质量奖和推进卓越绩效管理模式的过程也是对超银自身的一个全面体检、系统梳理的过程。超银用企业管理的思维赋能教育：超银的顾客和市场，就是学生和家长；超银的经营结果，是育人成果，也就是学生的综合素质发展情况。于是，历经材料评审、现场评审、专家答辩等一系列严苛的评审环节，超银以一个教育品牌所特有的对自身质量的执着追求、精耕细作获得了评审专家的一致认可,"超银做得比说得好""把孩子送到你们学校,还真是让人放心"……

从建校的第一天起,超银人就知道要想成功必须靠自己的努力,要拼搏、要超越,因此骨子逐渐有了傲气和斗志。就像参评市长质量奖一样,超银沉得下、豁得上、落得实、接得住。这跟超银在教育教学上的要求和追求——"做真教育、做实教育"如出一辙。随着时间的累积,超银凭着自己这份独特的气质,感染了教师和学生,送出了一届又一届超银学子。在办学的初始阶段,超银很明确,作为一所硬件、软件条件都比公办学校稍逊一等的民办学校,拿什么来吸引学生家长放弃上公办学校的权利,从口袋里拿出一大把"真金白银"把孩子送进民办学校呢?毋庸置疑,那就是教育质量!超银把质量视为生命,这个理念烙印在全体干部、教师的脑海里,融化在全体干部教师的血液里,落实在全体干部教师的行动中。

获得市长质量奖,是标杆,是旗帜,是亮点,更是起点。

站在市政府最高质量奖的起点上,超银没有止步,而是继续高举质量立校的大旗继续走高质量发展之路。之后两年,超银继续在全集团深入实践卓越绩效管理模式,并加大了对教育信息化的建设,改进"和衡"素质教育质量管理模式,升级为"点亮人生""和衡"素质教育质量管理模式,随后参加了第四届中国质量奖的角逐。

2021年9月16日,由国家市场监督管理总局组织的中国质量(杭州)大会隆重召开。会议举行了第四届中国质量奖颁奖仪式。美的集团等10家组织和个人获得第四届中国质量奖,青岛超银中学等90家组织和个人获得第四届中国质量奖提名奖。超银中学也成为全国唯一获此殊荣的初中学校。这是继2019年超银中学夺得青岛市市长质量奖之后,在质量领域获得的又一更具分量的荣誉。

自从在质量领域打开局面、找到坐标后,超银学校还获得了多项全国级、省级的权威荣誉。2021年,青岛超银中学成为全省唯一入选山东省首批质量管理模式推广名单的教育类单位。此次评选由山东省质量强省及品牌战略推进工作领导小组办公室组织,首批共在全省各行业中评选出10个质量管理模式,并在全省范围内推广。其中,青岛市共有4家单位的质量管理模

式上榜，分别是海尔集团、中车青岛四方机车车辆股份有限公司、青岛啤酒股份有限公司和青岛超银中学。

2023年9月1日，第五届中国质量大会开幕。超银中学潘晓莉校长应邀出席大会，聚焦超银首席质量官典型案例的视频《教育，蓬勃希望的力量》从全国233个作品中脱颖而出，荣获质量强国建设微视频优秀作品，并在大会现场进行展播，成为全国教育行业唯一的获奖单位。超银中学在质量领域的高歌猛进也引来了众多教育同行的关注和学习，为教育类单位在质量领域的发展树立了典范。从2023年开始，陆续有学校和组织与超银取得联系，加入了争创质量奖的队伍中。

从优秀走向卓越，是超银人新的发展动力。卓越通常指的是杰出的、超出一般的特质。它可以指一个人的才华、成就或者某个组织的表现。在学校组织层面，卓越可以体现为教育质量、学生成就、创新能力等方面的突出表现。超银认为，教育的卓越不仅仅体现在学生的学术成绩上，还包括学生的全面发展，如道德素养、创新能力、批判性思维、情感态度等。教育的卓越还涉及教师的专业发展、课程的丰富性、教学方法的创新、学校文化的建设等多个方面，而这些都需要有一套素质教育质量管理模式来支撑。

第四节　钥匙——"和衡"素质教育质量管理模式

一、探因：源与流

在当前国家课程改革、教育评价改革持续进入深水区的过程中，如何将核心素养落地，真正把教育聚焦到育人的本质上来，以有效破解与回答著名的"钱学森之问"，是每个学校以及整个教育界需要思考和解决的问题。

超银中学凭什么能荣获中国质量奖提名奖？"和衡"素质教育质量管理模式是其核心竞争力。这个模式不仅在超银教育集团内的民办校区不断复制推广，助推超银走上高质量发展的快车道，还在后来托管的两个公办性质的学校里也获得了成功。从"全省唯一"到"全国唯一"，"和衡"模式到底有怎样的"魔力"？它所产生的强大复制性及可推广性又为超银及青岛教育行业带来了怎样的推动与发展？

每一个荣获国家、省、市级质量奖的优质企业，都形成了独特的管理模式。在青岛知名的企业中，海尔集团和中车青岛四方机车车辆股份有限公司分别荣获了中国质量奖和山东省省长质量奖。海尔集团以"人单合一双赢"为核心的质量管理模式享誉业界，中车青岛四方机车车辆股份有限公司则总结出双驱动双循环数字化质量管理模式。青岛超银中学以"培养能适应未来社会发展的人"为使命，通过多年的探索实践，在导入卓越绩效管理模式、通过ISO 9001质量管理体系认证、设立企业首席质量官的基础上，在教育之路上不断完善改进、追求卓越，于2019年初步梳理总结了超银"和衡"素质教育质量管理模式，并于2021年进一步改进提炼，形成了"点亮人生""和衡"素质教育质量管理模式。

"和衡"二字分别源于《论语·学而》的"礼之用，和为贵"和明代刘基

《郁离子》的"持心如衡,以理为平"。每一名学生都有自己的希望,每一名学生也是一个家庭的希望、学校的希望、国家的希望、文明的希望。"和衡",即和谐、和合、和赢,均衡、平衡、持衡的"三和三衡"。"和"既体现在集团化办学模式下,超银学校各校区在保持"四统一"(即管理互通、研训联动、文化共建、质量同进)的同时提倡"一校一品"的模式之"和",又体现在教育教学过程中以学生为主体、教师为主导的方法之"和",同时也体现在育人导向上厚植中国文化根基、兼具国际视野的理念之"和"。"衡"既体现在各校区的师资均衡、生源均衡、设施均衡,又体现在对教师的教学、学生的学习及时测量、评价、改进,形成一种持衡的状态。其基本结构体系如图1-14所示。

图1-14 "点亮人生""和衡"素质教育质量管理模式

二、"和衡"模式

"和衡"模式立足教师、学生两大主体,指向教学、科研、管理三个维度,涉及青岛、国内、国际三个层次,涵盖德、智、体、美、劳五个方面,以传统文化精髓的"仁和"为根、"守衡"为魂,持续在动态平衡中跨跃台阶,形成"和而有势,衡而尚进"的校园文化质素。在此基础上,超银学校进行体系化建构,形成如图1-15所示的"和衡"模式内容体系。

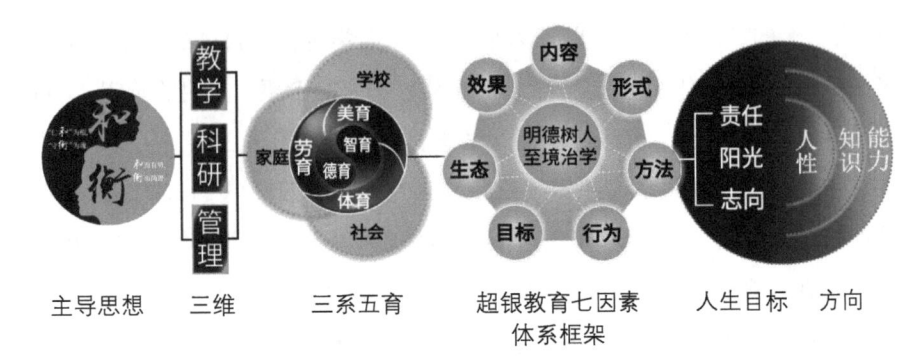

图1-15 超银"和衡"素质教育质量管理模式内容体系

"和衡"模式直指教育的本质——塑造人性、孵化灵魂、启迪智慧。超银学校以"和衡"为主导思想，在教学、科研、管理三个维度上，以"五育融合"为主体内容，以学校为主、家庭为基、社会为重，以此构成超银教育的平台，根据"明德树人，至境治学"的理念，形成教育内容、形式、方法、行为、目标、生态、效果七因素体系框架，锚定"责任、阳光、志向"的人生大目标，直指教育的"人性、知识、能力"三大教育方向的本质功能属性。

凝练"和衡"模式的目的在于实现超银学校的三个转变，即从超银分数向超银能力转变、从超银亮点向超银方法转变、从超银口碑向超银品牌转变，使学校迈上高质量发展的轨道。

三、模式的力量：做法与结果

在"和衡"模式的基础上，超银学校不断探索、总结，形成了"五子星"模式：仁和为根，德育为先，打造"德立方51445"德育子模式；均衡发展，"五育"融合，构造"六维和衡"课程体系子模式；和谐共进，持衡提升，铸造"3575"教师培养子模式；和合共赢，锐意探索，创造"1+N"创新子模式；中外兼济，面向未来，开创"三维一体"国际化发展子模式。

1. 仁和为根，德育为先，打造"德立方51445"德育子模式

人之所以为人并创造文明在于人性之德。"大学之道，在明明德，在亲民，在止于至善。"我国传统教育的经典《大学》开宗明义，即提出"明德"。"德者才之帅"，因此，教育的根本在于塑造人性。超银教育植根于"人性—知识—能力"的人文逻辑，形成教师、学生、家长"德育三方"，知识、实践、社会化"德育三维"，学校、家庭、社会"德育三系"，内容、方法、形式"德育三要"的蝶形模型。

以德育蝶形模型为依据，结合"和衡"七因素体系框架，形成超银德育"蝶变"模型。立足于常识"恍然大悟""醍醐灌顶""与君一席话，胜读十年书"的机理，以人性、知识、能力"德育三向"为主体，牢牢抓住标杆、事件、环境"德育三事"，以切入点、躁动点、共鸣点"德育三点"为翼翅，从而构成德育模式体系。

在德育蝶形模型和德育模式体系的基础上，经过超银学校对德育工作的长期探索、总结、创新，概括形成"德立方51445"德育子模式，如图1-16所示。

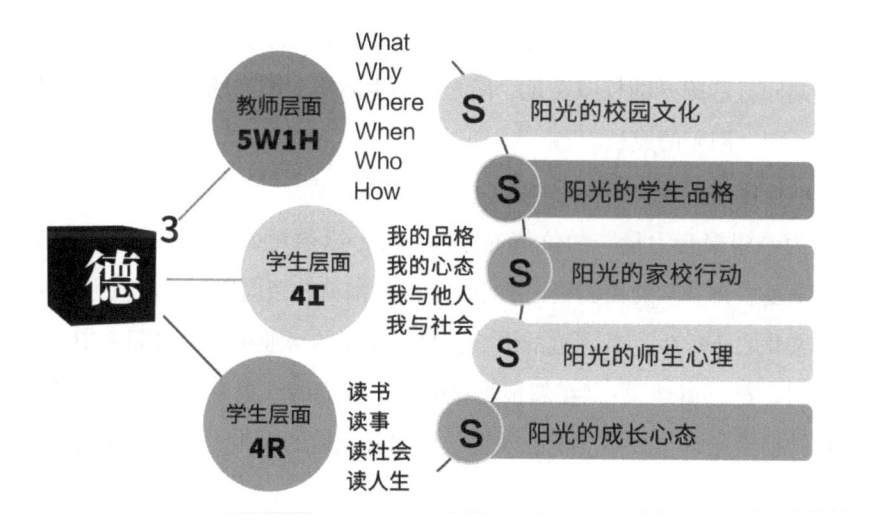

图1-16 "德立方51445"德育子模式

"德立方 51445"德育子模式充分体现了全员育人的理念，全体教师参与其中；以对学生的德育管理为首要目标，形成完整而健康的人格；以益智启智的活动方式为抓手，带动整个校园形成一种阳光向上的氛围。

在教师层面，"德立方 51445"德育子模式打造了"5W1H"，在全员育人的模式下，以班主任为主体的全体教师发挥育人功能。班主任管理工作围绕"5W1H"展开，即 What（什么事件）、Where（什么地点）、When（关键时机）、Who（责任人）、Why（原因）、How（如何做）。每位教师都应围绕每天、每周、每月、每年展开的工作，明确每个阶段该关注什么，为什么关注，如何关注。

在学生层面，"德立方 51445"德育子模式打造了"4I4R"。"4I"表示的是：我的品格（知书达理，真诚善良），我的心态（积极向上，自信平和），我与他人（感恩友善，合作共赢），我与社会（学以致用，奉献创造）。4R 表示的是：读书（坚定信仰和理想），读事（了解大千世界，理解社会百态），读社会（树立大局观，形成正确的价值观），读人生（分享、思辨，提升思想境界）。

在整体层面，"德立方 51445"德育子模式打造了"5S"，即教师践行"立德树人"，学生发展"向阳而行"，家长支持"锦上添花"，学校、家庭、社会共同打造阳光的校园文化、阳光的学生品格、阳光的家校行动、阳光的师生心理、阳光的成长心态。

学校围绕"明德树人，至境治学"的办学理念，以"和衡"文化熏陶，让"为希望聚合力量"的价值观深入人心；以德育为基体，让"砺志、铸魂、奠基、自立"的校训铭记于心，为学生铺就一条向阳生长的人生之路。

文化之于学生有着深远的影响。很多超银的毕业生在回忆起初中三年的时光时，都感慨地说："在超银收获的不止有成绩，更重要的是超银的文化和精神已经融入全校师生的血液里，影响着此后的人生，成为一生受用的宝贵财富。"

学校育人的主渠道在课堂，构造学生喜闻乐见的德育课程，以课程塑造品格是落实"立德树人"根本任务的关键。自建校第一天，学校就一直以文明礼仪教育为抓手，以入校教育、主题校班会、学雷锋教育、慎独教育、感

恩教育、法制教育、离校教育为主线，结合重大节日节点，渗透日常生活的方方面面，通过学生层面的"4I4R"，让德育工作与时俱进，深入人心。通过德立方和"4G"课程打造"5S"阳光校园，营造学生阳光成长氛围。多年来，不断构建出丰富多彩的特色德育课程。

阳光教育的内涵总是要通过行动来外显，学会遇事多动脑，勇于创新、勤于钻研，积极参与社会实践，开拓眼界，在行动中成长，用阳光的品格影响他人。每个假期学校都会组织"送温暖、送清凉"活动，让学生走进各行各业，感受万千世界；通过爱心义卖、志愿者服务等活动会带学生走进敬老院、社会福利院，把温暖送给需要关爱的特殊群体；在过往的活动中，超银学子曾在海军节之际用歌声唱出对伟大祖国的祝福，曾在党旗下慷慨激昂地诵读《少年中国说》作为党的生日献礼，也曾在重庆公交车坠江事件发生后对全市学生发出文明倡议，展现少年的责任与担当。

学会用积极豁达的心态思考问题、用自信平和的行动展示自己、用宽容感恩的信条与人相处，这样就拥有了良好的情绪，也就学会了快乐地享受学习与生活，从而拥有健康的人生。为此，超银学校建立了心理健康研究中心和家庭教育指导中心，聘请专家作为中心主任和顾问，通过家校课程、个体辅导、团体活动、心理测评、出品心理专刊和家庭教育短视频等方式，坚持"一生一策"，为和谐亲子关系、培养学生的阳光心理赋能。学校还通过两大中心提供的培训、课程和超银教育集团工会联合会举办的活动，为教职员工提供专业服务，为他们的心理健康保驾护航。

超银学校在办学过程中严格落实"双减""五项管理"等相关规定，在尊重教育教学规律和学生发展规律的前提下激发出学生的内驱力。学校不以分数作为评价学生的唯一标准，在日常的教育教学中树立学生身边的标杆，颁发"校长质量奖"对德、智、体、美、劳全面发展的学生进行表彰，并通过智慧校园平台收集学生发展大数据形成"学生画像"，为学生的阳光成长和未来发展赋能。超银学校在校园活动中深度挖掘"四美少年"（见图1-17），学生榜样不断涌现，让学校的德育工作向美而行。

图 1-17 "四美少年"评选标准

2. 均衡发展，"五育"融合，构造"六维和衡"课程体系子模式

超银学校遵循党和国家的教育方针，结合多年的教育教学实践，对原有的课程体系进行了梳理和整合，形成了以中国传统经典文化为导向、以中国学生发展核心素养为基础、以"五育"融合教育为着力点、以落实"双减"政策为目标的"六维和衡"课程体系，如图 1-18 所示。

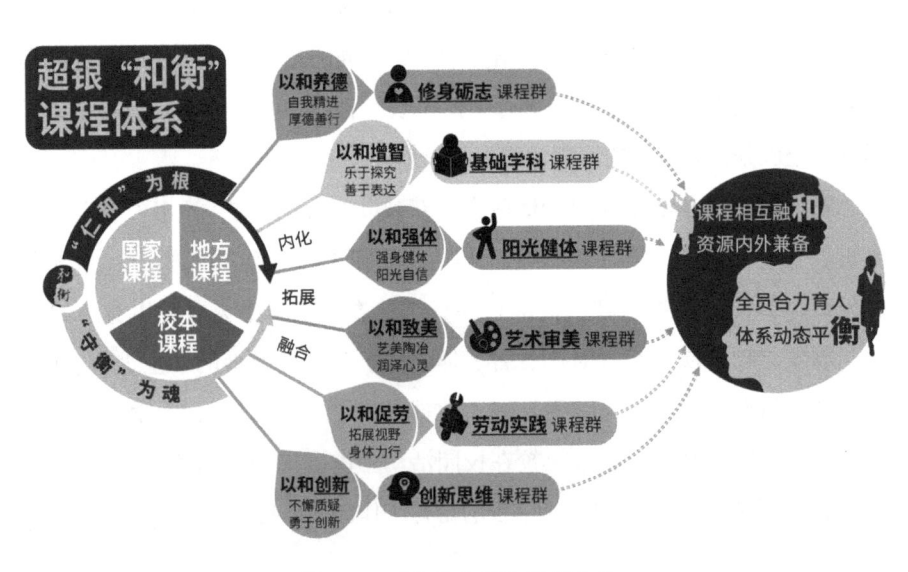

图 1-18 "六维和衡"课程体系

"六维和衡"课程体系是学校根据《中国学生发展核心素养》的要求而进行的学校课程理念体系的重构,也是对"培养能适应未来社会发展的人"的办学使命的校本表达。通过国家课程的校本化实施与校本课程的开发,使学校课程结构更合理、学校特色更鲜明,同时也会促进教师的教学理念进一步更新,教学手段进一步优化,增强课程意识,跟上时代发展的步伐,让每一位独具个性的学生在中华传统文化的浸润中,在"五育"融合的真实情境里,做到"以德扬善、以智启真、以体强身、以美塑心、以劳立行",在祖国的沃土上扎根,用文化底蕴撑起自己的脊梁,做一个情系祖国、放眼世界的中国人。

随着"六维和衡"课程体系的构建与升级,学校也越来越深刻地认识到,课程是学校最为重要的产品。产品是为人服务的,学校的课程也要为学生的全面发展去服务,满足学生的需要,而学生也可以根据自己的需要进行选择,这才是真正的因材施教。在这套课程体系的作用下,我校的学生变得与众不同,独具超银特点,他们品德好、成绩优、素质高、懂自律。自2020年"公民同招"政策发布以来,民办学校可以说是迎来了一轮震荡和洗牌。三年之后,当年这批"电脑派位"进来的学生培养质量依然保持了"超银水准",社会对超银的办学质量也越发认可。

3. 和谐共进,持衡提升,铸造"3575"教师培养子模式

超银学校始终秉承"德高为师、身正为范"的人才理念,持续引进各类教育人才,通过专家引领、集团培训、青蓝工程、教育教学论坛、职业路径规划等方式,逐步构建了人力资源培训系统,完善了人才招聘、人才培养、人才激励、人才继任四大机制,打造了"3575"教师培养子模式,如图1-19所示。

学校制定了五年人力资源规划,通过年度、月度培训计划稳步推进,以全覆盖、全过程、全方位的"三全"理念,以智慧校园为平台,构建了"教师画像"、四维多元的考核和激励手段,全面提升教师队伍的综合素质。

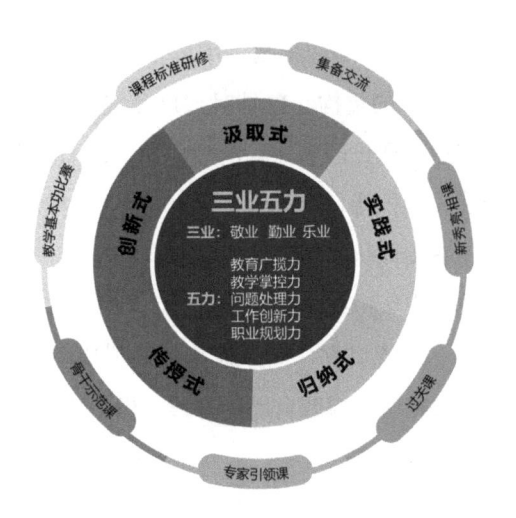

图 1-19 "3575"教师培养子模式

"35"即思想上具有敬业、勤业、乐业的"三业"精神，能力上具备教育广揽力、教学掌控力、问题处理力、工作创新力、职业规划力的"五力"特征，构成"三业五力"人才培养目标。

"75"即课程标准研修、集备交流、新秀亮相课、过关课、专家引领课、骨干示范课、教学基本功比赛7项活动和汲取式、实践式、归纳式、传授式、创新式5种方式，构成"七活动五方式"教师成长平台。

目前，学校小、初、高所有一线教师平均年龄只有30.4岁，在"3575模式"的作用下，近三年共涌现出国家级名师39人、省级名师28人、市级名师96人，有80余位教师获得市级以上奖项，上百人次在国家级、省级、市级等优质课中获奖。

通过"3575"教师培养子模式，学校打造了一支"超人"师资队伍。近30年来，超银教师和超银的学生一样，已经成为学校一张生动的名片，以拼搏敬业、无私奉献、智慧育人为大众广泛赞誉。为了在超银教师队伍中塑造标杆和典型，自2018年起，超银教育集团推出了年度人物评选活动（2023年升级为品牌教师评选活动），从各校区评选各方面表现优秀的教师，使超银教师们学有榜样、追有标杆。年度人物（品牌教师）充分发挥带头示范作用，带动全体教师发扬超银精神，形成良好的教育生态，促进学校的教育教学更好地发展。他们当中有把乳汁挤出放在校门口的小卖部，自己全天候在学校陪伴学生的妈妈老师；有晚上陪床照顾老人，第二天洗一把脸再精神抖擞去上课的孝子老师；有轻伤不下火线，拄着拐杖不耽误一节课的体育老师……新冠疫情期间当一位高三教师在高考倒计时60天把办公桌搬进教室和学生共同奋斗的新闻上了热搜以后，超银的学生都纷纷赞叹：我们的老师三年来每天都是这样。都说中考拼的是体力，是智力，是耐力，其实当学校每一年都在自我突破的时候，师生们拼的更是一种奋斗无悔青春的精神。老师率先垂范，学生在潜移默化中获得了一种由内而外的无穷的榜样力量！

4. 和合共赢，锐意进取，创造"1+N"创新子模式

唯有创新，才有出路。创新是提升学校核心竞争力之源。超银学校形成了"理念、目标、模式、组织、形式、内容"6个方面的"1+N"创新子模式（见图1-20），致力于实现全方位创新。

① 理念"1+N"：以"和衡"为主旨，体现和谐、和合、和赢，均衡、平衡、持衡"三和三衡"

② 目标"1+N"：以"三名"（名师、名生、名经验）发展战略为目标，打造高品质、标准化管理学校

③ 模式"1+N"：以"和衡"为总模式，形成德育、教学、师资等多个子模式

④ 组织"1+N"：从集团角度进行顶层设计，先后成立了心理健康研究中心、教科研中心、家庭教育指导中心、科创研究中心、人力资源中心、全媒体中心、信息化管理部，为学生成长保驾护航

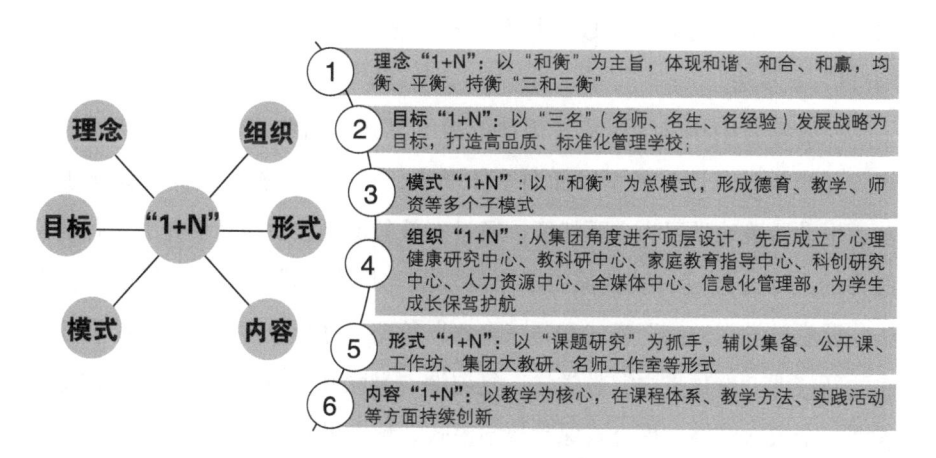

⑤ 形式"1+N"：以"课题研究"为抓手，辅以集备、公开课、工作坊、集团大教研、名师工作室等形式

⑥ 内容"1+N"：以教学为核心，在课程体系、教学方法、实践活动等方面持续创新

图1-20 "1+N"创新子模式

2020年，超银学校成立了信息化管理部，制定了《超银信息化建设发展规划》，实现教学管理"四全一覆盖"，打造智慧校园。信息化管理部成立以后，开发了一系列助力于学校管理的软件系统。2021年，超银学校获得了两份国家版权局颁发的软件著作权证书。超银学校智慧校园平台荣获"2021青岛信息化优秀解决方案奖"。在由工业和信息化部主办的第五届"绽放

杯"5G应用征集大赛智慧园区（工业园区）专题赛决赛中，由超银中学申报的"基于'5G+智慧教育'的综合评价体系研究与应用"项目荣获全国三等奖。这一系列奖项大都是青岛教育领域的"唯一"，再一次践行了超银的超前意识和超越精神。

超银学校从整个集团的角度进行创新性的顶层设计，在原有组织机构设置的基础上又先后成立了心理健康研究中心、教科研中心、家庭教育指导中心、科创研究中心、人力资源中心、全媒体中心、信息化管理部，为学生成长保驾护航。据统计，自2019年至2022年，学校孕育了300多项"草根课题"、5项国家级课题，开发了20种可推广复制的教学法、50余门校本课程；共获得189项教学活动相关荣誉；与加拿大UBC教育学院合作开展外教培养交流项目。

超银学校坚持"三名"发展战略，即多出"名师、名生、名经验"，持续创新，提升核心竞争力。在"双减"背景下，学校运用科学方法精准施教，给学生减负提效，形成了特有的教师教学"五精"五步法和学生学习"五自"五步法。

探索符合中小学学生成长规律的教学方式是当前课堂教学改革的主旋律。超银学校的课堂教学以面向全体学生，提升学生核心素养，让学生主动、生动活泼地学习为主要特征，通过有效的课堂教学活动培养出具有创新能力的人才。经过一线教师们多年的实践与探索，学校形成以下特色教学法：课堂教学"1234"模式和"三个六"策略、球形教学法、H型小说教学法、新授课"劈顶贯之"教学法、复习课"量联升实确馈"六字诀、试卷讲评课三个层次策略、探究式课堂教学模式、预立思——"541"教学模式、小学数学"三视"教学法、全景式综合素养评价教学法、导入—引导自学—组织讨论—精讲解惑—练习应用、讲—练—馈、语文学科"一文三读、一课三得"、数学学科"三主两论一升"、英语学科"PRIME授课"、历史学科"一预二导三演四知五悟"、生物学科"效法练补测趣"、素养导向的"三段六步"教学法、"四三四三"集备流程、"五定"全景集备流程。

预立思——"541"教学模式

1. 集备模型：预立思——"541"教学模式，如图1-21所示。

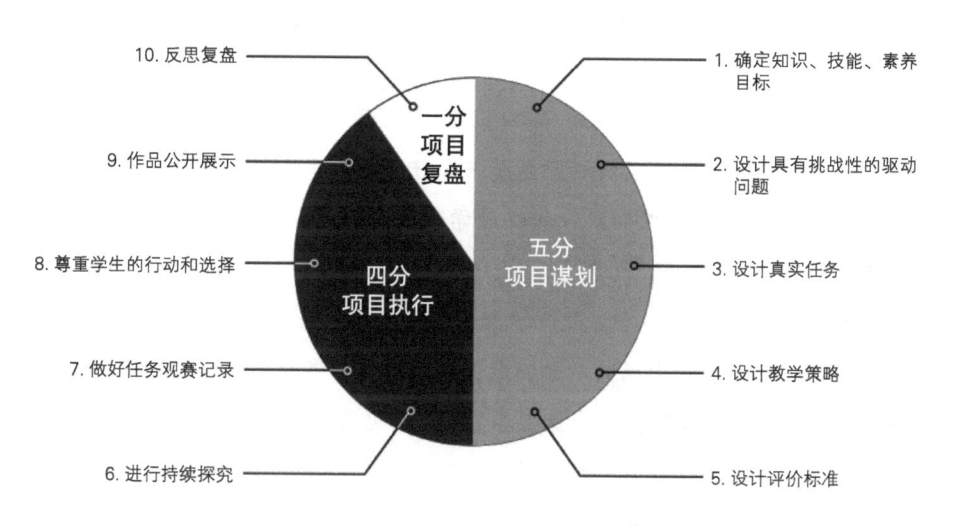

图中标注：
- 10. 反思复盘
- 9. 作品公开展示
- 8. 尊重学生的行动和选择
- 7. 做好任务观察记录
- 6. 进行持续探究
- 一分项目复盘
- 四分项目执行
- 五分项目谋划
- 1. 确定知识、技能、素养目标
- 2. 设计具有挑战性的驱动问题
- 3. 设计真实任务
- 4. 设计教学策略
- 5. 设计评价标准

图1-21 预立思——"541"教学模式

2. 适用年级：小学学段所有年级。

3. 模式介绍：预立思——"541"教学模式以项目式学习为载体，通过青岛超银小学在学科内、超学科以及教育教学管理中的应用实践为案例，展示其实施方式。预立思——"541"教学模式即"预—立—思"的过程，包括项目筹划、项目执行、项目复盘3个大环节10个小环节，其中项目筹划有5个小环节、项目执行有4个小环节、项目复盘有1个小环节。成事十分，五分筹划、四分执行、一分复盘，最终从规范走向精细。预立思——"541"教学模式不仅是教学模式，也是项目管理模式、工作模式和思维模式，它不仅可以细化为教学步骤和活动执行步骤，还可以指导我们对于工作精力的比重分配。唯有先充分思考、预设、谋划、推演，将所有的目标、流程、结果充分思考周全，做好"五预"之后，再执行过程的"四立"，才会更加有的放矢，最后的复盘反馈才能更精准地进行项目迭代、升级。

4. 模式流程：预立思——"541"教学模式即"预—立—思"的过程。

（1）"五预"，即五分项目筹划，凡事预则立。

第一，确定知识、技能、素养目标。学习目标是教学活动的风向标和指挥棒，确定目标是进行项目设计的第一步，也是最重要的一步。教师以目标为导向，以始为终，运用逆向设计，设计任务时不偏离知识、技能、素养目标。旨在让学生通过理解基本知识，在项目中获得关键技能，发展核心素养。

第二，设计具有挑战性的驱动问题以引领项目。基于学生的实际水平，设计一个有挑战性、有意义的问题是一个好项目的开端。这样的好问题能够激发学生的好奇心、求知欲，能促进学生深度思考，统领整个项目的学习过程。

第三，设计真实任务。设计学生真实生活或未来生活中会遇到的任务，或解决学生实际生活中感兴趣的问题，结合真实世界的背景、工具、质量标准等，对任务进行分解，设计里程碑任务，细化每一个任务的实施方式。

第四，设计教学策略，给予学生支架式指导。预设项目化学习过程，为项目的顺利展开准备充足的材料、道具、认知工具、脚手架等，通过多种教学策略给予学生支架式的指导。

第五，设计评价标准。评价的标准根据评价主体和评价内容"量体裁衣"，在项目准备阶段，教师制定合理可行的多元评价指标；在项目执行阶段，教师提前告知学生评价规则和标准，并将评价及时反馈给学生，以达到激励促进效果。

（2）"四立"，即四分项目执行，凡事贵有恒。

第一，鼓励学生进行持续探究。让学生参与一个严格的科学探究过程，提出问题，寻找资源，并应用信息。探究是真实有意义的，而非虚假、低效、短暂的"假活动"。

第二，做好任务观察记录。教师在学生执行任务的过程中，扮演观察员、引导员的角色，而非主讲者的角色，认真观察并记录学生的探究过程和探究行为。

第三，尊重学生的选择和行动。在整个探究学习的过程中，学生有自己的思考和自发的探究行动，教师尊重学生的自发行为。无论这些行为是发生在课堂上还是非课堂上，都被尊重、支持、保护。

第四，进行作品的公开展示。学生进行最后的成果展示，向课堂以外的人分享展示，如其他班级的老师学生及学校工作人员、家长等。将学生的作品进行全方位呈现。

（3）"一思"，即一分项目复盘，凡事思则进。

学中思、做中思，以思导行，如切如磋，举一反三，以反思复盘积累优势经验，弥补短板漏洞。复盘以"四个出"为原则，即跳出思维定式、找出可复制亮点、拿出可改进办法、指出思想症结。学生和教师反思学习、探究项目活动的有效性、学生工作的质量、出现的障碍和克服这些障碍的策略，并对反思结果进行反馈与应用，以改进他们的研究过程和成果。

5. 中外兼济，面向未来，开创"三维一体"国际化发展子模式

超银学校紧跟教育发展潮流，着眼未来，加强国际合作，引进国际先进教育经验，拓展国际合作的文化基础，引导学生成长为具有民族灵魂和国际视野的国际化创新人才。构建"立足青岛，面向全国，走向国际"的发展格局，开发思道FD课程体系，招纳培养外籍教师和国内外学生，形成"三维一体"的国际化发展子模式（见图1-22）。

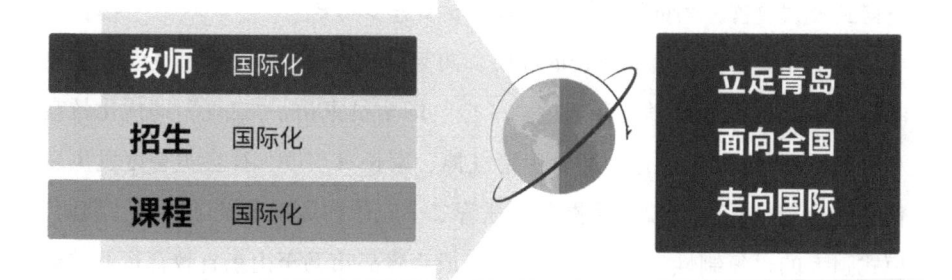

图1-22 "三维一体"国际化发展子模式

超银学校目前已与海外诸多教育发达国家相关院校建立了合作开发项目。2021年，位于加拿大温哥华的加拿大超银双语学校投入使用。2023年5月，超银小学获得IB-PYP（国际文凭小学项目）官方授权，正式成为一所IB世界学校；同年，超银高中开设国际理解教育班。2024年2月，超银中学金沙路校区获得IB-MYP（国际文凭初中项目）预授权，5月，加拿大超银双语学校获得IB-PYP预授权。

四、"和衡"的移植成活了

"点亮生命""和衡"质量管理模式不仅是超银20多年已有经验的总结，更具有强大的可复制性、可推广性。超银学校多年来不断地复制"和衡"模式，推动各校区高位均衡发展，使其在学校高速发展的过程中发挥了巨大的作用。

"和衡"素质教育质量管理模式的可复制可推广性，其中的一个标志性事件是由超银和崂山区教育和体育局合作办学，托管公办学校。超银学校输出了优质的办学经验，同时把学校的质量管理模式也复制到这里，通过超银品牌的影响力带动了当地教育教学水平的提升。"三和""三衡"在这里得到了实施和检验，超银学校的使命、愿景、价值观迅速在这里得到了传播和实践。崂山校区成立两年来，学生的整体健康水平优良率达到全区前列，学生近视率下降10个百分点，家长满意度测评位居全区第一名，当地的教育生态得到极大改善，大量生源回流，教学成绩进步明显。

有了托管崂山区公办学校的经验，两年后超银又一次把"和衡"模式复制到了市北区的托管学校，通过"一全"即全员家访，"二优"即优化教室和办公室格局，"三变化"即学生精气神、家长参与度、社会美誉度发生变化，使全校的精神面貌迅速提升。托管二十三中再一次印证了超银"和衡"模式强大的可复制性。如今的超银已经成为青岛市乃至山东省教育行业的标杆，在青岛市持续输出优质教育资源并且树立了优质学校的办学标准，也为青岛市民办教育的发展提供了榜样和示范。

五、墙外香，流韵国内外的足迹

1. 发起成立全国首个质量领域的教育专业委员会

质量是推进社会进步的不竭动力。教育作为最大的民生，其质量更是与人民生活息息相关。获得青岛市市长质量奖和中国质量奖提名奖后，超银学校也在思考，为了教育的高质量发展，学校还能做些什么实事，还能贡献什么样的力量。为了更好地发挥标杆示范作用，将先进的质量管理模式不断推广复制，共同推进青岛市教育质量向更高的水平迈进，由青岛超银中学及青岛启元学校、青岛嘉峪关学校、华为技术有限公司、李宁（中国）体育用品有限公司5家单位发起，在青岛市市场监督管理局、青岛市教育局的大力支持下，青岛市质量发展促进会教育质量专业委员会（简称专委会）在2021年年底诞生了，这也成为全国首个质量领域的教育专业委员会。青岛超银中学、青岛嘉峪关学校、青岛启元学校等10家单位成为专委会首批成员。

举行专委会成立仪式当天，山东省市场监督管理局质量发展处、青岛市崂山区区委区政府、青岛市市场监督管理局、青岛市教育局等领导莅临现场。岛城多所中小学、幼儿园、教育机构的教育同仁共襄盛举，见证这一岛城教育质量领域的盛会。

专委会成立以来，成员单位积极开展理论研究，服务政府决策；在教育行业举办卓越绩效管理模式推广与学习、品牌质量提升等活动，通过论坛等形式交流研究办学成果和办学经验；组织标准化建设、"质量奖"创奖等工作，促进教育绿色融合发展。作为主任单位，超银中学把争创中国质量奖提名奖的经验全部分享给大家，帮助更多的学校了解质量管理，结合自己的办学特色总结出更多的素质教育质量管理模式。

2023年，又一届青岛市教育高质量发展论坛活动在超银教育集团大厦隆重启幕。本次论坛邀请了国家、省、市质量领域、品牌领域专家，教育行业的杰出代表，专委会成员以及其他相关领域代表，共同开启一场聚焦质量的智慧碰撞，为教育的高质量发展赋能助力。作为论坛的重头戏，专家发言环节备受关注，中国·泰山质量论坛创办人项润教授、重庆谢家湾教育集团党委领导等11位来自质量、教育、品牌等领域的专家，围绕本次论坛的主题"教育赋能，质量强国"进行精彩分享，涵盖基础教育、职业教育、学生发展、教师素养、品牌建设、教学实践、安全教育等不同层面。

专委会成立以来，吸引了越来越多渴望走上高质量发展的学校加入，一起为教育行业提供标准支撑实现高质量发展贡献力量。

2. 出版图书，总结高质量发展的探索与实践

2022年，超银学校出版了《从优秀走向卓越——青岛超银学校高质量发展的探索与实践》一书，从"质量是超银的生命""育人是超银的追求""'双减'为超银变革赋能""'金牌门童'服务理念是超银品牌的特色""党建是超银发展的引擎"5个版块汇集了学校领导、干部、教师数十人的教育手记。这也是超银学校多年来教育实践和教学经验的宝贵总结与系统反思，对学校进一步提升教育教学质量及在教育行业中推广优秀的教育教学经验与模式发挥了积极的作用。

3. 加入各类社会团体，宣传推广教育高质量发展的经验

2019年7月，山东省教育学会民办教育专业委员会成立大会暨首届民办教育发展论坛在超银中学举行。超银学校当选为委员会副理事长单位，学校代表围绕"构建'和衡'素质教育质量管理模式，打造高效能育人体系"做主题发言。

2021年7月，超银学校作为全国工商联民办教育出资者商会常务理事单位受邀参加了由该组织主办的第二届全国民办中小学行业年会暨新时代民办教育高质量发展名校长论坛，潘晓莉校长向来自全国的教育同仁做了"从优秀走向卓越——从市长质量奖看卓越绩效管理理念在办学中的应用"的主旨演讲。

2023年8月，超银学校受邀赴临沂参加临沂市民办教育年会，潘晓莉校长在大会上做了"让每个生命更有质量"的主旨报告，旨在探讨当前民办教育面临的挑战和机遇，以及如何共同努力构建优质的民办教育体系，为民

办教育的可持续发展提供有益的思路和方向，共同推动优质教育的进步和创新。

4. 交流互访，学习提升

2016年至今，超银学校每年都会接待多批来自海内外的教育访问团。无论是澳大利亚的威斯敏斯特学校还是广东省和深圳市的民办教育协会，无论是杭州天成教育集团还是赫德国际教育集团，无论是烟台市福山区政府访问团还是山东省中小学师资培训中心，来自各个政府机关、教育领域的领导、同行纷纷来到超银考察，听取干部关于学校文化、办学理念的介绍，参与超银学校教科研中心专家的专场培训，学习小群组合作、问题导向教学法等专业领域的知识，深入课堂听课、评课，从专业角度探寻超银学校发展的秘密，了解"点亮人生""和衡"素质教育质量管理模式在超银教育集团内部的复制以及输出的成果，纷纷为超银教育质量点赞。

5. 多家权威媒体报道

"点亮人生""和衡"素质教育质量管理模式在超银学校各个校区中不断推广复制，有效推动了各校区教育教学成绩的高位均衡发展，并得到了社会各界的广泛认可。《中国教育报》《光明日报》《大众日报》《青岛日报》《半岛都市报》《齐鲁晚报》《青岛早报》《青岛晚报》及青岛电视台等媒体，均对"和衡"模式进行了报道和解读。

六、质量之路，方向对就不怕路远

2016年，超银学校在教育行业内率先导入卓越绩效管理模式，将这一国际领先的企业管理模式应用于学校管理中，跳出教育做教育，促进超银质量管理进一步标准化、规范化。

2017年，"超银"被认定为"青岛市著名商标"。

2018年，超银学校通过ISO 9001质量管理体系认证，同年，超银学校成为青岛市首家设立企业首席质量官的教育类单位。

2019 年，超银学校结合 20 余年的教育教学实践，总结提炼出"和衡"素质教育质量管理模式。同年，学校当选为青岛市首批卓越绩效示范教育基地，并获得第六届青岛市市长质量奖卓越奖。

2020 年，"超银"被评为"山东知名品牌"。

2021 年，"和衡"模式进一步改进升级，形成"点亮人生""和衡"素质教育质量管理模式，后又凭借此模式荣获第四届中国质量奖提名奖，成为全国唯一获此殊荣的初中学校。

2022 年，超银中学"点亮人生""和衡"素质教育质量管理模式入选山东省首批质量管理模式推广名单，超银中学也成为山东省内唯一入选该名单的教育类单位。

2023 年，由山东省市场监督管理局推荐，聚焦超银首席质量官典型案例的视频《教育，蓬勃希望的力量！》荣获质量强国建设微视频优秀作品，超银中学也成为山东省唯一，同时也是全国教育行业唯一获奖单位。这也是继 2021 年超银中学获得第四届中国质量奖提名奖后再一次登上中国质量大会。

2023 年，根据《青岛市人民政府关于实施"青岛优品"工程推动经济社会高质量发展的意见》要求，青岛市质量工作领导小组办公室牵头组织开展了第一批"青岛优品"品牌遴选工作。"青岛优品"是青岛倾力打造的区域公共品牌，也是"品牌之都"的新名片。2023 年 9 月 22 日，首批 100 个"青岛优品"名单发布，超银中学作为唯一教育类单位，同海尔、海信、青啤等享誉全球的知名品牌一同入选。潘晓莉校长被聘为"青岛优品"区域品牌推荐官。

第二章

市场浪涛中，学校教育之锚

当今社会，市场经济高度发达，教育也被卷入市场洪流之中。教育，特别是基础教育阶段，本该是打造一个人精神胚胎、人文底座的时期，却在市场化的裹挟下，颠倒了智育与德育的次序。面对国家"快出人才、出好人才"的需要，学校作为为国家培养人才的地方，需要厘清德与才的底层逻辑——德才兼备可大用，有德无才培养用，无德无才需慎用。人才选拔，不是选拔成绩好的学生，而是选拔德才兼备的学生。重智育轻德育的教育，必然导致人文底座的缺失、人性的不健全。面对汹涌的市场浪涛，德育应该是学校教育之锚，锚定了这个方向，学校的育人路径便不会偏航。

第一节 锚定在人性基因上的德育

一、德育，从生物模仿到人文体系

德育，作为教育体系中的重要组成部分，是唤醒人性的春风、点燃人性的火把、引领人性升华的灯塔。因此学校德育工作肩负着非常重要的责任，不仅关乎学生个体品德的塑造，更是社会文明传承与发展的重要基石。学校德育工作不能依靠由学校指向学生的各种规则的强制，也不能依靠学生指向学校的对于种种规则的单纯模仿，这种停留在简单层面的德育如同无本之木，无法根植入学生的内心。因而当学生离开老师的监督和学校的管束，其行为又会被本性所支配。德育，应当通过构建一套全面、深入的以人文精神为核心的人文教育体系，实现品德的内化，激发学生的内在动力，点亮其人生道路。

1. 生物的学习行为：模仿与本能

在自然界中，模仿是一种普遍存在的学习方式，它根植于生物的本能之中。从低等动物到高级哺乳动物，许多行为的学习都起始于模仿。例如，幼鸟通过观察成年鸟的行为学习飞翔技巧，幼崽通过模仿母亲的行为掌握生存技能。这种建立在模仿基础上的学习让动物获得生存技能，如捕食和御敌，同时也促进了更高级的社会行为的形成，如情感共鸣和群体互动。

生物模仿行为中，既有主动探索的成分，即个体基于好奇心和生存需求而进行的模仿，也有被动的成分，如因环境压力而不得不采取的行为模式。这种结合体现了生物适应环境的灵活性和生存智慧。然而，纯粹基于模仿的学习虽然能快速习得某些技能和规范，却难以触及更深层次的认知与情感发展，不足以支持个体的高级认知发展和道德判断。

首先，模仿往往是表面化的，难以触及行为背后的动机和价值观。其次，过度依赖模仿可能导致思辨能力的缺失，限制了个体在复杂多变环境中的适应能力。因此，从生物模仿到更高层次的德育体系，需要超越简单的模仿，探索更深层次的学习机制，如批判性思维、情感共鸣和道德自觉的培养。

2. 学校德育：超越模仿，构建人文体系

德育的本质在于培养人的道德品质和社会责任感，其目的在于促进个体全面发展，实现社会和谐与进步。德育不仅仅是行为规范的教育，更是价值观的塑造和人格的培养。它要求教育不仅关注学生的外在行为，更要深入其内心世界，引导其形成正确的道德观念，培养高尚的道德情操。

人文精神是德育的核心，它体现了对人类价值的尊重、对个体尊严的维护、对美好生活的追求以及对社会正义的向往。人文精神强调个体的全面发展，包括知识、情感、意志和道德的全面发展。在德育中，人文精神体现为对学生个体差异的尊重、对人文关怀的倡导以及对社会责任感的强化。从模仿到内化，是德育应有的人文转向。这有赖于一个完善的体系，具体包括意识体系、内容体系、形式体系、组织体系、人才体系和结果体系等多个

方面。

学校在德育培养中首先需要在意识体系上发挥作用,即确立正确的德育理念和目标。学校应将德育视为教育的核心组成部分,注重培养学生的道德品质、价值观念和行为习惯。通过制定明确的德育目标,如培养具有爱国情怀、社会责任感、诚信守法、尊重他人等品质的公民,学校可以为学生树立正确的道德导向,激发他们的道德意识。

在内容体系上,学校需要构建全面、系统的德育课程体系。这包括道德教育、公民教育、心理健康教育等多个方面。通过课程教学,学校可以向学生传授道德知识、价值观念和行为规范,帮助他们形成正确的道德认知。同时,学校还应注重将德育内容融入学科教学中,实现德育与智育的有机结合。

形式体系是学校在德育培养中采用的具体方式和手段。学校应通过多种形式的德育活动和实践,如主题班会、志愿服务、社会实践、校园文化活动等,让学生在参与中体验道德情感、锻炼道德意志和塑造道德行为。这些活动可以增强学生的道德体验,提升他们的道德实践能力。

组织体系是保障学校德育工作顺利实施的关键。学校应建立健全德育管理体系,包括德育指导小组、班级德育小组等组织机构。这些机构负责制定德育计划、组织德育活动、评估德育效果等,确保德育工作的有序进行。同时,学校还应加强德育师资队伍建设,提高教师的德育素养和教学能力。

人才体系是学校德育培养的重要支撑。学校应注重培养学生的道德品质和综合素质,为他们未来的职业发展和社会责任担当打下坚实的基础。通过选拔和培养德育骨干学生、开展道德标兵评选等活动,激发学生的道德潜能,培养他们的领导力和社会责任感。

结果体系是衡量学校德育培养效果的重要标准。学校应建立完善的德育评估机制,对学生的道德品质、行为习惯、社会责任感等方面进行定期评估。通过评估结果,学校可以了解德育工作的成效和不足,及时调整德育策略和方法,提高德育工作的针对性和实效性。同时,学校还应注重将德育评估结果与学生的综合评价挂钩,形成德育工作的激励机制。

德育从生物模仿到人文体系的转变,是教育的深刻变革。学校德育应超越简单的模仿和外在约束，构建一个以人文精神为核心，注重价值引领、情感体验、批判性思维培养及自我教育强化的综合教育体系。这样的德育才真正能唤醒心灵、生发内力、点亮生命，最终实现自觉。

二、几千年的德育森林

德育不同于学校中的其他学科，没有课本，甚至没有固定的课时，因为学校无小事，事事、时时是教育。但这并不意味着德育的内容简单，恰恰相反，德育有着宽广而深刻的内涵。可以说，人类文明的历史，本质上就是一部人文德育的编年史。德育宛如弥漫于人文社会之中的空气，无处不在、无时不有，它既具有无形的渗透性，又承载着文字与形象的双重表述。在悠悠数千年的历史长河中，无论是东方的璀璨文明，还是西方的辉煌文化，都孕育出了繁茂的德育森林，这些历经千年积淀的德育经典，构成了德育教育的深厚源泉，滋养着后世的心灵与品德。

1. 东方文明中的德育瑰宝

东方文明，尤其是中国文明，自古以来就高度重视德育，将其视为培养人的核心环节。德育在东方文明中不仅承载着传承文化、塑造人格的重任，还深刻影响着社会的稳定与进步，形成了独具特色的德育体系和文化精髓。

儒家思想作为中国古代的主流文化，对德育产生了深远影响。儒家德育的核心观念包括"仁、义、礼、智、信"，被称为儒家"五常"，是儒家道德伦理的基础。"仁"是儒家德育的核心，强调对他人的关爱和尊重。孔子认为，"仁者爱人"，即要有爱心，关心他人、乐于助人。"义"是指道义和正义，强调做事要合乎道德标准和社会规范。儒家认为，做事要讲道义，不能为了个人利益而损害他人或社会的利益。这种正义精神有助于维护社会的公平和正义。"礼"是儒家德育的重要组成部分，强调行为规范和礼仪制度。儒家认为，礼是维护社会秩序和人际关系的重要手段。通过遵守礼仪规范，人们可以培养自己的品德和修养，同时也能促进社会的和谐与稳定。"智"是指智慧和知识，强调学习和思考的重要性。儒家认为，智慧与仁德相辅相

成,智慧能够帮助个体做出符合道德原则的判断。因此,儒家德育注重培养学生的智力和学习能力,使他们具备独立思考和解决问题的能力。"信"是指诚信和信用,强调言行一致和信守承诺。儒家认为,诚信是道德的根本,只有诚信的人才能获得他人的信任和尊重。因此,儒家德育注重培养学生的诚信意识和责任感,使他们能够成为一个值得信赖的人。

除了"五常"之外,儒家还提出了"三纲八目"的德育体系,进一步丰富了德育的内涵和层次。"三纲"是指"明明德、亲民、止于至善"。这是儒家德育的总目标和总要求。其中,"明明德"是指要发扬自己内心的善良本性;"亲民"是指要关心他人、帮助他人;"止于至善"是指要追求最高的道德境界。"八目"则是实现"三纲"的具体方法和步骤,包括"格物、致知、诚意、正心、修身、齐家、治国、平天下"。其中,"格物"是指要研究事物、了解事物的本质和规律;"致知"是指通过学习和思考来获得知识;"诚意"是指要真诚地对待自己和他人;"正心"是指要端正自己的心态和情绪;"修身"是指要培养自己的品德和修养;"齐家"是指要管理好家庭、维护家庭和谐;"治国"是指要参与国家治理、为社会做出贡献;"平天下"则是指要实现社会的和谐与稳定。

东方文明的德育体系经过数千年的发展与完善,已经形成了独特的价值观念和道德标准。在东方文明的德育体系中,强调个人修养、家庭伦理、社会公德和国家忠诚等多方面的教育。这些教育内容不仅涵盖了道德知识的传授,更注重道德情感的培养和道德行为的实践,成为东方文化的重要组成部分,这些价值观念和道德标准不仅深刻地影响了东方社会的文化风貌和社会秩序,也为人类社会的道德建设提供了宝贵的经验和借鉴。

2.西方文明中的德育精髓

西方文明中的德育,自古以来就以其独特的价值观念和道德标准,对人类社会产生了深远的影响。从古代西方文明,到现代西方社会的德育理念,我们可以清晰地看到德育在西方文明中的重要地位和发展轨迹。

古埃及,这个拥有悠久历史的文明古国,其道德原则对整个社会起着重要的指导作用。在古埃及,德育不仅仅是知识的传授,更是个体成长与完善

的重要途径。古埃及的道德原则旨在引导个体在道德准则的指导下不断成长和完善自己，通过遵循道德规范，个体可以培养品德、完善自我并服务国家。

苏格拉底和柏拉图作为古希腊著名的哲学家和教育家，对于德育也都有着深刻而独到的见解。苏格拉底认为"美德即知识"，他主张道德行为基于理性知识，错误行为源于无知。因此，教育应引导人们通过思辨认识内在灵魂的美德，并在实践中加以体现。苏格拉底采用"问答法"（即"产婆术"），通过对话引导学生自主探究真理。他强调通过不断的理性反思培养具有德性的人。他的学生柏拉图在继承并发展其思想的基础上，提出了更加系统的德育理念。他认为，德性不仅关乎个人品质，更是国家正义与社会和谐的基石。柏拉图在《理想国》中提出分阶段教育体系，主张根据个体天赋进行分类施教，以实现各阶层各尽其职，从而达成国家的正义秩序。在教育方法上，他强调通过哲学引导学生认识理念世界，通过辩论和对话深化道德修养。

在现代西方文明中，经典的德育思想流派众多，这些思想流派从不同的角度和理论背景出发，对德育进行了深入的探讨和实践。其中具有代表性的经典德育思想包括：道德认知发展理论，认为儿童的道德认知发展是分阶段的，教育者应该通过课堂讨论、道德难题等方式，激发学生的道德思考，促进他们的道德认知发展；价值澄清理论，其核心思想是在价值观形成过程中，通过分析和评价的手段，帮助人们减少价值混乱，促进价值观的形成；社会学习理论，强调人类行为是个体与环境交互作用的产物，认为榜样示范在儿童品德的形成与发展中具有极其重要的作用；体谅关心理论，认为道德教育应该通过情感共鸣和角色互换等方式，帮助学生理解他人的感受和需要，从而培养他们的同情心和关爱他人的品质；涂尔干的德育思想，认为道德教育的目的在于培养学生的纪律精神、奉献精神和自律道德，这些品质对于个人成长和社会和谐都具有至关重要的作用。

3. 于浩瀚森林中采撷，学校成为德育的播种者

东西方德育思想的宝库为德育的开展提供了丰富的内涵和坚实的基础，

而学校的职责就是从中采撷人类思想与文明的精华,通过教育的过程,在学生的心灵上播种,使其在人的精神沃土上生根、发芽。

品德的培养与形成是多个主体共同作用的结果。社会、家庭、学校,乃至工作岗位,伴随着一个人从婴儿、幼儿、少年到成年的成长过程,各自发挥着不同的角色。社会承担着"涵化"的功能,构成德育培养的大环境;家庭承担着"播种"的功能,是德育培养的摇篮;学校承担着"修剪"的功能,是德育培养的主阵地;职场承担着"标杆塑造"的功能,是德育培养的延伸和深化。在这个系统中,学校作为品德培养与形成过程中的播种者,扮演着无可替代的启蒙与奠基角色。

学校不仅是知识的殿堂,更是道德观念的土壤,在这片沃土上,孩子们首次系统地接触并理解社会的道德规范、价值观念与行为准则。学校如同春雨般细腻而均匀地播撒着品德的种子,在学生心灵的田野上生根发芽。更重要的是,学校营造了一个包容与尊重的多元化环境,鼓励学生表达自我、探索差异、学会共情,为学生构建了一个开放而深刻的道德认知框架。在这样的氛围中,学生不仅能够学会如何成为一个有道德的人,更能学会如何在一个复杂多变的世界中,以开放的心态和批判性思维去审视道德问题,做出正确的价值判断与选择。

学校德育工作的首要任务是价值观的内化。学校应通过课程设置、校园文化、师生互动等多种途径,传递核心价值,引导学生树立正确的世界观、人生观和价值观。这种内化过程不仅仅是知识的灌输,更是情感的共鸣和行为的实践。

学校德育工作需要情感共鸣与道德自觉。德育不仅仅是理性的教育,更是情感的教育。情感共鸣是道德教育的重要手段,它通过激发学生的同理心,引导学生进行自我反思和道德判断,培养其道德自觉,使其在面对道德困境时能够做出正确的选择。

学校德育需要批判性思维与道德判断。在德育工作中,培养学生的批判性思维至关重要。批判性思维不仅有助于学生在面对复杂多变的社会环境时做出明智的选择,也是其道德判断能力的基础。学校应通过德育活动的组织,鼓励学生质疑、反思,学会独立思考和判断,同时引导学生将批判性思

维应用于道德判断中，学会在复杂的道德情境中权衡利弊，做出符合社会规范和道德准则的决策。

学校德育需要自我教育与持续发展。德育的最终目标是实现学生的自我教育。自我教育是个体在认识到自身品德发展需求的基础上，通过自我反思、自我评估和自我调整，不断提升自身品德水平的过程。学校通过引导学生设立个人品德发展目标，定期进行自我反思和评估，可以培养其自我管理和自我提升的能力。

因此，学校的播种角色，不仅在于传授具体的道德规范，更在于激发学生的内在潜能，培养其独立思考与自我反省的能力，以及面对道德困境时的决策力。它为学生打下坚实的人生基石，让品德之光成为照亮其未来人生道路的不灭灯塔，无论身处何方，都能秉持高尚的道德情操，成为社会的栋梁之才。在这个意义上，学校不仅是品德培养的起点，更是塑造未来社会风貌的关键力量。

三、德育品牌化，融入日常细无声

超银学校建校近30年来，德育工作一直在扎实地开展。学校认为教育的本质是塑造人性、孵化灵魂、启迪智慧，学校的办学理念是"明德树人，至境治学"。德居首位，学次之。在以德为先的理念统领下，立德融入每个师生的价值体系，为德育工作的顺利开展提供了思想上的保障。学校将中国几千年传统文化的精华与学校的文化、理念充分结合，形成彰显学校特色的德育品牌活动，并一以贯之地实施下去，打造出超银独特的"德育名片"。

1. 文明礼仪教育

中国历来有礼仪之邦的美誉。孔子曰："不学礼，无以立。"文明礼仪教育一直以来都是超银学校的一张亮丽"名片"，学校以鞠躬问好作为抓手，将对学生文明礼仪的培养真正落到实处。自建校以来，学校就有一项传统，每天早晨都会有一位校领导或老师站在校门口迎接学生入校，每一位学生到来时，老师都会先行鞠躬问一声"早上好"，学生随即回礼鞠躬问"老

师好",以此开启一天崭新的学习生活。无论是酷暑还是严寒,这份每天的仪式感从未间断,并且一直延续至今。亲眼见到这一画面的人,不管是学生还是家长,或是路过的行人,都会从心里感到一份温暖和震撼。因为每天入校的学生有千余人,一个学生鞠一次躬,校门口的校领导或老师就要鞠成百上千次躬,这份躬亲示范的文明礼仪教育真正做到了人们的心里。2023年,学校官方视频号发布了一条学校外教老师在校门口鞠躬迎接学生的视频,短短一天的时间,在网络上的播放量近40万次,很多网友感叹外教也融入了中华文化。其实外教老师在门口行鞠躬礼并不是学校要求的,而是他们"主动请缨"。

在这样的文明礼仪熏陶下,学校的学生在校内遇到老师或长辈,不论认识与否,都会礼貌地鞠躬行礼,并问候一声"老师好"。这样的行为不是个例,而是每一个学生都会这样做。几乎每一个初次来到超银校园的人,都会对学生的礼貌行为留下深刻的印象。而更令学校感到欣慰的是,这样的行为已经融入学生的习惯之中,从校内延伸到了校外。学生放学后在小区里或其他公共场所见到老人都会鞠躬问好,甚至在学生毕业之后也会将这个习惯延续下去。

超银中学2011届毕业生王同学毕业后成为某知名音乐公司的签约唱作艺人,曾先后与许多一线艺人合作演出。他在回忆母校的文章里这样写道,"如今在音乐行业工作,无论是在舞台上表演,还是在幕后制作,我都时时刻刻保持谦逊的态度,见到前辈与师长,我都会不自觉地鞠躬行礼。有时同行会为我的这种行为感到惊讶,殊不知这些行为在超银人心目中是再正常不过的举动了。随着成长,很多人会忽视最基本的礼节和做事的态度,但超银在我年幼之时培养了我,教会了我永远以礼待人。现如今,这些良好的习惯给我带来的不仅仅是真心相待的朋友,还有源源不断的好机会,让我在音乐这条路上可以顺畅地走下去。"还有一位毕业生在大学留学期间依然保持着向老师鞠躬问好的习惯,让外国教授在震惊和感动之余为中国学生的礼貌竖起大拇指,用自己的行为为祖国赢得一份赞誉。

2. 慎独教育

"慎独"是中国传统文化中儒家学说的一个重要概念,解释为"在独处

无人时注意自己的行为保持谨慎不苟"。超银学校一直以来都在推行"慎独"的德育理念，通过一系列教育，让学生们在无人监督的情况下，仍能拥有高度的自律。

在超银中学镇江路校区，每年新生入校的第一天，学生们都会得到一张慎独卡片。自此，"慎独"的种子就开始在学生的心中生根。在超银校园里有一块"慎独石"（见图 2-1），每天同学们都会经过这里走进教室开始一天的学习，慎独精神成为一种校园文化，在潜移默化中融入他们的行为。每个学期学校都会开展"自律主题月"活动，通过主题班会、学生分享会、家长送课等多种形式对学生进行自律教育，不断培养学生的慎独品质。在慎独精神的引领下，超银学生具备了很强的自律性。学校希望学生懂得，自律的人因为能看到未来的星辰大海而选择牺牲短暂的欢愉享乐，从而更能掌控自己的人生。这种气质和品行，已然成为每一个超银学生的标签。

图 2-1 伫立在超银校园中的"慎独石"

曾有记者在一次大型活动前抓拍下一幅照片，当其他同龄的学生在聊天玩闹时，身穿超银校服的学生们却自觉地拿出书本有秩序地坐在一旁认真阅读，学生的自主学习精神可见一斑。曾有家长在会考结束后拍下这样一张照片：当其他学校的考生三三两两地走出学校，家长却迟迟不见超银学生从考场出来。正当大家焦急万分的时候，只见超银学生在没有老师的组织下，自发地排成纵队整齐地走出。2023 年，网友抓拍到超银中学一位学生在地铁上席地而坐学习的照片,并发布在网络上,引发了数万网友的点赞,有网友留言说:熬过所有的苦,会遇见所有的甜。而孩子的父亲也从抖音平台上看到了这段视频,他开玩笑说,终于知道为什么每天孩子回来衣服都是脏的了,为孩子的拼搏努力而感到欣慰。后来,超银小学课程创新部的小学生们一段研学的视频又让全国各地的网友感叹了一波超银学生的自律性。这段视频是一位乘坐高铁的乘客拍摄的:当时他和一群超银小学赴安徽研学的小学生们共处一个车厢,本以为孩子们会乱作一团让他的整个旅途充斥着大呼小叫,没想到学生们从进入车厢后就井然有序,在旅途中要么看书,要么画画,完全没有打扰任何人。乘客拍下这段视频后感叹:这才是中国少年应有的样子!

而对超银的慎独教育,感受最深的当数超银的毕业生们。在超银毕业生回忆母校的诸多文字里,"慎独"应该是同学们提及最多的一个词了,他们都感慨:"后来的我们,一直感谢超银教会我们的'慎独'。"

超银中学2009届毕业生李同学,现任职于青岛市公安局交警支队,曾当选山东省公安机关交通管理工作成绩突出个人。她说:"我在超银时学到了一个词——慎独,这两个字烙印在我心里,深刻地影响了我的人生路。在以后的人生中,我在面对嘈杂的声音和挫折坎坷时都能坚定自己的信念。当我知道我想要什么、我想成为什么的时候,我就不再需要任何人的监督。"

超银中学2010届毕业生蔺同学,后考入浙江大学。他说:"我对母校最深刻的印象莫过于'慎独'两个字。学校告诉我们,即使以后走入大学,走向社会,并不会天天有人关注你督促你,你也要做到'慎独',自己管理自己,自己督促自己,拒绝懒惰与拖延,才会在社会上有立足之地。在我进入大学伊始,也有一段时间迷失了自己,感觉十分空虚,那一学期我的成绩也很糟糕。但是当我想起初中时学校就开始让我们养成的慎独习惯时,我警醒了过来,不再因为无人约束而浑浑噩噩。我参加社团当上了会长,参加活动结识了很多朋友,通过高效的学习最后也取得了奖学金和保研的资格。我觉得这一切都是超银的慎独精神及时点醒了我,让我找回了自己的道路。"

3. 学雷锋教育

雷锋精神与中国传统美德中的"仁爱"与"助人为乐"相契合。"仁爱"是儒家思想的重要部分，主张关心爱护他人、乐于助人的高尚品质。雷锋精神不仅深深植根于中华大地，成为激励无数国人前行的力量源泉，更以其跨越文化和地域的普适价值，触动了世界各地人们的心灵，赢得了广泛的赞誉与尊敬。在国际舞台上，雷锋精神被赋予了"人类文明最优秀的表现"之美誉，彰显了其作为人类共同精神财富的深远影响。

学雷锋教育也是超银学校的一项品牌德育活动。2012年，在雷锋逝世50周年纪念之际，超银学校举办了一场轰动全市的"追寻雷锋的足迹"主题报告会。在这次报告会上，学校邀请到了6位贵宾，他们是："双百英模"杨怀远、跟随雷锋79天为他拍下224张照片的摄影记者张峻、雷锋生前最亲密的战友乔安山、雷锋班第二十一班长李桂臣、雷锋生前辅导过的学生陈雅娟以及新时期雷锋精神的实践者王芳。这次活动吸引了13家省市级媒体进行采访报道，在全市范围内引起了巨大的反响。报告会上6位贵宾全部被超银学校聘为校外辅导员，张峻老人还向超银学校赠送了12块学雷锋展板（收录了200多张雷锋的经典照片）以及雷锋纪念章、学雷锋书籍、画册、海报等珍贵物品。中国关心下一代工作委员会领导在得知了超银学校的学雷锋活动后，十分高兴并评价说"青岛的活动搞得非常好，开了中学生学雷锋活动之先河"。此后的十余年里，李桂臣班长一直关注着超银的师生，他每年都会来到超银的小学、初中、高中，参与学校学雷锋活动，为学生们宣讲雷锋精神，与学生面对面交流，和学生共进午餐，成为超银学生最熟悉的"雷锋传人"。

2013年，超银中学当选为青岛市首批雷锋学校。在超银，"学雷锋"不是一句简单的口号，也不是一次大张旗鼓的活动，而是融入师生的日常。公益活动已成为超银学校的常态化活动。学校一直坚持组织师生走进敬老院、福利院，向灾区捐款捐物，帮扶贫困学校等活动，好人好事不计其数。各校区均成立了学生公益组织，其中由超银中学团委、学生会自2013年成立的"1+1+N志愿者服务支持平台"，10余年来整合社区志愿服务阵地资源，吸引了市内大、中、小学校志愿服务团队积极参与，现人数已达到4000余人。在由共青团青岛市委、青岛市教育局、青岛市青年志愿者协会举办的青岛市首届中学生志愿服务项目大赛评选活动中，该项目获得了初中组第一名。超银中学"一米阳光"志愿服务团队在每年的不同节点都会进行公益活动，特别是2020年新冠疫情以来，先后为湖北武汉和山东莱西、菏泽、即墨捐赠物资达10余万元；与四川两所小学进行结对帮扶，为面腊底小学、大凉山小学捐赠书籍，为每个小学都建立起了一个图书馆。

  2021年，超银教育集团党委和学校的领导老师们驱车200多公里来到位于山东沂水县的泉庄镇中心小学。当了解到学校课桌椅都已破旧，学生的书包水杯在教室里也没有放置的橱柜等一些现实困难后，策划发起"焕新计划"公益行动，号召师生以及社会爱心人士进行募捐，最终募集到184套学生学习桌椅、45组置物架、一套热水器、2150册图书和200多套学习包。随着爱心物资的到来，当地学校的面貌焕然一新，破旧的课桌椅不见了，取而代之的是整齐漂亮的学习桌椅，教室的后排换上了美观实用的置物架，图书角上增添了多种多样的课外书，办公楼的卫生间里安上了热水器，解决了住校老师没有条件洗热水澡的问题。超银的公益行动并未就此止步，此后每一年学校都会组织教师、学生去看望沂水的孩子们。

  2023年，在前往当地进行送课、家访后，学校还把十余位学生接到了青岛，到超银小学进行互访交流。两天的时间里，泉庄镇中心小学的同学们与超银小学生们结为小伙伴，沉浸式体验丰富多彩的课程。在小伙伴的陪伴下，同学们还乘船游览了青岛海岸线，"打卡"青岛网红景点，这次特别的旅程为他们留下了美好的回忆，也为他们打开了了解更广阔世界的一扇窗。"焕新计划"多年来不懈坚持，超银积极履行社会责任，为偏远地区的学生们奉献一份爱心。超银的公益行动也会继续开展下去，用超银人的爱与责任帮助更多的学生。

4. 多元架构支撑

  学校通过立体化架构实现多个部门的统筹分工和协同配合。超银学校德育处（政教处）作为德育工作的枢纽，组织开展思想政治教育、社会实践等德育活动；班主任为首要德育工作者，各学科教师参与其中，通过全员育人导师制，实现"学生人人有导师，教师人人做导师"；心理健康研究中心通过个体辅导、团体活动、心理测评等方式，一生一策，助力学生心理健康水平的提升；家庭教育指导中心面向家长持续推广家庭教育，让家庭和学校之间建立更紧密的合作，确保学生能够在学校和家庭中得到全面的教育；信息技术部门自主开发智慧校园德育数字化平台，通过信息化手段对学生的德育表现进行实时记录，在多元视角的观察下收集德育相关数据，实现过程留痕；全媒体中心负责学校各类视觉系统的设计、校园文化产品的出品以及学校全媒体矩阵的运营，通过德育类内容的不断输出，营造浓厚的德育氛围，弘扬校园正能量。各部门相互配合、相互支持，确保了德育工作的有序开展。

5. 科学评价激励

学校将德育评价纳入学生评价体系，以更科学、更全面的视角对学生进行多元评价，有效扭转"分数至上"的评价导向。基于此，超银学校在德育评价方面进行了大胆尝试。

完善评价体系。学校制定了以"四美少年"为标准的学生评价体系，"四美"即"心灵美、行为美、做事美、竞秀美"。在这一评价体系中，分数不再是唯一的评价标准，品德好、行为美的学生一样可以得到认可与嘉奖。

评价结果可视。超银学校依托智慧校园系统为每一位学生打造"五育"融合的"学生画像"（见图2-2），其中德育数字化平台构建"五育"中的"德育画像"，可以从班级德育评价和学生德育评价两个维度形成日考核、周总结、月评估的考核评价体系，学生、教师、家长都可以通过手机或电脑终端查看德育评价的结果。

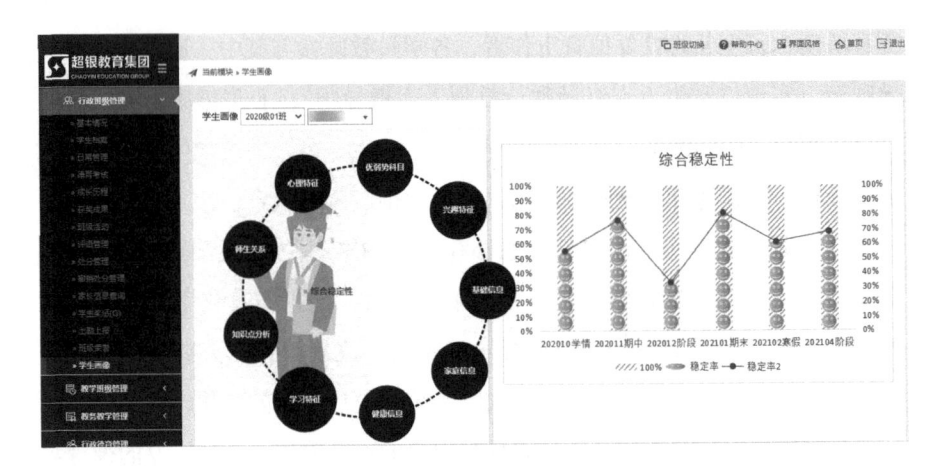

图 2-2 超银智慧校园系统打造"学生画像"

强化评价激励。学校不断发掘学生品德上的闪光点，并通过激励机制大力弘扬，树立学生榜样。2021 年，一段超银中学学生在风雨中将被大风吹跑的垃圾桶搬回原位，整理好后悄然离开的抓拍视频在网络上引发了百万网友的评论和点赞，并被包括新华社官方抖音在内的多家媒体转发。事后，学校多方确认找到了这名学生，并为他颁发了象征学校最高荣誉的"校长质量奖"勋章。这样的做法在学校屡见不鲜，学校通过不断地强化激励，让"品德好"成为全体学生心中的价值标杆。

6. 多方协同合力

学校诚挚地邀请家长参与到德育活动中来，充分发挥家长的专业特长，不仅增进了家校之间的联系，也为德育工作的开展有效助力。

以家委会为核心成员，打造"家校共同体"。2023 年，在超银小学运动会上，由班主任和家委会集思广益，共同策划、设计、编排的以爱国主义教育为主题的节目"一场特殊的点名"大获成功，感动了现场观看的师生，节目视频在网上发布后播放量达到 350 余万次，社会反响热烈，成为一次非常成功的家校合力助推德育活动的经典案例。

持续开展"家长课堂"。超银学校定期邀请不同行业的家长走上讲台，以自己所从事的职业为背景，为学生进行专题讲座，从人工智能到生物科技，从尖端领域的"大国工匠"到平凡岗位上的"能工巧匠"，包罗万象的主题深受学生的喜爱，为学校德育工作打开了新的视角。

在开展德育活动时，超银学校积极挖掘整合社会资源。学校与中国海军博物馆结成共建单位，定期邀请专家来校开展讲座，组织学生作为志愿者前往海军博物馆参与导览、讲解等社会实践活动。学校还积极与各类红色场馆联动，带领学生前往党史纪念馆、"一战"博物馆、烈士陵园等爱国主义教育基地开展德育活动。通过教联体建设，推进全环境立德树人的新格局。

7. 信息技术赋能

超银学校智慧校园系统的德育数字化平台将科学的育人理念与先进的区块链技术进行结合，以班级为纽带，以学生、家长、班主任、任课老师、学校、社会单位等为评价主体，建立起具有多方共识、可追溯的共建共享的数字化平台。通过电脑、手机、平板、摄像头、传感器等设备进行全校的物联网布局，实现海量数据和信息的传输与收集，通过德育数字化平台，在增强家校互通的同时，推进学生德育评价不断智能化、情景化和普及化，实现立体化即时性评价。德育数字化平台可以进行德育数据量化记录，教师以及学生发展中心在日常学习生活中及时记录学生行为的亮点或者不足，德育考核过程被捕捉之后，会将考核结果实时推送给校长室、德育处以及班主任，与微信端互联互通，班主任接收消息后可以及时与相关学生核实情况，若是学生行为上有不足，可与学生一起反思整改，若是表扬信息，则班主任可以及时在班级上对学生的行为进行肯定，形成正向激励，从而形成德育评价的闭环管理。同时，为了形成家校合力，德育数字化平台向家长定期开放，家长可以登录平台及时了解学生在校的最新动态，包括出勤情况、纪律表现、学习状态等，为德育工作的开展提供系统的支撑。

第二节　对思想进行校正，德育最耀眼也最不起眼的事

德育作为教育的重要组成部分，其重要性不言而喻，却又常常在实际教育过程中被边缘化，这种矛盾性使得德育成为"最耀眼也是最不起眼的事"。德育关乎个体的道德发展和社会责任感的培养，是塑造健全人格、促进社会和谐的基础。它的光芒在于其对培养有责任感、有道德底线的公民的重要作用，这一点在教育目标中占据着核心地位，是教育的耀眼之处。

一、为师之范数千年

在教育学领域，对于教师角色的探讨始终是一个核心议题。"学高为师，身正为范"在我国教育界广为流传。美国教育家、哲学家约翰·杜威指出，教师是人类灵魂的工程师。这就意味着教师不仅仅是知识的传授者，更是学生思想、情感和行为的引导者，是学生灵魂的工程师。"德行"二字对于教育者的重要性不言而喻。在现代教育中，这一理念依然具有重要的指导意义。教师应该关注学生的全面发展，引导他们成为具有创造力、思辨力和实践能力的人。

1. 知识与文化的传承者

教师作为知识与文化的传承者，其角色跨越了数千年的历史长河。在人类文明发展的各个历史阶段，无论是在古埃及的教育机构、古希腊的学院、中国古代的私塾，还是中世纪的大学，教师始终承担着传递知识和智慧的使命。他们不仅传授具体的学科知识，还传递着语言、艺术、历史、哲学等构成文化核心的要素。这种传承不仅限于知识本身，更包括了思考问题的方

式、解决问题的策略以及对世界的理解。教师的工作确保了人类文明的连续性和发展，使得每一代人都能站在前人的肩膀上，继续探索未知。

"学高为师"首先强调的是教师的学识要求。教师作为知识的传递者，必须具备深厚的专业知识和广博的文化素养。在AI（人工智能）时代，教师需要不断更新自己的知识体系，以适应教育的发展需求。教师的学识不仅包括对所教学科的深入理解，还包括对教育学、心理学等相关学科的掌握，这些都是教师有效教学的必备条件。

"身正为范"则强调教师的道德要求。教师的道德品质对学生的影响是深远的。一个品行端正的教师，能够通过自己的言行影响学生，培养学生的道德观念和行为习惯。教师的道德榜样作用，是任何教科书都无法替代的。"师者，传道授业解惑也。"教学工作是教师的基本职责，但教育的意义远不止于知识传授。除了扎实的教学能力外，教师的人格魅力与精神引领往往会对学生产生更为深远的影响。在学生的眼中，教师不仅是知识的传递者，更是智慧的象征、品格的榜样，是照亮人生道路的灯塔。

2. 素质教育的践行者

立德树人，师德为先；育有德之人，要靠有德之师。素质教育的核心理念是以人为本，它的提出和实施具有重大而深远的意义，而提高师德素质对于促进素质教育的实施而言，显得尤为重要。在企业中，流传着这样一种大道至简的用人原则：有才有德先用，有德无才慎用，有才无德不用。而在教育行业中，教师的品德关乎的不只是学校的声誉，更是学生的未来，民族的未来。

素质教育需要具备良好师德素质的教师。教师是推进素质教育的关键，要全面实施素质教育，首先就要提高教师的素质，尤其是师德素质，它是教师素质的核心内容。2024年10月24日，一段热心市民拍摄的地铁内的短视频传遍全国。当天清早，在青岛地铁1号线上，温馨的一幕在车厢中上演。一名倚在车门站着默默学习的学生，正认真地看着手中的学习资料。旁边一位坐着的老人看到后，小心翼翼地叫了叫学生，示意她过来坐下。这段老人给少年"反向让座"的视频发布后受到全网关注，诸多媒体转发点赞。通过

媒体进一步追踪采访，我们得知女孩是超银中学广饶课改校区的一名初三学生，家住西海岸新区。因为家距离学校较远，她每天清早都会乘坐地铁去上学，在这单趟一个小时左右的路程上，自律的她会抓紧时间学习。而视频中给学生让座的老人成为全网搜索的对象。最终发现他是一位退休教师。老教师刚上地铁坐下没多久，身边一位倚在地铁门上默默学习的女孩引起了他的注意。出于对女孩个人安全考虑，同时也想为女孩学习提供方便，老教师便起身让了座。一老一少的这次"双向奔赴"在全网引起了热烈的反响，人们为超银学生的自律点赞，也为这位老教师的德行而鼓掌。网民关注的不只是"让座"的这个行为，更是看到了其背后的崇高师德。在这位退休教师看来，为学生服务，是教师一生的职责，即便走下讲台，这份职责也深深地刻在心上。

教师的师德素质，不仅关系到学校的办学水平，更与学生的成长、发展紧密相关。教师在教育过程中起着主导作用，是全面实施素质教育的主力军，教师不仅需要较好的业务水平，更需要良好的职业道德。教师工作中的"示范性"使学生会有意无意地模仿老师，这种潜移默化的学习就是"无声教育"。教育实践中，许多支教教师发现一个共同现象：学生常常会模仿自己喜爱的老师，从说话方式到学习习惯，甚至连眼神与站姿都悄然一致。这种潜移默化的模仿，是教师人格魅力的自然流露，也是教育"润物无声"的真实写照。教师的教育工作，不只是简单的书本教育，更是品德教育。孔子说："其身正，不令而行；其身不正，虽令不从。"这句话深刻指出了教师以身作则的重要性。教育者必须德高身正，才能以人格的力量感染和引领学生。若自身行为不端，即使讲得再多，也难以令人信服，教育之效便如无源之水、无根之木，终难持久。

3. 教育强国的筑基者

高质量的教育要有高质量的教师队伍。国运兴衰，系于教育。在全球竞争日趋激烈的今天，综合国力的竞争从根本上就是人才的竞争。"教育兴，国运兴"早已经形成共识。全国大力发展教育行业，因此我们国家师范类院校的数量是世界上最多的国家之一，优质教育的背后要有一批批践行教育家

精神的优质教师。一批批师德崇高的教师，无论在哪个时代、哪个国家，都是教育高质量发展的基石。孔子的教育理念和师德至今仍深深影响着世界。孔子被尊称为"万世师表"，他提倡"有教无类"，强调教育的普及和平等，他的"温故而知新"和"因材施教"等教学原则，体现了他对教育的深刻理解和对学生的深切关怀。"时代楷模"张桂梅是云南省怒江傈僳族自治州的一位乡村教师。她放弃了城市的舒适生活，选择在偏远山区教书，致力于改善当地儿童的教育状况。她的坚持和奉献为山区孩子打开了知识的大门，改变了他们的命运。师德崇高的教师不仅传授知识，更是价值观的塑造者和梦想的点燃者。他们的工作不仅影响着学生个人的成长和发展，也对社会的进步和文明的传承发挥着重要作用。正是这些教师的卓越贡献，使得教育成为推动社会高质量发展的强大动力。

二、超银德育观念的体系与落地

学校的灵魂是文化，超银学校的文化内核是它的核心价值观，基于这种认知，超银形成了从理念到实践的完整体系。文化文化，有文有化。观念体系是"文"，变为师生的行为、学校的风气是"化"，也只有"化"了，即通过具体的方式落地、生根，才能显示出文化的内聚力、向心力、外张力。

首先是榜样的力量。超银的历任总校长、校区校长都将榜样的力量贯穿始终。每一任校长，不管退休返聘的还是年富力强的，都能以身作则，带领全体教师践行超银价值观。

超银中学崂山校区的梁之合校长，在托管第二年由于腰椎间盘突出，既不能久坐，也不能久站。那时开学在即，集团让他回家休息，但是干事的人，都有一种难以压抑的"不用扬鞭自奋蹄"的内在精神。他认为马上要开学了，各项准备工作很多，做甩手掌柜肯定不行。于是他嘴上答应着，却悄悄地在校长室里支起了一张行军床，半个多月才回家一次。因为他家离学校的单向车程至少40分钟，为了平衡腰伤和工作，他选择住在学校，一住就是将近一个学期。桃李不言，下自成蹊。校长对工作的拼劲，老师们自然是看在眼里，表现在行动上，这种超银精神像火种一样引燃了整个校区，不到一学期的时间，到校检查工作的各级领导大为惊讶，"你们施了什么魔法，让学生、班级变得如此优秀？"校长对教育的爱，必然会以专业精神和人格魅力去影响干部和教师，形成"校长引领教师，教师带动学生"的良性循环。这种层层传递的榜样效应，让价值观不再是空洞的口号，而是鲜活的教育力量。

榜样的力量无穷也层出不穷。在超银一路走来的过程中，就是由一个个校长、优秀教师、优秀学生共同构成了榜样群体，他们延伸成了一个长长的人才链、精神链。

其次，除了榜样引领，行为规范也是不可或缺的。如果说理念是太阳，个体行为是漫灌的水，那么，要让个体变为集体，就需要具体的规范。这也是将价值观具体化的重要途径。从"学生一日常规"到"教师十戒"，学校简约而不简单的基本规范为每一名师生都制定了明确的行为准则，落实在每一天、每节课堂。

孩子的心灵不止是一张白纸，而是有着期盼、渴望精神乳汁、知识乳汁哺育的需求，以及心灵的温暖与照拂。童真无邪的眼神哪怕和老师信任的目光对视一瞬，也可能会影响学生一天。

再次，仪式感聚合了自由个体的心。无论是每日的鞠躬问候、庄严的升旗仪式，还是隆重的表彰大会、总结反思活动，学校通过多种形式的仪式感，无声胜有声，潜移默化地强化了师生对价值观的认同感和归属感，这些仪式看着是形式，实际上是价值观内化于心的桥梁。

超银学校的"班主任节"则是一场充满温情的仪式。这一天，学生们会自主地秘密策划一系列惊喜活动：清晨，班主任走进教室时，黑板上早已写满了学生的祝福与感谢；课间，学生们轮流上台分享与班主任之间的暖心故事；放学时，全班会送上一份由每位学生亲手制作的纪念册，里面记录了班级成长的点点滴滴。最令人感动的是，学校还会邀请班主任的家人来到现场，聆听学生们对班主任的感恩之情。这种仪式不仅让班主任感受到职业的崇高、幸福、厚重，更让学生学会感恩与尊重，将"尊师重道"的价值观随形式悄然走入心中。

最后，氛围的营造让价值观无处不在。硬氛围上，学校的硬件设施处处

体现教育理念；软氛围上，师生谈心、榜样示范、行为规范和仪式活动共同构建了一个充满正能量的教育生态。这种氛围让价值观自然而然地渗透到每个人的心中。

三、机制成长，从 1.0 到 3.0

所谓机制，顾名思义，就是"机构 + 制度 + 运行"。机制具有倍增或倍减的魔力，那些优秀的机制总是能将一个个不起眼的个体聚合成十分强悍的组织力，也就是"1+1>2"，甚至"1+1>5""1+1>10"的能力。

管理不是简单的物理资源的加和与堆积，而是物理资源与精神资源的化合。所以，一个具体的单位就自然地成了管理迷宫，有太多的人迷失其中，也有极少的人凌驾于迷宫之上。

1. 超银机制的演进

按照"机构 + 制度 + 运行"的逻辑，青岛超银学校的机制，概括起来就是"总校—校区—年级—班级"的总体架构，具体又分成不同的课程教研组，以及教育、学习、教研、管理四大类别。这与一般的学校并无二致，而且一路走来的持续成长也有着太多的共性。所不同的是，因为文化的不同，机构与制度的机体作用也大不相同，其中的关键是文化、制度这些文字承载的内容如何通过行为来表现。即使背得滚瓜烂熟，如果没有行动，也只是文字条文而已，难点在于行动。

超银学校的机制建设是一部从粗放到精细、从单一到系统的成长过程。其机制的形成与完善，既源于学校快速发展的内在需求，也离不开外部环境的刺激与推动。从 1.0 到 3.0 的演进，不仅是制度的升级，更是学校治理能力的全面提升。

1.0 阶段，即创校期（1998—2009 年），超银学校的机制以"规范化"为核心。随着学校规模的扩大，原有的粗放式管理已无法满足需求。学校开始建立基础的组织架构，明确各部门职责，制定《教师岗位职责》《学生行为规范》等制度，确保教育教学的有序运行。这一阶段的机制注重"约束"与

"预防"。教研集备等教学检查，学生量化评比，便是规范师生行为、引导良好风气养成的手段。

2.0阶段，即成形期（2010—2020年），机制建设转向"专业化"与"精细化"。学校聘请了教学总监，成立了教科研中心、学生发展中心等专门机构，分工更加明确，职能更加专业。例如，教科研中心不仅负责教师培训，还主导课程改革和教学研究，推动学校从"应试导向"向"素质教育"转型。同时，机制开始注重"激励"与"引导"，设立了"教学质量奖""优秀班主任奖"等荣誉，并通过绩效考核将奖励与教师的发展挂钩。这一阶段的标志是"名师工作室"的成立，通过名师带动、教学比武和科研支持，帮助年轻教师快速成长，成为学校发展的中坚力量。

3.0阶段，即个性期（2020年至今），机制建设迈向"系统化"与"智能化"。学校引入了现代管理理念，构建了涵盖教学、德育、后勤等多维度的制度体系。超银学校通过信息化平台实现教学数据的实时监控与分析，为决策提供科学依据；通过"家校共育机制"，将家长纳入教育评价体系，形成教育合力。这一阶段的机制更加注重"应用性"与"激励性"，例如集团每年一次的"品牌教师"评选不仅关注教学成绩，还综合考量师德、科研和社会服务，激励教师全面发展。

超银机制的成长，始终围绕"应用性、奖惩性、激励性"三大特点。无论是1.0阶段的规范约束，还是3.0阶段的系统激励，机制的建设始终以解决实际问题为导向，以激发师生潜能为目标。正是这种不断进化、与时俱进的机制，为超银学校的高质量发展提供了坚实的制度保障。

2.超银机制的特点

每个组织都有自己的特点，这些特点的保持、增强与升级，才是组织生命力的基本显现。

概括起来，超银学校的机制特点主要有三：一是稳，二是活，三是成长。

稳并不是一成不变的固化、石化，而是机制的形成兼顾长远，所以少了朝令夕改、"翻烧饼"的常见现象，机制是供大家施展才华的平台，也是成长的保障。不以规矩，不能成方圆。有了质量不高的规规矩矩，少不了贴膏药、打补丁，所造成的是机制的严肃性大打折扣。而要形成优秀的机制，就得立足长远发展，量身定做。这是管理者素质的基本要求。

活也不是随意的变更、迭代，更不是乱来，而是一种机制精神的活性。每个校区不同，校长、老师群体与个体的资历、能力、个性也不同，除了授权因人而异的活，以给予信任与自主空间外，还要激发师生的心理、心情。所以，超银有了诸多的榜样、样板、仪式与活动，与一般为榜样而榜样、为仪式而仪式、为活动而活动的单纯性不同，那就是"找点"，时移世易，年年岁岁花相似，岁岁年年人不同，把不同的那个"点"、那些"点"找到、找准，机制就有了溢出效应，也就有了生命。

成长是机制的必然。技术发展必然要淘汰一些制度，裁撤、并合一些机构，这还只是基础性的内容，更重要的是新增一些内容，如超银"撑腰体"的推出、"教师十戒"的出台，机制像一棵生命之树，不断地抽枝、增容。

3. 机制的改进与创新

像超银学校这样的机制建设升级迭代的学校还有很多，优秀的机制始终以问题为导向，以发展为动力，逐步形成了规范化、专业化、系统化的制度体系。

机制的改进，就是改进不那么合理的或已呈现一定缺陷、不足的内容，所以不仅要注重效率，更要关注人与学校、社会的需求。学校的机制日益人性化，激发师生的内生动力是基本方向。其中考核是一个关键节点。"考核就是指挥棒"，能力靠绩效证明，但不是杀鸡取卵的行为，所以，关注人必然需要优化绩效考核制度，不仅关注结果，更关注过程，为教师提供更多的职业发展路径和成长空间；在学生评价方面，引入多元评价体系，关注学生的个性特长和综合素质，让每个学生都能找到自己的闪光点。此外，还可以建立"师生共治机制"，让师生共同参与学校管理，增强他们的归属感和责任感。

未来，学校机制将愈发开放，打破学校与社会间的壁垒，构建多元共生的教育生态。具体而言，借助家长学校、家校互动平台等途径，促进家长深度参与学校教育；与高校、科研机构展开合作，引入前沿教育理念与优质资源，有力推动课程改革与教学创新；与企业及社会组织协同联动，组织学生开展职业体验和社会实践活动，助力学生更好地融入未来社会。同时，还可探索"校际联动机制"，通过实现资源共享、开展师资交流、推进课程共建，达成校际间的协同共进。面对这样的大趋势，学校机制需要改进甚至废止的内容还有很多。

  机制的创新。创新是延续生命必由之路，古人早就明确提出"苟日新、日日新、又日新"。而机制创新绝非仅局限于技术与管理维度的突破，文化的深度浸润才是学校灵魂所系。因此，机制凸显文化引领的核心地位，把核心价值观精准且全面地融入制度建设的每一处细微环节就十分重要。超银依托"文化传承计划"，将学校精神以故事讲述、仪式举办、活动开展等多元形式，有序地传递给每一届师生，使学校精神得以绵延赓续。通过"榜样引领工程"，深度挖掘并广泛宣传师生群体中的典型事迹，充分发挥身边榜样的示范带动作用，以情感共鸣感染身边人，激发师生的积极进取意识。借助"文化创新活动"，大力鼓励师生携手共同创作校歌、校史剧等文化作品，在创作过程中深化师生对学校文化的理解，切实增强文化认同感与团队凝聚力，为学校机制创新筑牢坚实的文化根基。

  从1.0到3.0，学校机制的每一次升级，都是对教育本质的深刻理解和对时代需求的积极回应。未来的学校机制，将以人性基础上的智能化、开放化和文化化为方向，不断丰富创新，为学校的高质量发展注入新的活力，为培养更多的优秀人才提供坚实的制度保障。一个学校机制的演进，不仅是制度的完善，更是教育理想的践行。

四、规矩、标杆、灯塔，是做出来的

  在教师的师德培养中，规矩、标杆和灯塔具有深刻的含义和重要的作用。

1. 规矩：师德的基本要求

规矩在师德培养中指的是教师应遵守的基本行为规范和职业道德标准。它是教师职业行为的底线，要求教师在教育活动中遵循法律法规，尊重学生权益，公正无私，诚实守信。规矩是教师职业行为的"总开关"，是师德师风建设的基础。

超银学校从规章制度入手，通过各项措施的制定、各项活动的开展，不断规范教师行为，坚定教师的理想信念，让教师从内心根植使命与责任，更好地引领学生成长。"教师十戒"是一份逐步形成的学校规章。在进行教师招聘的时候，学校都会将这份内容放在招聘要求之中。在对新教师进行入职培训时，这一份制度也是首当其冲的学习内容。

"教师十戒"规定了这样十条内容：（1）当学生向你问好的时候不能漫不经心，回答的时候眼神应注视学生；（2）不要对学生说"这道题上节课不是讲过吗"，教室就是允许学生犯错的地方；（3）不要讽刺挖苦学生"其他人都会，怎么就你不会"；（4）不要总是对好学生格外关注，应优待貌不出众、内向的学生；（5）走到学生旁边问他有没有听懂的时候要轻声细语，不要让第三者听到；（6）批评学生的时候不要全是自己讲，应留一段时间倾听学生的申诉；（7）不要当着学生面使用手机，更不能带手机进入课堂；（8）少用消极词汇；（9）不要大声训斥，更不应体罚或者变相体罚学生，无论你的出发点是什么；（10）不要因为学生家长的地位和背景而对学生有所偏爱。

乍一看，"教师十戒"的内容大都体现在对细枝末节的约束和规定，但仔细考量，又不难体会超银学校对教师规矩的高标准和严要求，规矩的制定是从学生的实际出发，从教育的场景出发。"教师十戒"体现了教育中的人文关怀和专业精神。这些准则不仅指导教师如何与学生互动，还强调了教师在塑造学生学习体验和人格发展中的重要角色。它包含了尊重、关注、理解、鼓励、支持、包容、倾听、沟通、激励、公正等多方面的内容。这些原则不仅为教师提供了行为的指导，也为学生创造了一个更加积极、健康和支持性的学习环境。教师通过遵循这些准则，能够更好地促进学生的全面发展，同时也能够提升自己的教育实践和专业成长。

办学近 30 年，"超银的老师是超人"已经成为一句家长群中耳熟能详的流行语。家人重病，超银的班主任一边照料家人一边带毕业班；哺乳期间为了不耽误上课让家人抱着孩子来学校喂奶；腿摔伤了拄着拐杖进课堂；把家庭出现变故的学生接到自己家中同吃同住……当个人乃至家庭利益与学生利益发生冲突的时候，学生是超银教师们义无反顾的选择。那么，"超人老师"是如何打造出来的呢？

超银学校通过简化评价方式，聚焦于师德和师能两条标准。师德方面强调爱学生，学生也爱你；师能方面则注重教学业绩。这种评价方式激发了教师的积极性和主动性，让他们将精力集中在教育教学上。此外，学校通过营造风清气正的工作环境，让教师能够专注于教育教学工作，进而激发每一位教师的积极性和主动性。

超银学校注重教师的专业发展，成立了教学专家顾问团队、教科研中心、心理健康研究中心和家庭教育指导中心，并邀请全国知名专家任职。这些专家发挥着"智库"的作用，不断总结课例、提炼方法、建立体系，引领教师专业发展。学校还通过各类读书交流活动和空中读书分享会，促进教师不断学习，实现教师队伍的高位均衡发展。

基于教师自身发展的需求，学校引入 IB 课程，大力推进新课标，通过培训和改革，对教师队伍进行了一次从理念到能力的"升级"。

2. 标杆：师德的高标准

标杆是指在师德培养中教师应追求的高标准和理想状态。它是教师职业行为的高线，要求教师以身作则，以高尚的道德情操和专业精神影响和激励学生。标杆体现了教师职业的高尚性和示范性，是社会公德的体现。

自 2016 年导入卓越绩效管理模式，"标杆"的概念也被一同引入了超银学校。2018 年，超银教育集团首届年度人物评选拉开帷幕，旨在表彰优秀教师在教育领域的杰出贡献和卓越成就。这些年度人物不仅在教学上表现出色，还在学生管理和班级管理中展现出卓越的领导能力和无私的奉献精神，通过年度人物的评选，也为广大教职员工树立起身边的标杆。2022 年，学校将"年度人物"升级为"品牌教师"。截至 2024 年，超银教育集团各校区已经有80余人次获此殊荣。每一年，超银各校区都会开展师德师风强化月活动，围绕"坚守师德，用心灵触动心灵——我的师德践行之路"这一主题组织师德专题报告。在广饶课改校区的报告会上，多位优秀教师分享了他们在教育实践中的感人故事：面对连及格线都达不到的学生，老师用日复一日的耐心与包容坚定托举，最终使学生考入优质高中，家长感慨老师"化腐朽为神奇"；面对青春期个性叛逆的孩子，老师用智慧点拨，使其融入集体的怀抱；小学科老师通过"发现美的眼睛"让学生找到自信，照亮他们前行的路……一个个温暖的故事不仅让现场的老师们为之动容，更让全体老师感受到春风化雨、润物无声的师德力量。

3.灯塔：师德的引领作用

灯塔在师德培养中象征着教师的精神指引。它代表着教师在学生成长过程中的指导和启迪作用，是学生道德和智慧的引路人。灯塔是教师职业精神的象征，是学生成长道路上的明灯。

将师德高尚的教师比喻为"灯塔"，这个比喻蕴含了深刻的象征意义。灯塔在航海中的作用与教师在教育中的作用有许多相似之处。师德高尚的教师为学生指引方向，提供稳定而可靠的支持，照亮他们的心灵，帮助他们克服困难，他们通过自己的品德和智慧成为学生心中的榜样和目标，引导他们成为更好的人，甚至超越了简单的知识传授，成为塑造学生品格和精神的重要力量。教育的本质是育人而不是育智，教育的本质在于培养人、发展人、塑造人，而不是简单地传授知识。超银学校始终要求教师将学生的利益放在首位，无论是克服山高路远的困难到村里的学生家庭走访，还是在学校中为每一位即将下体育课的学生提前准备好饮水，超银教师都用实际行动践行着"家长的孩子不仅在我们手中，更在我们的心中"。

规矩、标杆、灯塔，环环相扣，闪耀着教育家精神。在教育的广阔天地中，师德是教师职业的灵魂，是教育质量的根本保证。规矩、标杆、灯塔三者在师德的培养中扮演着不可或缺的角色，它们相互依存、相互促进，指引着教师不断继承发扬教育家精神。规矩作为师德的基础，为教师的行为设定了明确的边界和底线，它要求教师遵守职业道德规范、法律法规和教育政策，确保教师在教育教学活动中遵循正确的价值观和行为准则，这是教师"理想信念"和"道德情操"的前提。标杆则代表着师德的高标准，它不仅是教师追求的理想状态，也是激励教师不断超越自我、追求卓越的动力源泉。以标杆为指引，教师能够树立"育人智慧"和"躬耕态度"，在教育实践中展现出对教育事业的热爱和承诺，从而成为学生心中的榜样。灯塔象征着师德的引领作用，它不仅为学生提供方向和希望，也是教师在教育实践中的具体体现。作为灯塔的教师，能够以"仁爱之心"和"弘道追求"去关爱和指导每一个学生，帮助他们在成长的道路上不迷失方向。通过规矩的约束、标杆的激励和灯塔的引领，教师能够在师德的培养中不断成长，最终成为弘扬教育家精神的好老师，为学生的成长和教育强国的实现贡献力量。

五、四个源头上流觞

观念、情怀、知识和能力构成了德育工作的四大支柱，它们相互交织，共同塑造着学生的理想与行为。它们如同四条源远流长的河流，汇聚成德育工作的浩瀚海洋。

1. 观念之河——智慧的源泉

观念，是德育工作的源头活水，它如同一条蜿蜒的河流，源自人类智慧的高山之巅。这条河流清澈而深邃，它携带着历史的沉淀和时代的精华，流经心灵的田野，滋养着思想的土壤。它教导我们分辨是非，指引我们追求真理，是德育工作无可替代的智慧之源。观念是德育工作的起点，它要求我们树立正确的世界观、人生观和价值观，目的在于在学生心中播下真善美的种子，引导他们形成积极向上的人生态度和价值取向。学校的观念是学校对教育问题的总体认识和看法，它体现了学校的办学理念和价值取向。教师作为观念的传递者，必须自身具备坚定的理想信念，以身作则，成为学生学习的榜样。

超银学校的品牌语是"点亮生命，人人闪光"，从本质上说就是从思想上对学生、教师进行校准。我们认为每个学生都是一个独立的个体，他们都有自己的闪光点。教育的目的是发现并放大每个学生的闪光点，帮助他们实现自我价值，成为对社会有用的人。一个人的学习成绩高低固然重要，但是否是一个好人，是一个对社会有用的人更加重要。

超银高中校长马振辉在全校率先提出"拒绝羞辱文化"，要求任何校领导都不能羞辱教师，工作遇到问题，可以指出来，可以批评，但不能羞辱，要尊重每个人，尊重每个岗位上的教职员工。同样，任何教师也不能以任何理由羞辱学生。这不是教育方法或某一种教育观点，而是一种教育哲学。在深层次上，"拒绝羞辱文化"就是一种思想的校正。有一次，马校长在巡课时发现一个业务能力很强的老师把学生撵出了教室，在他跟这个老师交流的时候，对方言语中充满了对该生的不满。马校长认为他违反了"拒绝羞辱文化"，该老师认为学生不完成作业就得有惩罚措施，撵出教室不算什么。争执不下之时，该老师声称要辞职，马校长也没有挽留。既然"拒绝羞辱文化"作为学校的规定提出，任何违反的人都要接受批评，虚心改正，否则学校是不会因为你教学业绩好而突破底线的。事情的结局是该老师幡然醒悟，跟校长道了歉，在以后的工作中也再未出现过类似的行为。可见，只有在思想源头上校正，学校的德育乃至各项工作才能得以顺利开展。

2. 情怀之溪——情感的涓流

情怀，是德育工作中情感的涓涓细流，它源自人心中最为柔软的角落。情怀是德育工作的情感基础，它要求教师拥有深厚的教育情怀和无私的奉献精神。教师的情感投入能够激发学生的情感共鸣，培养学生的同理心和社会责任感，在学生心中培育起对家庭、社会和国家的热爱，使他们成为有情感，有温度的人。做一件事情，如果没有高远的情怀，这件事情可能也能做好，但做不到一定的高度；如果只有高大上的情怀，却忽略了身边的一些小事，那这件事情恐怕也不能持续和长久。虽然情怀本身是一种内心的感受和表达，但在现实生活中，人们的情怀往往会受到个人利益和自我满足的影响。电视剧《家有儿女》中有这样一个情节：作为母亲的刘梅马上就要过生日了，三个孩子都在准备礼物，刘梅以为是送给她的。结果生日这天，孩子们把礼物交给了刘梅，但不是送给她的而是让她转寄不同的去处，刘梅很难过。丈夫夏东海安慰她，大部分情况下就是这样，母亲会记住孩子的生日，孩子却记不住母亲的。在剧中，最后是以圆满的结局收场。在故事之外，这样的事情其实并不少见。天底下的孩子，没有不爱自己父母的，不过，想让孩子正确地表达出来这份爱，却需要正确地引导。所以，情怀需要培养。

在培养学生感恩父母方面，超银中学曾开展过一系列的活动。比如"我有小宝贝"心理体验式活动。学生们将排球、篮球或是大小类似的玩偶放置于肚子前方的衣服中，模仿怀孕的母亲，感受母亲的不易。在沉浸式体验孕妈妈的过程中，学生们切实感受到了上课坐久了腰酸背痛、吃完饭肚子顶得不舒服、跑起步来更得用手保护好肚子防止"掉下来"等艰难挑战。此时学生们的表情从好玩变得更为郑重。随后学校又顺势开展了"念亲恩，育心智"心理主题班会，让学生们真切地体会到感恩的力量，从内心理解父母、关心父母、感恩父母。

3. 知识之泉——理性的清泉

知识，是德育工作中理性的清泉，它源自人类文明的深邃矿脉。这眼泉水甘甜而清新，它蕴含着科学与人文的精华，涌出智慧的火花，滋润着求知的渴望；它引导我们探索未知，启迪我们思考未来。在教学过程中，教师必须认识到，知识是德育工作的核心内容，它要求教师传授健康、有益的知识，拒绝那些过时、错误或有害的信息。

教师在课堂上不仅要传授知识，更要引导学生学会批判性思维，培养他们辨别是非的能力，使他们能够在信息爆炸的时代中保持清醒的头脑。在"毒教材"事件中，我们看到了教育部门和社会各界的迅速反应和积极行动，教育部召开座谈会，强调要深刻吸取教训，警钟长鸣，举一反三，坚决杜绝此类事件再次发生。这不仅是对教材内容的一次深刻反思，也是对教育工作者责任的一次重申。教育工作者必须坚守教育阵地，传递正确的价值观和知识，确保教材的纯洁性和科学性，为学生的健康成长提供坚实的保障。

4. 能力之瀑——实践的激流

能力，是德育工作中实践的激流，它源自人类行动的澎湃动力。这条瀑

布壮观而有力，它代表着技能与才干的汇聚，冲刷着现实的障碍，推动着进步的浪潮；它激励我们勇于实践，锻炼我们面对挑战。能力是德育工作的实践目标，它要求我们培养学生的自主学习能力、社会实践能力和创新能力。通过各种实践活动，如社区服务、志愿活动等，让学生在实践中学会合作、解决问题，培养他们的领导力和社会适应能力。

观念之河、情怀之溪、知识之泉、能力之瀑，它们在德育的大地上交织、汇聚，形成了一片广阔的水域，滋养着人们的心灵，引导着社会的进步。

从这四个源头出发，对学生和教师的思想进行着不断的校正，也意味着我们要在教育实践中不断地反思和调整。教师需要不断更新自己的教育理念，以开放的心态接受新知识，以创新的方法激发学生的学习兴趣。学生则需要在教师的引导下，逐步形成独立的思考能力，培养对社会的责任感和对知识的渴望。只有通过这样的校正，我们才能培养出拥有深厚的情怀、具备扎实的知识，更有实践能力的新一代，他们将成为社会的栋梁之才，为构建和谐社会贡献自己的力量。

在学校的教育教学过程中，德育往往不如学科教育那样容易量化和评估，其成效也不如分数和成绩那样直观可见。在应试教育的压力下，学校、教师乃至家长可能更多地关注学生的学业成绩，而忽视了德育的长期影响和深远意义。在一些学校中，德育课程可能被压缩，甚至被其他学科课程占用。这种做法虽然短期内可能提高了学生的学科成绩，从长远来看却削弱了学生的社会责任感和道德判断力，影响他们的全面发展。

德育因其在教育目标中的核心地位而耀眼，但在实际教育实践中常被忽视，成为不起眼的事。这种矛盾的存在提示我们，需要重新审视德育的地位，确保其在教育实践中得到应有的重视，以培养出既有知识能力又有道德责任感的下一代。正如约翰·杜威所言："教育是生活的过程，而不是将来生活的准备。"

第三节　结果可视，赢得心动在触动

德育的过程，始于对学生思想的启迪与引导，终于其行为习惯的养成与展现。检验学校德育工作成效的标尺并不仅仅局限于理论的掌握或口头的承诺，一个最简单直接且生动的方式，就是观察这所学校的学生在日常生活中自然而然流露出的精神气质与行为习惯。这些细微之处的表现，往往能够真实反映德育工作的深度与广度，是衡量学校是否成功地将德育理念内化为学生品质的关键所在。因此，注重德育实践的转化，让良好品德成为学生行动的指南，是德育工作的重要目标。

一、美德少年火全网

1. 见义勇为，路遇老人跌倒大胆扶

2011 年，超银学校发布了为学生见义勇为扫清障碍的"撑腰体"，即路遇跌倒的老人尽管去扶，如果被讹上学校给你打官司，如果官司输了学校替你赔偿。多年来，这条校规一直为学生注入满满的正能量，让学生心中更有责任，也更有底气。2013 年，三位超银中学生扶老人的事迹被多家媒体报道。

事情的详细经过是：三名同学结伴从书店买完课外书回家，路上看到一位老奶奶摔倒了，他们赶紧跑过去想把老人扶起来，旁边的一位路人赶紧提醒：老人的腿可能骨折了，不应该立刻搀扶，以免二次受伤，最好赶紧联系医院。

这时，三名学生发现老人的小腿骨有部分突出变形。经过问问得知，老

人之前已经摔倒过一次，自己感觉不是很严重，便爬起来尝试行走，但受伤的腿难以支撑。看到老人倒地不起，一名学生赶紧将自己的书包枕在她的头下，担心老人冻感冒，又把外套脱下给她盖上。

老人的情况稳定后，学生掏出手机想拨打120，但是老人说出事地点就在她家附近，坚持先给女儿打电话，学生就把手机借给了老人。过了十分钟，老人的家人赶到，立刻拨打120。打完电话，一名学生主动留下照顾老人，另外两名学生跑到路口等救护车。五六分钟过后，看到救护车来了，三人才放心离开。

老人的家人在现场一直询问三名学生的学校和联系方式，可他们只说自己是超银学校的，其他信息不愿意透露。

后来，老人顺利地进行了手术，她一直念叨着，出院后的第一件事就是到学校感谢这三名学生。老人的家属说，她知道近期出现扶老人被讹事件，母亲能碰到这么热心的学生真是不幸中的万幸。学校表示，"超银'撑腰体'是学校对全校学生的承诺，如果学生真的做好事被讹，我们肯定会帮到底，希望能够将勇敢助人的优秀品质永远传承下去。"

2. 心怀理想，超银学子收到外交部回信

2019年10月，一封来自中华人民共和国外交部的信件让超银小学二年级4班的成果同学沉浸在激动和喜悦中。国庆前夕，为了祝福祖国母亲70周年华诞，成果抱着试试看的心态给外交部写了一封信，没想到很快就收到了回信，随信还附上了我们耳熟能详的外交部发言人的亲笔签名信封。这一消息迅速冲上了微博热搜。

此前，超银小学推出了"家长职业生涯体验"选修课，帮助学生了解不同职业的工作内容，提升职业生涯规划能力。作为旅游行业从业代表，成果的爸爸也给学生们带来了一堂生动的职业体验课。"我因为从事旅游方面的工作，平时就比较关注外交部的动向，成果常常跟着我一起看外交部发言人的发言，非常崇拜他们的智慧和应变能力，也渐渐树立了想成为一名外交官的理想。"成果爸爸回忆，"当时临近70周年国庆，学校开展了一系列爱国主义教育活动，孩子写了这么一封信，一方面是为祖国母亲送上祝福，另一方面也想表达自己对外交官的崇拜。"

在这封落款为"外交部发言人办公室"的回信中，对成果同学对外交事业的关注表示感谢，并勉励她努力实现自己的理想："你说长大了也想加入外交队伍，这个志向非常棒！要成为一名外交官，首先要热爱祖国和人民，也要具备各方面的能力。相信你经过努力，一定能学有所成。我们期待着有朝一日在外交队伍中看到你的身影。"

外交部的回信对成果的梦想是一个很高的认可，对于学校其他老师和学生也是极大的鼓励。学校抓住德育教育的契机，号召更多的孩子自主、自发地把自己的想法和梦想付诸行动，为实现梦想而努力奋斗。

3. 做好事不留名，风雨中的"最美少年"

2021年，一位市民无意抓拍的视频温暖了风雨交加的青岛。市民在窗边拍摄狂风暴雨时，偶然拍到了一位路过的学生默默地扶起被狂风吹倒的垃圾桶，并把它搬回原位的场景，这位学生的一身"超银白"校服格外引人注目。随后，学校发出"寻人启事"，在各校区寻找"最美身影"。视频发布后，12小时播放量突破15万，并被《中国教育报》视频号转发，网友纷纷向这名超银学子竖起大拇指。经过寻找得知，这位"白衣少年"是超银中学的一名初二学生。

回忆起当时的情况，该学生说："放学的时候突然下雨，我没带伞，就想着赶紧回家。走到一个小区停车场前，看到两个垃圾桶横在路上，当时没有想太多，只是觉得可能会影响车辆和行人的正常通行，于是把垃圾桶搬到了原地。平时学校里一直倡导'慎独'精神，这些都潜移默化地影响着我，我觉得扶起垃圾桶只是我应尽的职责。"

4. 心怀祖国，刻在骨子里的爱国情怀

2023年，一位超银小学生在食堂吃早饭时听到国歌奏响立刻起身面向国旗方向敬礼的视频在网络上被刷屏，并得到《中国教育报》视频号的转发。这名超银学生的行为感动了全网，网友们纷纷表达了对学校能把爱国主义教育做到如此，能融入学生的骨子里的钦佩。其实，这样的场景在超银的校园

里并不鲜见。在超银，无论是小学生还是中学生，每当听到国歌声响起，无论在哪里、在做什么，都会立刻起立，行队礼或注目礼。这样的举动已经成为超银学生们无须约束、无须提醒的一种自然而然的行为。而这些行为的背后，都来自学校对于学生自始而终的扎实的德育教育。

同年，在超银小学的运动会开幕式上，小学生们上演的节目"一场特殊的点名"，用创意点到的方式表达对祖国的热爱，再一次感动了万千网友。三年级3班全体学生手持中国34个省级行政区名称的牌子，在《我爱你中国》的悠扬背景音乐下入场。从祖国的心脏北京，到西部边陲新疆，再到宝岛台湾……中国版图上的34个省、自治区、直辖市和特别行政区，个个应声答"到"，一个也不少！点到完毕后，全体学生用饱满的热情和昂扬的精神齐声喊道："我们的祖国一点也不能少。此生不悔入华夏，来世还做中国人。"这一幕被拍摄成视频发至网络后，引起了强烈的反响。短短两天内，抖音播放量350万次，留言数千条。网友们纷纷留言："这就是爱国主义教育，时时刻刻都在。""破防了，感动，自豪！""饱含着对祖国的深情，孩子们的真挚情感让人泪目。"

5. 大胆出手，超银少年再"撑腰"

2023年，又有一位超银学生大胆撑腰，勇敢扶老人的故事得到社会的点赞。超银中学重庆南路校区的一名学生在超市乘坐电梯时，前面的老人突然失去平衡摔倒，该生反应迅速，上前用双手和双膝紧紧托住老人的身体，从而避免老人造成更严重的伤害。也多亏了这位学生的大胆扶助，才令老人化险为夷。

超银学子见义勇为的故事也被《青岛新闻》进行了报道。采访中，这位学生表示："校园里经常有互帮互助的暖心事发生，所以当看到老人摔倒后，自己并没有多想，就第一时间伸出了援手。能够帮助到别人，我自己也高兴，今后也会尽自己的能力继续帮助别人。"

二、殊荣，"群生现象"冰山下的根系

自学校创办以来，超银少年的美德故事犹如璀璨星辰，不断涌现，频频闪耀在媒体的聚光灯下，赢得了社会的广泛关注与高度赞誉。这一独特现象，即便在全国范围内亦属罕见。那么，这背后究竟隐藏着怎样的逻辑与奥秘？我们或许可以将其形象地比喻为"群生现象"。

在社会学的语境中，"群生现象"体现为个体成员因共同生活于某一群体而逐渐形成的具有鲜明群体特征的行为模式。被社会聚焦的学生榜样只是这座美德冰山上的一角。而在冰山下，有着更为庞大的学生群体，他们默默无闻，却在日复一日的学习与生活中，以实际行动践行着美德，展现着当代青少年应有的模样。这一"群生现象"背后的根源，是学校始终坚守的办学理念。超银学校深知，德育是教育的灵魂，教育的本质就是塑造人性、孵化灵魂、启迪智慧。因此，多年来超银学校对于德育工作始终常抓不懈，通过不断完善德育工作的系统，构建德育工作的扎实根系，让德育的硕果不断结出。

1. 环境熏陶

育人的方式不止于有声的讲述，无声的滋养与熏陶更可以在日复一日中浸润人的心灵。超银学校充分发挥校园环境的育人功能，让每一面墙壁都会"说话"，通过精心的设计与布置，让校园处处充满正能量。学生们每一天教学楼前的仰望、每一次走廊中的路过、每一回转角处的回眸，都能感受到温暖与力量，这份环境的熏陶虽然无声，却足以打动人心，在日复一日中影响和塑造着学生们。

每天学生们进入校园，都能看到教学楼上的一句醒目的标语：请爱你的妈妈，请爱你的老师，请爱你的班级，请爱你的同学（见图2-3）。在超银学校看来，爱的教育是每一位学生一生中所能具备的追逐幸福能力的基础，做学问之前先学做人，心中有爱的学生才能在未来之路上走得更远。不管学生的成绩如何，只要心中有爱，他一定是一个温暖的人，一个有责任心的人。

图 2-3　超银学校教学楼上的标语

　　走进超银学校的教学楼，楼道里悬挂着的照片，除了古今中外的榜样，还有学校自建校以来的历届优秀毕业生。建校近 30 年来，超银学校培养出了上万名毕业生，他们从超银校园不断地向更高的学府攀登，其中多位学生考入北京大学、清华大学、哈佛大学等国内外知名大学，还有众多优秀的毕业生现已工作在祖国的各行各业，他们将超银精神不断传承和发扬，带着"超银是金"的烙印继续拼搏努力，实现自身价值，成长为中国特色社会主义事业的建设者和接班人。他们也成为在校生最好的榜样。学校将他们的照片悬挂在教学楼里，让学生们感受到成长的榜样就在身边，激励着他们循着学长的足迹，在求学的道路上踏实前行，勇敢追梦。

　　教室里，前后黑板的上方，是校长送给学生们的话——坚持，是世界上最伟大的品质；努力，是成功的另外一个名字。学习的路上不会一帆风顺，学生们说，每每抬起头看到黑板上方的这句话，总会给自己充满电，在挫折中勇敢地爬起来，然后继续加油。

　　教学楼的走道、拐角处，在学生经常经过的地方，都可以看到学校、老师的一些温暖寄语，这些话语虽然不是豪言壮语，却非常细腻温情，让学生们被触动、被激励，让学校不只是学习的场所，更成为一个充满正能量的场域，一个温暖、有爱的家一般的地方。

2. 学生主体

苏霍姆林斯基说："促进自我教育的教育才是真正的教育。"只有让学生充分参与到德育活动中，充分调动其主体性，才能使教育真正发生，达到教育的目的和效果。因此，超银学校积极挖掘学生参与德育活动的渠道和载体。而当学校把主动权交给学生，学生呈现出来的常常是意想不到的惊喜。

发挥学生的主体性可以从小处着眼。超银的校园报《超银校报》创刊十余年来，每一期的报头也都由学生题写（见图2-4），至今已经有70多位学生参与其中。校报校刊每期都拿出固定版面，由学生担任责编、美编，参与采访、撰稿、排版等环节。这些不同的德育形式让学生融入校园生活中，学生的主人翁意识不断增强。

图 2-4　由超银学生题写的校报报头

发挥学生的主体性可以从大处着手。德育活动中学生不仅仅是参与者，也可以成为主导者、组织者。放手让学生参与德育活动的策划和实施，老师负责协助、支持、把控，不仅可以减轻他们的工作量，还可以避免"闭门造车"，让德育更贴近学生。超银学校在初中学段组建学生会，并由学生担任校长助理、校史馆讲解员等职务，实现学生对学校的深度管理。有一年的校园义卖活动，要求结合城市愿景设计各班级的展示主题及售卖形式。学生们经过"头脑风暴"，最终呈现出"海洋服饰""生物与生活""舌尖上的青岛""线路里的青岛""微型景观赏'清'岛""国风吹进元宇宙"等十余个不同主题，涉及城市环保、海洋生物、城市历史、城市风光、科学实验、艺术表演等不同方向，学生们将生活与学科知识相融合，展现出的眼界和智慧令老师们刮目相看，活动在学生们的积极参与下取得了圆满成功。多年后回忆起初中生活令他们最难忘的事，仍有很多学生会提起这次活动，因为他们的想法变成了现实。

3. 关注细节

老子说："天下大事，必作于细。"育人无小事，而因其大，才更应当细。超银学校大力推行德育精细化管理，在日常的工作中，注重细节，抓好"小事工程"。叶圣陶先生说："什么是教育？说得通俗一点，就是养成良好的习惯。"而从细处着手，恰恰是习惯养成的极佳方式。超银学校每月会确定一个行为习惯养成重点，通过检查、反馈、表彰逐步让学生养成良好的习惯。比如，"弯弯腰"净化环境，师生礼仪的"朝迎晚送""鞠躬问好"，养成教育的"右行礼让""节约一粒米、一滴水、一度电，争当节能小标兵"等已成常态，收到了良好的育人效果，并得到家长的广泛称赞。

为了切实培养节约习惯，响应"厉行节约、制止浪费"的号召，超银学校向全体师生发出倡议，广泛开展"光盘行动"，从小做起、从我做起，争当勤俭节约的标兵。为了响应学校的倡议，午餐结束后，各班班主任对餐盘进行拍照"打卡"，每月进行班级之间的评比和表彰，并且鼓励学生将勤俭节约的风气从学校带回家中。这种优良习惯，一直延续至今。

4. 抓住节点

在育人的过程中，抓住一些关键性的节点，有针对性地开展德育工作，往往可以发挥出更加显著的效果。

一个是活动节点。活动是实施德育非常有效的载体，因为活动中的德育对学生来说有时候是处于"隐身"状态的，却可以让他们乐在其中的同时，受到潜移默化的教育。

青岛是一座海滨城市，学生对海军有着不同于一般城市的敬仰之情。2019 年中国人民解放军海军成立 70 周年之际，超银小学、初中、高中学生共同参与，录制拍摄献礼 MV《我爱这蓝色的海洋》，以天籁之音致敬威武之师，得到了环球网、人民网、山东教育社等十余家媒体报道，网络点击量突破 10 万次，这对学生来说既是一次有意义的爱国主义教育，也为全社会带来了积极温暖的正能量。

每年的五四青年节、七一建党日、十一国庆节等红色节庆日也是开展德育活动的良好契机，超银学校都会精心策划组织德育活动，让学生真正感受节日背后的意义。在中华人民共和国成立 70 周年之际，学校策划并拍摄快闪视频《飞扬红领巾，献礼新时代》，少先队员们用积极向上的精神风貌为祖国母亲献礼，视频荣登中共中央宣传部"学习强国"学习平台，又先后被《中国青年报》《大众日报》、新华社图片网、青岛新闻网、青岛共青团官网等媒体转载发布；为庆祝建党一百周年，学校原创的由学生、家长共同参演的短视频《托付》，生动地展现各行各业的党员事迹和党员教师的使命担当，取得了良好的社会反响，视频播出后 24 小时内点击量突破万次；学校还曾在建党日组织百余名少先队员、共青团员代表共同前往党史纪念馆参观，并在党旗下诵读《少年中国说》，尽情抒发"少年强则国强"之志；学校还曾在国庆节期间策划打卡青岛红色地标活动，学生们前往五四广场等青岛标志性的红色景点，用多才多艺的特长展示为祖国母亲献上特别的礼物。

2023 年，一组风格清新的节气海报在朋友圈里得到超银师生和家长的点赞。海报中的"节气"二字以不同书体的书法字呈现，书法与节气这两种传统文化元素的组合让这组海报意蕴满满。海报中书法字的撰写者都是超银各

校区的学生们。学校每年都会设计不同主题的系列节气海报。为了更好地发挥节气海报的育人功能，学校进行了创新，将学生的书法作品融入当年的海报中。学生的参与让这组海报引发了学生的纷纷关注，同学之中的"小书法家"也让很多学生对书法产生了兴趣。经过一年的持续推进，24张生动的海报作品给学生们留下了深刻的印象和美好的回忆。学校也将整套节气海报制作成书签，以学校文创礼品的形式送给学生和来宾们，让活动效果得以更大范围地推广。

另一个是事件节点。学校的德育活动要与时俱进，紧扣时代脉搏，紧跟党和国家的大政方针、时代形势和社会热点，从中挖掘德育的鲜活素材。多年来，超银学校的德育工作一直聚焦社会热点，并第一时间快速反应，积极引导，开展不同形式的德育活动，让德育时效性更佳。

2011年，"小悦悦事件"引发全社会的道德大讨论，超银学校随即颁布了一条"撑腰体"新校规——路上遇到跌倒的老人尽管去扶，被讹上了学校替你打官司，官司输了学校替你赔偿。"撑腰体"是超银学校对全校学生的承诺，学生路上如果看到老人、孩子遇到危险，不必再有"被讹上"之类的顾虑，尽管光明正大地上前施以援手。学生如果是因为做好事被讹，学校会一帮到底，将勇敢助人的优秀品质永远传承下去。学校的这一举措不仅弘扬了社会正能量，也为学生见义勇为扫清了障碍。超银"撑腰体"也得到岛城媒体的广泛报道。"撑腰体"在学生德育培养上发挥出巨大的作用，每年超银学生在新生入学教育课程中会专门学习这一课。学校也会利用每年的学雷锋日、学生家长会、新教师培训会等契机，不断地向师生、家长宣讲"撑腰体"，让"撑腰体"深入超银人的心中。在"撑腰体"颁布后的十余年中，超银学生中也多次涌现出路遇老人摔倒大胆上前帮助、在商场扶梯上为摔倒的老人"撑腰"的事迹，超银学生充满正能量的善举得到全社会的点赞和支持。

三、超银，公众"槽点"里的"一把火"

当前教育环境下，分数与升学率成为衡量学生与学校优劣的两大标尺，由此引发了一系列社会性"吐槽":学生成为学习的机器,高分低能,缺乏后劲……

教育作为民生之基与国家大计,其重要性不言而喻。家庭寄希望于教育为孩子铺设光明未来,国家依赖教育培养高素质人才,推动社会进步与国家强盛。教育的地位如此关键,自然成为全社会的"目光聚焦点"。

改革开放40余载,我国教育虽取得显著成就,但一系列备受公众关注与热议的现实问题仍然存在,成为教育改革征途上的待解之题。学生压力问题、教师师德问题、学生心理健康、教育评价方式、家庭教育问题……这些问题如同一面多棱镜,从不同角度折射出教育的复杂性与挑战性。而每一个"槽点"都如同敏感的神经末梢,牵动着大众的心弦。

但正是这些"槽点",为教育改革提供了切入点和发力点。超银学校等成功案例,通过实际行动回应了公众关切,赢得了广泛认可,成为教育改革中的一股清流,公众"槽点"里的"一把火"。

1. "火锅"老师上头条

2022年夏天,一段发生在超银老师身上的别样的师生情感动了全国的网友。暑假里的一天,周老师完成上午的家访,找到附近一家旋转小火锅店吃饭,刚一进门,就看到一个女孩趴在桌子上,身子下还压了一摞数学题的纸。周老师一眼就看出来,小女孩有题不会做,碰巧专业也对口,就主动和小女孩聊起来。原来小女孩六年级刚毕业,正在预习初一的题目。

小女孩把那个不会的题指给周老师看,周老师便给女孩讲起了解题思路。讲完一道题后,周老师告诉孩子,同类型的题可以一块做做,再给她看。就这样孩子做一道题,周老师就吃几口饭,然后停下来讲一讲。在接近一个小时的时间里,周老师一直耐心地辅导女孩,利用讲题的间歇匆匆吃完了午饭。这一幕被店里的摄像头记录了下来,为了对素不相识的老师表达感谢,店主人把视频发布到社交媒体,并在网络上迅速传播开来,这段别样的师生情也被包括教育部官网在内的十余家媒体转播,得到数万网友的点赞。

时隔一年后,周老师又一次上了"头条"。周老师一年多来坚持每天暖心护送学生回家的故事被《青岛日报》深入报道，感动了无数读者并被市教育局点赞。

一年前，周老师接手了一个新班。在统计参加课后托管服务的名单时，周老师发现班里的一名女生没有报名。经过询问后得知，学生家住得很远，需要每天坐公交车回家，路上单程就得一个半小时，如果托管结束再走，回家太晚。周老师与孩子的家长沟通，得知这个孩子来自多子女家庭，从小独立，自己上学、放学。孩子的懂事让周老师心疼，老师的责任感告诉她，要给学生们创造更好的学习条件。"让孩子参加课后托管吧，我开车回家，顺路把孩子送回去！"周老师做出了承诺。之后的一年多时间里，这个学生成了周老师的"小尾巴"。放学路上，老师会和她聊学习情况，聊班里发生的小故事。有一次，孩子说起自己晚上失眠，原来，孩子放学后在教室等老师下班，这期间因为无聊，她会小睡一会儿，影响了晚上的睡眠。于是周老师便带来一些适合小学生的读物，让她写完作业就看看书，或者带一些零食，让她垫垫肚子。

老师的"顺路"让学生可以节省一个小时的回家时间，学习生活更加从容，但其实周老师送学生还需要绕一段路。新学年开学，周老师调到了六年级级部，不再教这个学生了。学生妈妈给周老师打电话，感谢老师的付出，表示不能再麻烦老师了。周老师说，她只是调了班级，不影响继续送孩子回家。"那一刻我流泪了，遇上好老师是我们全家的幸运。"凌晨四点半，学生妈妈发出长篇"朋友圈"文章，讲述了这个温暖的教育故事。

2. 跋山涉水的家访

在信息技术高速发展的当代社会，超银学校依然保留着一些"笨办法"，教师的家访就是其中之一。为了更加细致、全面地了解学生及其家庭的情况，为了与家长间进行更深入、走心的沟通，老师们会利用休息日和假期走进学生的家里，进行面对面的家访。在家访中看到、听到的学生情况，有时往往在学校被掩盖了起来，可正是这种掩盖，成了学生出现问题的隐患，所以传统的家访在今天依然十分重要。同时，老师的造访不但可以解决现存的问题，还会让学生和家长感动之余，对老师多了一份敬意与信任。这些，恰恰是家校关系、师生关系走向合作共赢的关键因素。

2021年，超银学校刚刚接管了青岛市崂山区的一所公办学校，这个校区的位置远离主城区，很多学生住在山里，家庭情况也较为复杂。

有一名特殊的"小道士"学生引起了老师的注意。"小道士"是个孤儿，从小跟着师傅在道观长大，一直到现在都是由道观的师傅来抚养，至今并不知道亲生父母身在何处。"刚刚入学，我就发现这个孩子不太寻常，他不怎么与人交流，没有正规的鞋子，只有道观里师傅穿的那种，都露了脚尖。"班主任吉老师意识到他是一位家庭特殊的孩子，在各方面都很关注他。"每次谈到感恩父母的案例时，都会尽量用'抚养你的人'这种语句以顾及他的感受。"

每个假期，吉老师都会开启一段跋山涉水的家访旅程，1000多米的北九水高山，30多度的高温，吉老师带着礼物一步也不停歇地爬一个半小时才能到达孩子家里。每次家访结束后，吉老师说她都更加理解孩子，也更加清楚今后应该怎样做老师。孩子在给老师的信中写道："吉老师，和您相处的700天里，您给予我无微不至的关心和照顾。您时常问我吃得饱不饱、穿得暖不暖，您会帮我准备好所有洗漱用品带我去老师宿舍洗澡。您会帮我带干净的衣服，会为我准备文具。家访之路，山高路远，但您总会带着书包等各种礼物来看我。再过一年我将进入高中，再过三年我将进入大学，再过四年我将步入社会，但无论多久，我永远都不会忘记您的爱和关怀。"

这样的故事在超银还有很多。教育如何真正赢得学生的心、家长的心？唯有发自内心的触动。

社 会 说

学生没有分数，就过不了今天的高考，但如果只有分数，恐怕也赢不了未来的大考。如果我们的教育只关注升学率，国家会没有核心竞争力。

我认为好的教育应该是培养终生运动者、责任担当者、问题解决者和优雅生活者，给孩子们健全而优秀的人格赢得未来的幸福，造福国家社会。

——江苏省锡山高级中学原校长唐江澎

中学阶段本是一个人水平形成的关键阶段，当众多的富有责任感的老师打着为学生负责的旗号把众多的课业负担强加给学生的时候，处于弱势的学生也只有放弃自己的所有爱好来完成老师的作业，不得不牺牲自己的童趣，把珍贵的生命消耗在无用甚至是无聊的重复的题海中……我们的孩子在震耳的减负声中书包越来越重，视力越来越差，作业越来越多，童年越来越短，考分越来越高，水平越来越低。

——著名教育专家、全国优秀教师王金战

教育不仅仅是传授知识，更是塑造人格、培养品德的过程。在当前的教育环境中，我们往往过于关注学生的分数和排名，却忽视了对学生品德和人格的培养。一个真正优秀的教育者，应该懂得如何引导学生树立正确的价值观，培养他们的同理心和责任感。同时，我们也要关注学生的心理健康，帮助他们建立自信、克服挫折。只有这样，我们的学生才能在未来的社会中立足，成为有担当、有爱心的人。

——北京师范大学教授、博士生导师顾明远

家长说

自初一以来，家校本就是孩子与老师、家庭与学校间沟通的桥梁。孩子结束一天的学习，夜深倦然，翻开家校本，看到老师认真而温暖的回复，笔尖流淌的情绪处处有回音，也更欢欣地叙述生活的点滴欢喜，抒写一天的感受与思考。翻阅以往的篇篇对话，仿佛观看一场穿梭空间的漫谈：学习上遇到困难，老师鼓励"生活免不了会有高低起伏，一帆风顺未必就是值得期待的人生"；迷茫而不见前路，老师点出"我们要学会在热爱里与世界和解,闪闪发光";失落而自我怀疑,老师安慰"希望你悦纳自己,但追求极致"……字字句句满溢着温柔与用心,更体现着坦然而积极的人生态度。为梦想前行的路上,有风雨兼程,有长夜寂寥,但因为有您,这一切都不再孤单。感谢您,给予孩子穿行世界的光。

我们通常认为,师生之间是教育与被教育,管理与被管理的关系。而超银中学的师生却是尊重与被尊重、爱与被爱的关系。在学习、生活的各方面都融入了礼仪、礼节教育。孩子一进校门,校长和各位老师就在门口迎接,见到每一个孩子都向他们鞠躬问好,而孩子们则用深深的鞠躬和问候来回馈敬爱的校长和老师,这是多么崇高的师徒之礼啊!不仅如此,老师还要求学生回家之后要帮助家长做家务,懂得感恩家长的付出,这是多么美好的长幼之礼啊!同时,学校还规定学生要自己整理房间、书桌,清洗自己的衣物等,这是多么宝贵的成长之礼啊!古人云:"仓廪实而知礼节。"我们的孩子不光要学习好,更要有好品质,这些礼节、规矩是学校给予孩子最好的教育!

军训结束,孩子回来特别开心地说:"我太爱超银了,这里的老师真的是太好了,不会的就可以问老师,老师不会生气,不会因为这道题讲过就不高兴了。"仅仅五天的时间,孩子就爱上了学校,这大概就是爱和真诚的力量。是老师们的付出,让孩子们体会到了爱与被爱,让他们感受到被肯定、被鼓励,也学会去肯定和鼓励以及赞美别人。

我们的班主任孙老师腿脚受伤,走路都很困难,却没有给孩子们落下一节课,孩子说孙老师依然是站着给他们上课,这让我们每一位家长都深受感动,也很心疼老师。孙老师自费为孩子们购买茶饮、茶壶,建立班级茶水小铺,不仅让孩子们在口渴时有了及时的补给,连口味听孩子说都是每天一换,补充不同的营养。孩子们喝水少我们天天会叮嘱,但是老师如此细心用这种方式帮助孩子多喝水,让我们没想到。无论我们何时给孙老师发信息问问题,她总是第一时间回复,耐心解答我们的疑惑。班级群里也不仅仅是讲孩子的学习，还会分享一些家庭教育的方法，帮助父母成长。用孙老师的话来说就是"主打一个双向奔赴"。孩子因为生病或其他原因请假时，她总是会在下班后主动为我们无偿补课，确保我们不会落下功课。向学校和老师表示衷心的感谢和崇高的敬意。

开学前就提前跟班主任老师沟通，我说孩子有点特殊，四岁多才开始说话，整体发育都有点迟缓，前面几年我们就是从机构和医院这么一路康复过来的。老师当时就跟我说，不要觉得孩子哪里特殊、哪里不行，放下焦虑，来到了学校就放心交给学校，交给老师们。紧接着班主任跟每一位老师交代了孩子的情况，比如脾气比较急、有些话可能听不懂、上课坐不住……每位老师之后都对孩子多了一些关照，就这样在大家的爱里孩子成长为现在的样子。我再也不会说，我们哪里比不上别人，哪里跟别的孩子不一样，看到他方方面面的进步，成绩一天比一天好，我现在更多的感觉是骄傲和自豪。孩子爱上了学校，甚至周末也要到学校看上一眼。很开心也很幸运，让我们遇到这么好的学校，这么好的老师！

超银学校毕业生说

我是超银第一届学生，一别母校20多年，回想起老师和同学们，往事历历在目，还记得我们进校第一天，政教处主任就教导我们见到老师要鞠躬问"老师好"，见到不认识的人要鞠躬问"您好"，要右行礼让，要双手递接物品……这些看似细微的小事，在我人生的学习、工作中都起了很重要的作用。感谢超银，感谢超银的老师们，我是超银学生，我自豪！

在外谈及超银，我总是对身边的人说，没有超银大概就没有现在温和懂事的我。当你离开学校来到社会职场上，一些基本的礼仪是立足的根本。我很庆幸这些在我的初中时光里早已熟记于心，让我在工作中也受益无穷。

马上开学就大二了，真正体会到了走廊上校长寄语的含义。在大学，离开了老师的督促和家长的监管，感受到了自律和自学真的是很重要的能力。很怀念初中的时光，真的很感谢各位老师的耐心教导，改掉了我很多的坏习惯。希望有机会和各位老师见面。想和学弟学妹们说，超银学到的最重要的不是课本的知识，而是正确的三观，这真的很重要！

在超银中学的三年学习生活是我最难忘的一段日子。从超银毕业后，我去了很远的地方上学，超银三年学习生活的回忆，是我坚持下去的动力。很感谢老师的教诲培养，我在超银学习到的不仅是知识，更学到了该如何做一个人，在我懵懂时期为我树立了正确的"三观"以及做事的准则。"砺志、铸魂、奠基、自立"不仅是学生时代的校训，更是人生道路上所要坚守的初心和信仰。现在常常会梦到当时在校学习生活时的场景，午夜梦醒时常被怀念和感动裹挟。望学成时，有能回到超银报答母校的机会。前路是未知的，三年的学习生活既是回忆也是动力，我永远以超银为骄傲。

从小学加入超银这个大家庭，陪伴我一路成长，直到初中毕业，很荣幸在超银的这些年，遇到了负责的老师们、友好的同学们。超银教会了我成长，至今一件件事情历历在目。老人摔倒了应不应该扶？在我们犹豫的时候，是超银给了我们勇气，扶！哪怕被讹，有超银在背后支撑我们。从小时候的挑食，到现在什么都吃，不会浪费食物，是超银改掉了我的坏习惯。成绩落后的时候，很感谢老师们没有放弃我，一次次地给我鼓励，让我从未失去斗志。还记得毕业典礼上，我们每个人都放了纸飞机，飞出去的那一刻，眼泪瞬间就流了下来，像是一个孩子挣脱妈妈的怀抱，第一次要独自面对世界，更多的是对超银的不舍，对校园、老师、同学的不舍。还记得走的最后一天，同学们互相在校服上留下珍贵的回忆，那件校服我至今留存。离开超银已经9年了，现在回想起当初，还是会很感谢超银，很怀念学校，很想有机会再回学校看一看，拥抱一下老师们。这几年也到了谈婚论嫁的年纪，甚至好几次跟家人说起过，想让孩子以后也上超银，也接受超银的教育，感受超银这个大家庭的美好！

通过对德育理念的探讨和超银等学校的实践案例，我们看到了学校在应对市场化冲击时，如何坚守教育初心，以德育为锚，引领办学的正确方向。在市场化的浪潮中，学校必须将德育作为教育的灵魂和核心，同时注重创新和实践，不断探索适合本校特点的德育模式和方法。只有这样，才能培养出更多德才兼备、具有社会责任感的学生和公民，为国家乃至人类社会的繁荣富强贡献力量。

第三章

百年教育改革的投射

实施素质教育的核心在于明确"培养什么人"和"怎样培养人"。多年来，超银学校，无论是小学、中学还是高中，无论是民办校区还是政府购买服务的公办校区，始终以卓越的教学成绩彰显其"硬核实力"。这一成就的背后，是"深耕教科研"的持续推动，使学校从传统的"一言堂"和"应试导向"转向"以学定教、科研强校"的课改之路。各校区通过遵循"和衡"模式，迅速复制"超银"标准，实现了校区间的高位均衡发展。为将"超银基因"快速融入新建校区，集团采取"一校带一校"策略，推动管理互通、研训联动、质量同进和文化共建。与此同时，各校区在贯彻集团使命、愿景和价值观的基础上，着力打造特色化发展，形成"一校一品"的格局，为家长提供多元化选择，满足个性化需求。

第一节　办学思想，原点决定终点

一、学校质量谁领航

一所好学校离不开好校长。在教育的广阔天地中，校长不仅是教育思想的引领者，更是学校文化和灵魂的塑造者。清华大学校长梅贻琦，以其国校、魂行一体的大学观和其长达十余年的校长任期，奠定了清华的校魂、校格，对清华大学成为世界名校做出了定魂、具形、塑格的原点性贡献；杭州第二中学原校长叶翠微，被誉为"明星校长"，其教育理念"做教育不要太功利，把时间还给学生"广为流传；成都市武侯实验中学校长李镇西，他在教育理念和实践上的探索对教育改革有着积极的推动作用。这些校长以其卓越的领导力和教育理念，对学校的发展和整个教育事业产生了深远的影响。

一般而言，校长之于学校，要么是塑造再造，要么是打上正或反的烙印，要么是萧规曹随，要么是留给影子。而真正引领一所学校成为名校并基业长青的是它的灵魂和基因，其保障是学校的机制，以及在此前提下的个人能力。由此而生发出三个引人深思的问题。

第一，如何选拔和造就优秀的校长，让优秀校长连成一个持续的成长链？

第二，如何形成优秀的学校办学思想体系，并持续地主导学校生命优质发展？

第三，如何保持学校机制优质，持续发挥平台作用而减少滋生内外部的干扰？

1. 校长，决定学校优劣的"火车头"

"火车跑得快，全靠车头带"，这是对领头人作用十分形象的表达。超银能走到今天，校长的"火车头"作用至关重要，其中值得珍视的是校长选拔过程中在两条路径上的细功夫。一是积极从外部引进经验丰富的知名校长，这是新经验和发展活力的注入；一是注重从内部培养。两条路径并不是"新大陆"，但细功夫上见精神，这就是德的观察、能的表现。

对于那些在超银学校成长起来的人才，他们自加入学校之日起，就接受超银文化的滋养，天长日久，积以成习，超银的价值观和精神慢慢融进他们的血脉。

对于从外部聘请的校长，超银学校致力于让他们在发挥个人专长的同时，能够与超银的文化和价值观实现深度融合，确保教育理念和实践方式的一致性，从而使超银的文化精髓得以持续传承。对于有志于教育事业的人来说，因为思路、方法、个性的不同，个人未必能融入一个志向一致的团队，"道不同不相与谋"，这是很多组织与个人不欢而散的关键原因。而要志同道合，就很考量组织与个人相容、相融的能力，人是可塑的，主要是双方的塑造能力。

首先，超银在招聘初期就进行深入的调研与沟通，确保在办学理念和价值观上达成共识，为未来的合作奠定坚实的基础，也就是从源头上把关。其次，学校给予新校长充分的信任和授权，不要束手束脚，让其施展才华，推动学校的创新发展。最后，为新校长配备一支由超银干部组成的团队，帮助其快速了解超银文化和各项业务流程，确保新旧理念的顺利对接和文化的传承。其中的一个要点是共情，让一个人释放出才能，需要的是平台、团队、相互理解与支持的氛围。

应该说超银的名声形成了一定的光环，那种荣耀感是心里安定的内驱力，再加上良好的氛围，超银学校不仅能够吸引和留住优秀的教育领导者，还能够确保学校的文化和教育质量在不断的变革中保持卓越。深耕教育领域近30年，超银学校已经更换了几任校长，之所以能够"人换，特色不换、校风不变"，续写和推高"超银故事"，校长个人的优秀自不待言，接受超银灵魂的附体并表现出来更重要，这个灵魂就是超银学校的使命、愿景、价值观。个人的认可、践行，一代代地传承，一代代地丰富、发展、增益，让"学校基因"化为校长的"个人基因"、老师们的"岗位基因"。

2. 两代三人"简笔画"

超银学校建校之初就坚持"教育家办学"的观念和思路，这是两位主要创始人张勤和张旗出身教育世家的基因作用。虽经历下海经商，但"为国育才，为民兴教"的教育之火始终不息，创办超银学校后，张勤董事长把"打造政府放心、家长满意、学生喜欢、社会认可的学校"作为办学愿景。掌舵超银近30年，从小到大、从无名到有地方影响力、从国内到国外，一切都浓缩在"金牌门童"的服务理念之上。他表示："要办人民满意的教育，满足群众对优质教育的期待，就必须始终秉持精益求精的服务意识，以对教育的情怀与敬畏之心，从办学的每一个细节出发，为学生和家长提供高品质的教育服务。"2019年中华人民共和国成立70周年之际，张勤成为山东省义务教育阶段民办学校中"致敬七十年 逐梦新时代——《山东教育》封面人物精英汇"的唯一人选。

作为超银的第二任总校长，张旗自大学毕业后便投身教育事业，以其对教学研究的热情和勇于创新的精神而广为人知。在他的职业生涯中，屡次荣获优秀班主任、先进个人及先进校长等称号。他对教育事业的坚定执着，使他在公办和民办教育领域均有所建树。这种跨越体制内外的双重经历，深化了他对教育本质的理解。2010年，他的卓越贡献得到了全国的认可，当选为全国民办学校优秀校长，这一荣誉是对他教育生涯所做努力与贡献的充分肯定。

3. 校长引进，优质教育的嫁接

超银中学成立后，为了迅速站稳脚跟，打响知名度，两位创办人便请来刚刚从山东省重点中学——青岛二中退休的校长邹积经担任首任校长。邹校长曾荣获教育系统众多荣誉称号，办学经验丰富，带领青岛二中取得了令人瞩目的成绩，在岛城享有很高的声望。他的加盟，不仅仅是让刚刚成立的超银中学"借名而行"，有了底气，还将邹校长大半生教育生涯中积淀的宝贵经验得以全部释放，从而成为超银文化核心基桩的主体构成，同时，也标杆性地引领了超银学校的发展。

2017年，超银教育集团董事会经过研判，决定将"教育家办学"思想延伸到高中教育领域。因为不论从年龄层面还是知识层面，高中时光都是人生基本概念形成的阶段。说干就干，于是，沿用"借才立校"的成熟路子，经深入调研、比较，聘请了岛城名校——青岛九中原教学副校长马振辉担任超银高中首任校长。

马校长的教龄有30余年，曾获得青岛市优秀教师、学科带头人、青岛市教育局优秀教学管理者、中学高级教师等荣誉称号。半生积淀，"遭遇"自主平台不免迸发火花。从超银高中筹备，到创建、管理、运行的全过程，他结合实际，在开学第一次教师大会上就明确提出"做真教育、做实教育"的理念，倡导以"精讲、善导、激趣、引思"的高效课堂，培养学生"肯学、会学、乐学"的学习品质；以适度的课堂教学深度、难度、密度，培养学生多学、多思、多问的学习习惯。在他的带领下，短短几年，超银高中便跻身青岛市优质高中行列。这种质量立校的方式方法与行为，深深地赢得了家长的称赞、学生的爱戴。

随着2021年"双减"政策席卷全国，以及党的二十大报告对于培养拔尖创新人才的论述，中国教育领域面临巨大的变革。这一次，超银又率先求变。2023年，超银教育集团将超银中学广饶路校区升级为广饶课改校区，探索"双减"政策下创新型人才的培养路径，于是，超银中学请来了山东省特级教师、首届齐鲁名校长、中学正高级教师张作民。

张校长曾主持过国家、省市十几个课题研究，特别是"班级小群组发展共同体管理"以及"四环递进问题教学法"取得显著成效，荣获全国教研工作先进个人、全国课改先进个人、全国优秀教育工作者、2012山东教育年度新闻人物提名奖等诸多荣誉。山不在高，有仙则灵。专家型校长一到任，即马不停蹄地开展教师选拔与培训，带领广饶课改校区的全体教师，结合课改精神、课程要点、教学规律、学习规律，深入研讨问题教学法、小群组管理的应用。因为有的放矢、会放矢，问题教学法与小群组管理逐渐被绝大多数老师所掌握，也赢得了学生、家长的普遍认可。

4. 人才内生，成长力"酵素"在身边

青岛有着"中国品牌之都"的美誉，其中最具代表性的企业家之一张瑞敏先生，将原本只是一个街道小厂的海尔，打造成为享誉全球的知名品牌和中国制造的亮丽名片。在海尔辉煌的发展历程中，一个鲜为人知的人力资源现象是：其高管团队几乎全部源自内部培养。正如有观察者所指出的，"张瑞敏是在造就自己的子弟兵"。这种"内生式"人才战略，深刻体现了海尔对企业文化、组织基因和长期主义的坚持，也成为其持续创新与稳定发展的根本保障。

在超银学校的管理团队中，众多校长皆历经教育一线的长期磨砺与成长，各具特色，而第三任总校长潘晓莉以锐意改革的作风，成为学校创新精神的新标签。自2006年进入超银中学鞍山路校区，从担任一线教师、政教处主任，到校区副校长、校长，再到成为青岛超银学校总校长，土生土长的她每一步都走得扎实、结实。"80后"的她成为青岛市教育领域最年轻的拔尖人才，并作为全市最年轻的校长入选第四届"齐鲁名校长"建设工程。获得全国优秀教科研先进个人等20余项荣誉，在核心期刊、《中国教育报》等媒体上发表论文十余篇，主持参与了十几项课题研究。

自 2017 年担任超银学校总校长后，为推动学校办学质量迈向新的高度，她突破传统教育思维的局限，大胆引入企业管理的先进方式与理念，重新审视并梳理学校的办学思想。她带领学校团队在教育领域率先导入卓越绩效管理模式，经过深入的实践探索与总结提炼，成功构建出具有超银特色的"点亮生命""和衡"素质教育质量管理模式。这一创新模式不仅优化了学校的教育教学管理流程，更是极大地提升了教育教学质量和学生综合素质。在该模式的引领下，超银中学在教育质量提升方面成效显著，先后荣获第六届青岛市市长质量奖、第四届中国质量奖提名奖，成为教育行业高质量办学的典范。

在近 30 年的办学历程中，"教育家办学"的思想可谓定海神针，超银学校也真正做到了专业的事让爱钻研的人干，由此，梁之合、张卉、赵存芳、王升旭、冯强等多位优秀校长成为蜚声岛城教育界的人物。他们有的大学毕业就加入超银团队，或是就业后几经辗转来到超银，有的是外地、外省名师，有的是从公办学校辞职为实现教育梦想而来的中层干部，当他们的根植入超银校园，当超银的"基因"植入个人的职业生涯，一切似乎便顺乎自然地变了。而他们的变，引领的是身后教师队伍的"变"，课堂的"变"，学生的"变"。

5. 德与能，细功夫上的真

从外面引进的校长，他们可圈可点的成长轨迹，客观真实地证明了一个人一步步走来的扎实。其中观察、了解的细，在于举手投足的习惯。习惯是人的第二天性，是最为基本的素养，从一句话、一个动作上就能体现出来。成绩在那里摆着，细节见精神。这是个人宏观、微观的结合。

内生型校长的"细功夫"，体现在他们将校园文化的基因融入日常点滴之中，实现"润物无声"的深度积淀。他们深谙学校发展脉络中的隐性密码：在晨昏之间巡视校园，能从教室的氛围中敏锐感知师生的心理状态；在批阅行政文件时，逐字推敲每一处表述，体现出对治学态度的高度严谨；甚至在食堂泔水桶前驻足片刻，也能从残羹冷炙中体察学生的饮食习惯与育人成效。这种细，是二十年如一日在走廊转角倾听师生闲谈的耐心积累，是将校史掌故化作教学案例的创造性转化，是在制度执行中既坚守"教师教案必须手写"的规范，又能从某位教师笔迹的异常变化中，敏锐察觉其情绪的波动与心理状态。内生型管理者最难得的，是把对教育本质的思考转化为千百个具体而细微的操作规程，在润物无声中实现制度刚性与人本关怀的辩证统一。

二、教改：对象、内容、方法

自中华人民共和国成立以来，教育改革经历了多个阶段。2012年以来，新时代教育体制改革进入全面深化阶段，党中央、国务院高度重视教育发展，坚持以人民为中心发展教育，坚持教育综合改革，密集出台了一系列相关文件，对教育改革发展进行了系统的顶层设计，反映出中国教育改革的逐步深化和不断适应国家发展战略的需要。

在时代的洪流中，"顺势而为"无疑是通往成功的明智选择。这里的"势"，指的是那些宏观的发展趋势和政策导向，它们虽不可见，却如同灯塔，照亮我们前行的道路。对于教育领域而言，这种"势"体现在两个方面：一方面是社会发展的规律带来了新的挑战，我们正处在一个"百年未有之大变局"中，信息文明迭代工业文明，正在开启一个新的文明时代，这对我国的教育提出了全新的要求；另一方面，教育规律本身也在不断延伸，以适应社会的发展。在这样的大背景下，学校应当如何应对？以超银为例，自建校以来，学校凭借其敏锐的洞察力和前瞻性思维，始终紧跟国家政策的步伐，并在教育实践中不断创新，以适应社会发展的需求，为学生提供了更广阔的视野和更丰富的知识体系，培养他们成为能够适应未来社会发展的人才。

1. 找准对象标靶

教学改革是一个系统性工程，其成功的关键在于精准锁定改革对象，明确目标，有的放矢。超银学校的教学改革始终以教师、学生、课程体系和教学管理为核心靶点，通过科学规划和实践探索，逐步构建起适应现代教育需求的新型教学方式。

（1）教师：改革的核心驱动力。

教师是教学改革的核心主体，是关键所在，其教学能力与理念直接影响改革成效。超银学校通过"三维赋能"推动教师成长。"一维"注重更新知识体系，定期组织教师参加高端培训和学术交流，引入前沿教育理念；"二维"注重创新教学方法，推广"以学定教""项目式学习""学历案"等方式，打破传统的"填鸭式"教学；"三维"注重优化评价方式，建立多元评价体系，将学生反馈、家长评议和教学成果纳入考核。超银学校借鉴北京十一学校的"教师成长学院"经验，搭建校内教师发展平台，通过"师徒制""教学比武"等方式，助力教师从"教书匠"向"教育家"转变。

（2）学生：改革的终极受益者。

学生是教学改革的直接受益者，超银学校始终以学生的全面发展为目标。针对"眼镜片""草莓族"等新时代学生特点，学校推行"个性化学习计划"，通过分层教学、选课走班等方式，满足学生的多样化需求。同时，注重心理健康教育，开设心理辅导课程，建立学生心理档案，及时干预抑郁、狂躁等心理问题。在此基础上，超银学校创新实施"学生成长导师制"，为每位学生配备专属导师，关注其学业、心理和生涯规划，真正实现"因材施教"。

（3）课程体系：改革的核心载体。

课程是教学改革的重要抓手，超银学校通过课程结构多元化、课程内容时代化、课程评价综合化的"三化"策略优化课程体系，打破唯分数论，注重过程性评价和综合素质发展。学校通过课程超市、学生社团等方式开设百余门选修课，让学生根据兴趣自由选择，真正实现"我的课程我做主"。

（4）教学管理：改革的坚实保障。

教学管理是教学改革顺利实施的重要保障。超银学校通过"四化"提升管理效能：一是教学计划科学化，制定中长期教学规划，明确改革目标和路径；二是教学组织精细化，建立教研组、备课组等多层次管理网络，确保改革措施落地；三是教学评价多元化，引入学生评教、家长评校等机制，形成多维评价体系；四是教学资源智能化，建设智慧校园平台，实现教学资源的

共享与优化配置，为教学改革提供技术支撑。

教学改革是一场没有终点的旅程，找准对象标靶是成功的关键。超银学校以教师、学生、课程体系和教学管理为靶点，通过科学规划和实践探索，逐步构建起适应现代教育需求的新型教学方式。

2. 内容为王定成败

在教育改革的浪潮中，教学内容始终是决定成败的核心要素。然而，当前的教科书内容普遍滞后于社会发展，难以满足学生应对未来挑战的需求。超银学校深刻认识到这一问题，通过课程体系优化、教学实践创新、教学评一体化评价和资源整合四大策略，推动教学内容与时俱进，为学生的全面发展奠定坚实的基础。

（1）课程体系优化：构建面向未来的课程生态。

超银学校以"前瞻性"和"实用性"为导向，对课程体系进行全面优化。例如，增设前沿课程，如人工智能、大数据、STEAM（集科学、技术、工程、艺术、数学多领域融合的综合教育）等，让学生提前接触未来社会所需的知识与技能。2025年之初大火的DeepSeek，还没开学就已经被安排上了新学期的选修课课表里，以满足学生的多样化需求。在青岛，跨学科教学，超银小学可以说是"第一个吃螃蟹的人"。2016年引入IB课程后，超银小学就开始走上跨学科研究之路，根据概念驱动教学的要求，各学科老师打破传统学科壁垒，设计"主题式"课程，如"环境保护与科技创新""传统文化与现代设计"等，培养学生的综合素养，让学习与世界产生真实的连接。

（2）教学实践环节：从知识传授到能力培养。

教学内容的更新不仅体现在教材中，更需通过实践环节落地。超银学校注重将理论知识与实践应用相结合，设计了一系列实践性课程和活动。例如，开设科创实验室，鼓励学生动手实验，解决实际问题；组织社会调研项目，让学生深入社区、企业，了解社会运行机制；设立"职业体验日"，与本地企业合作，为学生提供真实的职业环境体验；开展国内外研学，让学生用脚步丈量世界……这些实践环节不仅弥补了教材内容的滞后性，更培养了学生的创新思维和实践能力。

（3）教学评一体化评价：以评促教，以评促学。

教学内容的改革需要配套的评价体系作为支撑。超银学校推行"教学评一体化"模式，将教学与评价紧密结合。一是注重过程性评价，通过课堂观察、学习档案等方式，全面记录学生的学习过程；二是引入多元评价主体，包括教师评价、学生自评、同伴互评和家长反馈，形成多维评价体系；三是强化评价结果的应用，将评价结果反馈到教学改进中，实现"以评促教，以评促学"。超银学校借鉴北京十一学校的"学生成长档案"制度，并开发了学校自己的"数智超脑"系统，为每位学生建立个性化档案，记录其学业、实践和综合素质发展情况。

（4）资源整合：汇聚优质资源，赋能教学内容。

教学内容的更新离不开优质资源的支持。超银学校通过"内外联动"整合资源，为教学改革提供坚实的保障。超银学校各校区内部的资源整合能力是非常强大的，通过建立跨学科教研组，推动教师协作开发课程。有了每个校区的强大，握指成拳的力量更不可小觑。超银教育集团定期组织各校区的老师开展"大教研"，资源共享，齐头并进。

3. 方法是命脉

教学方法是教育的命脉，它决定了知识的传递效率和学生的学习体验。超银学校深知这一点，原鞍山路校区刚成立之时，首任校长傅余勇便提出了"要用三年时间让学生走遍青岛的人文景观"的目标，老校长的格局一直被传承至今。超银学校充分利用青岛丰富的自然资源和人文资源，将课堂延伸到社会，打造了独具特色的体验式教学方式。从观象山到八大关，从劈柴院到博物馆，学校将青岛的每一处资源都转化为生动的教学场景，让学习变得鲜活而深刻。

（1）启发式教学：点燃思维的火花。

启发式教学注重引导学生主动思考，而非被动接受。在超银中学金沙路校区的一节地理课堂上，教师巧妙地利用来自不同地域的特产包裹作为教学媒介，引导学生将特产与具体的地理区域对应，分析农作物生长条件。师生共同归纳影响农业发展的自然和社会条件，并探讨两者之间的内在联系。这种教学方式不仅激发了学生的学习兴趣，还培养了他们的批判性思维和问题解决能力。

（2）探究式教学：从问题到实践。

探究式教学强调学生通过自主探究获取知识。在超银学校，教师经常会设计开放性问题，引导学生通过实验、调研等方式寻找答案。例如，在融合课上，学生围绕"农业发展是否能摆脱自然环境的限制"展开讨论，并通过"超银甄选"项目进行实践操作。学生们结合当地特产进行直播带货，分工合作，扮演文案撰写、市场调研、主播等角色，将课堂所学应用于实际。这种教学方式不仅加深了学生对知识的理解，还锻炼了他们的团队协作和语言表达能力。

（3）场景式教学：让知识融入生活。

场景式教学通过真实场景的还原，让学生身临其境地学习。超银学校充分利用青岛的人文资源，将课堂搬到炮台山、博物馆等地。在历史课上，学生走进青岛博物馆，通过文物和展览了解城市的历史变迁；在语文课上，学生来到劈柴院，感受老青岛的风土人情，并以此为素材进行写作。这种教学方式让知识不再局限于课本，而是与学生的生活紧密相连。

（4）沉浸式教学：角色扮演中的深度学习。

沉浸式教学通过角色扮演，让学生深入体验特定情境。在超银的历史课堂上，学生扮演经典历史人物已经不足为奇，甚至在道德与法治课堂上，学生们也会扮演各种角色，就法律问题、社会问题、全球性问题展开辩论；在数学课堂上，学生们也可以化身作战小分队，利用相似三角形原理一起"攻下那个山头"……这种教学方式不仅提高了学生的参与度，还培养了他们的表达能力和同理心。

（5）体验式教学：在实践中成长。

体验式教学强调"做中学"。青岛市教育局专门打造了学农基地和学工基地，为学生提供丰富的实践机会。在为期一周的学农或者学工生活中，学生们可以亲手春耕、秋收，体验劳动的艰辛与乐趣，还可以亲自体验金工、木工、模拟驾驶等职业项目，种下职业生涯规划的种子。这些体验不仅让学生掌握了知识技能，还培养了他们的动手能力和创新精神。

三、教学成果：短在一次考试，长在后半生

学校的教学成果，固然能在一次考试的成绩单上得到短暂的体现，但从更长远的视角来看，教育的真谛在于培养个体卓越的人性品质，激发他们未来自我驱动成长的能力。教育的使命不仅是播撒知识的种子，更重要的是培养能力的基础、播种人性的光辉。

中外教育界曾提出一个颇具启发性的观察结论，即所谓"15名现象"——那些在班级中考试成绩排名中等偏上的学生，往往在未来社会中表现出较强的综合能力和发展潜力。爱迪生的成长经历就是一个生动的例子：他在学校被老师认为"脑子迟钝"，甚至被劝退，但在母亲的悉心教育下脱颖而出，最终成为世界著名的发明家。由此可见，教育的价值不仅仅体现在分数的高低上，更在于是否能够激发学生的潜能，培养他们的创新精神与实践能力。

1. 教师成长：从"传统耕耘"迈向"高效创新"

"师者，所以传道授业解惑也。"韩愈《师说》中的这句名言，道出了教师在教育中的核心地位。教师的成长不仅是个人能力的提升，更是学校发展的核心动力。中外教育史上的诸多案例，无不印证了这一观点。

孔子作为伟大的教育家，一生中成就贤者七十二。他之所以能够培养出如此多的杰出人才，正是因为他自身在不断摸索人的成长规律、教学规律而不断成长。他周游列国，广纳众长，最终形成了以"仁"为核心的教育思想，形成绵延至今的儒家思想体系，同时以教育塑造人才，奠定了中国古代教育发展的格局。百年之后的西方，苏格拉底以其"产婆术"教学方法闻名于世。他通过不断的提问，引导学生独立思考，培养了一大批杰出的哲学家和政治家。他的教育理念对西方教育产生了深远的影响。

现代教育中，教师的成长同样是学校发展的关键。以芬兰教育为例，其成功的一个重要原因在于对教师培养的高度重视。芬兰教师不仅需要拥有硕士学位，还要经过严格的选拔和培训。这种高标准的教师培养体系，使得芬

兰教师在教学中能够灵活应对各种挑战，推动学校教育的不断创新和发展。而在我国，自古至今任何一所名校之所以"出名"也离不开教师的成长。北京四中通过"名师工程"培养了一批批优秀教师，推动学校成为全国教育的标杆；上海中学通过"教师成长学院"，助力教师从"教书匠"向"教育家"转变；被称为"现象级"的衡水中学，尽管外界对其评议不一，但就教学的机理而言，它通过严格的教研和培训体系，打造了一支高效的教学团队，创造了一个典型的中学教育故事。

具体到超银学校，回顾近30年来的办学之路，主要是通过专家引领、教研赋能和课改实践，培育了一支优秀的教师队伍。

（1）专家引领，从"成绩"到"能力"。

超银中学的教学成绩在青岛遥遥领先，但成绩从何而来？教师发展是关键。为了打造一支专家型师资队伍，超银学校2010年在青岛教育界首创教学总监一职，聘请全国特级教师、全国优秀教师张伟担纲。在任教学总监的8年时间里，张伟深入超银学校各校区听课评课3000余节，总结出十几套行之有效的教学方法，引领超银学校的教师队伍快速成长。

教学总监在学校中要"总监"什么？这是大家普遍关注的问题。超银借鉴国内外企业和教育界的优秀案例，反复推敲，将这一职位的职责归纳为"帮、提、研、结"四个字，即帮助、提炼、研究、总结。张伟首创的"球形"教学法，被誉为"中国小学语文教学的一个突破"，中央教育科学研究所为之出版专著《张伟"球形"阅读教学原理与应用》，在全国推广。张伟以他的高眼界、高起点，在超银真正起到了专家引领作用，以至于他每周到超银各校区听评课的时候，教师们都蜂拥而至，希望聆听教学总监的真知灼见，目的是借助他的"第三方视角"全面地分析每一位教师的优缺点，得到最前沿、最专业的现场指导。

"球形"教学模型

1. 教学模型：抓—加—多—变。
2. 适用课型：记叙文教学、小说教学。
3. 教学理论与操作框架：抓住"球心"，保持文字的向心力；加强联系，保持文章的整体性；多退少补，保持文章的"球形"结构；变更序列，保持文章内容的最佳定位列次。

以八年级上学期的《孤独之旅》一文为例分析其教学过程。

第一步，精读。实施"球形"教学，围绕"孤独"这一题眼，运用发现法，讨论孤独的诸多表现，以及为什么要走上孤独之旅和走完孤独之旅所得到的结果。

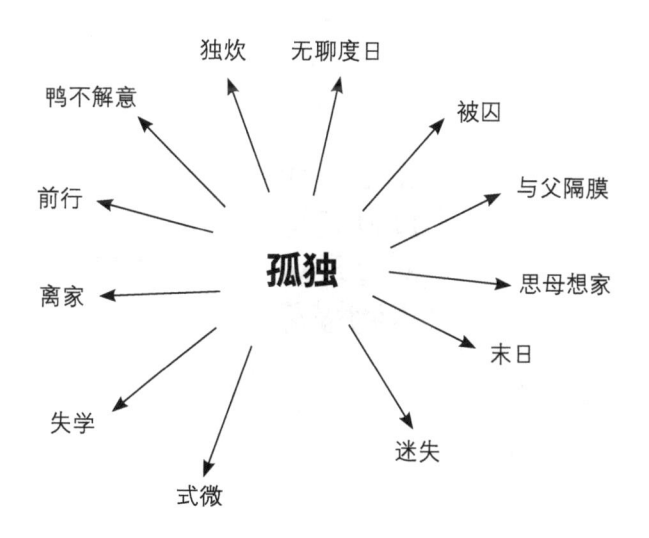

```
鸭不解意    独炊    无聊度日
                           被囚
  前行                     与父隔膜
                孤独
  离家                     思母想家
                           末日
    失学          迷失
         式微
```

第二步，研读。围绕"磨难"，即孤独之表现形式，研读人物性格的变化——从懦弱到坚强。

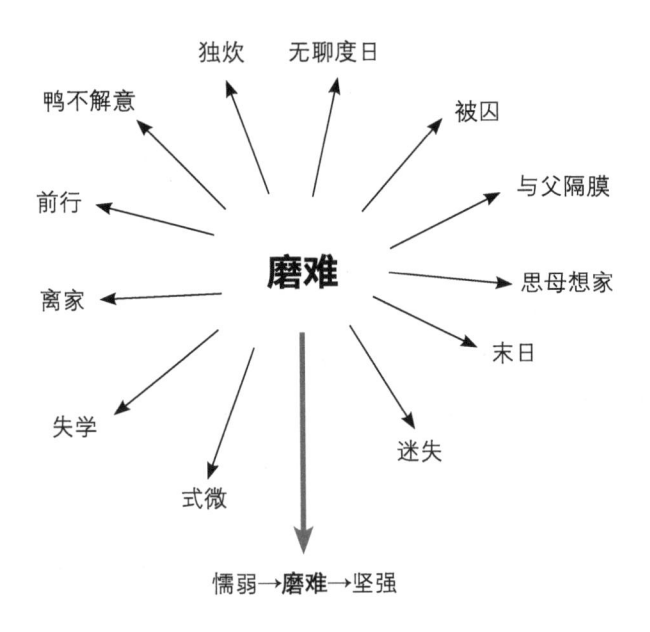

```
                    独炊    无聊度日
     鸭不解意  ↑    ↑    ↗ 被囚
           ↖   │   ╱
     前行 ←         → 与父隔膜
           ┌─────┐
     离家 ← │ 磨难 │ → 思母想家
           └─────┘
           ╱   │   ╲  → 末日
     失学 ↙    │    ↘
              ↓      迷失
           式微
                     
              ↓
         懦弱→磨难→坚强
```

第三步，学习小中见大、欲扬先抑、人物描写、对比等写作手法。

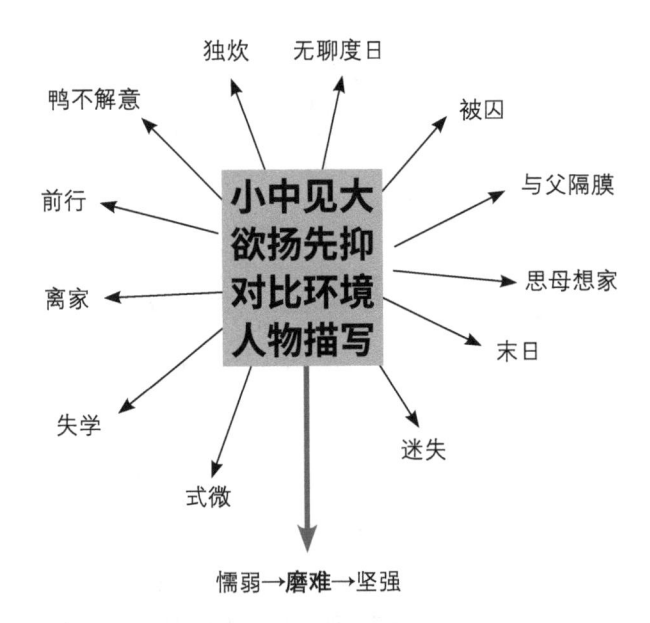

```
                    独炊    无聊度日
     鸭不解意  ↑    ↑    ↗ 被囚
           ┌──────────┐
     前行 ← │ 小中见大  │ → 与父隔膜
           │ 欲扬先抑  │
     离家 ← │ 对比环境  │ → 思母想家
           │ 人物描写  │
           └──────────┘ → 末日
     失学 ↙    │    ↘
              ↓      迷失
           式微
                     
              ↓
         懦弱→磨难→坚强
```

当时社会上普遍热议民办学校只注重升学率，对学生的其他能力和素养关注度不够，然而超银并不是这样。学校组织干部教师远赴上海实验中学、上海理工大学附属中学等一大批有特色的名校学习办学经验，又请来全国各地的知名专家学者讲学。在教学质量方面，张伟总监不仅对教师课堂教学提出自己的意见和建议，使超银的教师不仅能讲课、会讲课，更促进大家转型为"研究型"教师。在课改方面，他协助学校开好教学研讨会，参与评课指导，提出改进意见，指明课改方向。每次听完课后，他都及时帮助老师们总结教学方法和教学规律，并把一些好的教学经验推广到全校教师当中。5年多的时间里，他总结提炼出20余个扎实有效的教学方法，如"半渡击之"语文读写结合教学法、史地生"固－联－辨－用"教学法等，不断升级"自主－互动"的高效课堂。

为了进一步提升办学水平，努力使教科研成为学校发展的"第一生产力"，2016年，超银学校教科研中心正式成立。超银聘请了曾获得全国模范教师、山东省特级教师、山东省人民教师等称号的全国教育名师吴乐琴担任教科研中心主任，并同时成立"吴乐琴工作室"。自教科研中心成立以来，超银学校坚持开展系列教科研活动，扎实推进学校课程改革。

在张伟和吴乐琴之后，学校又聘请了山东省民办教育优秀教师，山东省中小学教育科研优秀成果奖二等奖获得者王珏担任第二任教学总监；聘请全国教科研工作先进个人、青岛市教学能手，曾获山东省教研优秀成果一等奖、青岛市科研成果奖一等奖的教科研专家逄淑萍担任第二任教科研中心主任。超银高中成立后，又聘请山东省基础教育先进个人、全国课改先进个人、青岛市原黄岛区教育局教研室主任、曾三次连任青岛市高考研究小组成员的陈立顺担任超银高中教科室主任。在众多教育专家"一棒接一棒"的传递中，以专家为引领构建起超银独有的教科研模式，有力地保障了超银学校各校区的教育教学质量高位均衡发展。

在超银教育集团多出"名师、名生、名经验"的"三名"发展战略指引下，2022年，超银中学评选出一批名师，成立名师工作室，为教科研发展再添新动能。经过教师自主报名和集团层层筛选、考察评定，从全集团近800名教师中选拔出14位各学科名师，其中既包含语、数、英、物、化、生、政、史、地、音、体、美这些国家课程学科教师，也包括了STEAM、头脑奥赛等创新类学科教师。他们作为各学科名师工作室的主持人，带领全集团各学科教师共同进步。名师工作室的成立充分发挥了超银的集团化办学优势，为超银教育高质量发展提供了源源不断的动力。在各学科主持人的带领下，以点带面，不断发挥辐射作用，让超银教师拥有了科研的乐园、成长的沃土，并逐渐形成了独具特色的"3575"教师培养子模式。有了教科研源源不断的赋能，超银学校的教学成绩更是一路高歌猛进。2024年8月，第一批名师工作室主持人的优秀代表在暑期集团教师培训会中纷纷做了以"新高考背景下的教与学"为主题的主旨报告，令全集团的教师感受到"原来榜样就在我身边"，只要认真研究，每个人都可以成为专家型教师。

2024年，超银教育集团IB联校成立，这一举措又吸引了一位全国顶尖IB学校校长的目光。超银聘请先后在京津多所知名国际学校、IB学校担任负责人、校长的王红霞担任超银教育集团IB联校教学总监。王红霞拥有近十年的中学校长管理工作经验和十年一线教学经验。加盟超银后，王红霞以国家新课标为导向，结合IB课程特点，升级IB联校的课程设计，在实践中不断优化完善"六维和衡"课程体系。

有不少观摩者感慨，超银学校能够聘请到这么多教育名家是在于民办学校的自主性。在一次观摩讨论会上，有位来宾就提出，民办教育都有这种自主性，何以超银能有成果？张伟总监多年前接受媒体采访时曾总结道："超银学校的教学成绩和学校风气能在岛城持续名列前茅，其中很重要的一个原因是，超银做事在'地上'，真正地做到了脚踏实地。"

（2）教研赋能，从"苦干"到"巧干"。

教育的苦乐与其他行业不同，那是心灵对接过程中对于成与败、简单重复与一定创新、低级循环与局部差异的思索、尝试。在教育领域不断革新的当下，教研赋能成为推动学校发展、提升教学质量的关键。从理论层面来看，机制创新需技术、管理与文化协同发力，文化引领更是为学校机制注入灵魂。而将这些理念落地，需要的是通过摸索总结形成一些行之有效的教研举措，切实推动教师实现从"苦干"到"巧干"的蜕变，走出一条具有一定特色的成长之路。

以超银广饶课改校区为例，学校推行"四环递进问题教学法"和小群组合作学习模式，通过问题导学和任务驱动，培养学生的探究力和学习力，实

现了教学方式的根本变革。

无论是问题教学法、项目式学习还是"学历案",尽管名称各异,但其核心都指向对教师专业能力的更高要求。教师不仅需要具备广博而精深的专业知识,还需拥有扎实的教育理论修养和丰富的教学经验,才能巧妙设计问题,灵活应对课堂中的各种生成性问题。在课堂上,教师需摒弃"居高临下"的姿态,尊重学生的见解,敏锐捕捉其中蕴含的创新思维火花,鼓励学生大胆表达观点。唯有如此,才能真正培养学生的问题意识、独立思考能力和合作学习精神,促进其科学精神与人文素养的和谐发展,将教育改革的核心落到实处。

经过一段时间的实践探索,教师们普遍反映,传统的上课"赶课"和课下"补弱"方式已逐渐被摒弃,取而代之的是将大量时间投入课前"备课"。这种备课不仅关注教学内容,更聚焦学生的成长需求和思维特点,成为教学设计的重点。与此同时,学校强调,教学方式要借助电脑、网络以及迅速发展的 ChatGPT、DeepSeek 等 AI 大模型,从"拼体力"转向"拼脑力""借脑力",深入研究以提升专业素养,尤其是探索、总结出经验以供复制、推广。

(3)课改实践,从"要我改"到"我要改"。

课改初期,不少教师也是不理解、不接受的,因为他们按照老方法也能教得很好,而且已经很顺手。他们每节课都准备好大量的知识,恨不得倾其所有灌输给学生。但随着"公民同招"政策的实施,传统教学方法的局限性逐渐显现。学生层次从传统的"优、中、弱"三层演变为"一类一层"甚至"一生一层",亟须"一生一策"的个性化教学。这一现实促使教师主动投身课改,积极探索新方法。在课堂上,教师通过设置情境、布置任务,引导学生自主获取知识,实现了从"灌输"到"引导"的教学方式转变。这种转变不仅提升了课堂教学效果,也为班主任管理工作带来了积极的影响。教师从"要我改"到"我要改"的主动转变,标志着课改理念的深入人心,为教育质量的全面提升奠定了坚实的基础。

超银广饶课改校区的班主任王老师,是一位经验丰富的资深教师。多年的班主任工作,既是她职业生涯的光环,也曾是她肩上的"不能承受之重"。"盯、关、跟"的传统管理方式让她身心俱疲,甚至一度向学校提出不再担任班主任的请求。然而，通过小群组合作模式的探索，她惊喜地发现"我这个班主任没事干了"。

在学校推行小群组合作学习模式后，王老师根据学生的学习、品德、纪律等表现，将班级划分为若干小组，实行"组间同质，组内异质"的管理方式。通过小组讨论、总结和量化考核，学生积极参与班级管理，班会从班主任的"一言堂"转变为学生建言献策的平台。班级常规事务如分饭、收作业、值日等，均以小组为单位进行，极大地提升了学生的自主管理能力。

针对行为习惯较差的学生，王老师采取正向引导、量化单独列出、组内一对一互助等措施，帮助后进生找到归属感。例如，谢同学在组员的帮助下，从年级286名进步到217名，充分体现了小组合作的积极作用。寒暑假期间，小组长每日跟进组员学习和作业情况，班主任实时监督指导。这种"生生评价"方式不仅减轻了教师负担，还提高了学生的学习积极性和主动性。

王老师不断地实践、观察和调整，通过动态机制和个性化小组方案，使班级管理更加灵活高效。小组长轮岗、组规制定等措施，增强了小组合作的活力，避免了"唯分数论"的弊端。

作为超银中学的资深班主任，王老师从疲惫中找到了生机，成为"要我改"到"我要改"的先锋教师。这种转变带动了很多曾有类似状态的老师，不仅提升了班级管理效能，也为学生的全面发展和个性化成长提供了有力支持。她的实践，不仅是一次教学方式的创新，更是一场教育理念的升华。

在她的带动下，教师们慢慢地发现原本内向的学生在担任小组发言人后逐渐敢于表达，而"观察员"角色则培养了学生的批判性思维。一名学生在日志中写道："我作为观察员时，发现我们组总是由两位同学主导讨论。后来我们制定了'轮流发言'规则，每个人都有机会表达观点。"这种角色转换打破了传统的师生边界。一名学生在反思中坦言："看到老师认真记录我们的观点时，我突然意识到课堂是所有人共同创造的空间。"

2. 学生成长：从"分数"到"素养"

"教育的本质意味着：一棵树摇动另一棵树，一朵云推动另一朵云，一个灵魂唤醒另一个灵魂。"德国哲学家雅斯贝尔斯的这句名言,深刻地揭示了教育的本质——学生的成长才是教育的终极目标。无论是陶行知的"生活即教育"、杜威的"从做中学"、福泽谕吉的"独立自尊",还是超银学校的核心素养培养,教育的最终目的都是促进学生的全面发展。

在超银,许多学生或许成绩平平,却在后来的人生舞台上大放异彩。梁同学曾是学校政教处的"常客",但毕业后的他从一名普通运动员成长为摩托艇国家队队长。2018—2020年,他连续三年摘得国内外公开赛冠军。曾经的"捣蛋王",如今已成为为国争光的"实力派"。在超银20周年校庆时,梁同学特地从训练场赶回母校,与学弟学妹们分享他的成长心得。他说:"超银的几年时光将成为你们人生中的宝贵财富。在这里,你们将接受全市一流教师的培养,在严明的校规校纪中规范行为,在与同伴的同行中找到自己。"

在梁同学的身上再次生动地诠释了教育的真正意义:分数固然重要,但综合素养、找到自己更为珍贵。在2021年全国两会"委员通道"上,全国政协委员、江苏省锡山高级中学原校长唐江澎如是说:"学生没有分数,就过不了今天的高考;但学生只有分数,恐怕也赢不了未来的大考。"梁同学的成长,正是从"分数"到"素养"的完美蜕变,证明了每个人都能在适合自己的领域中绽放独特的光彩。"这种个体事例,如何成为群体现象?"虽然这是至今未能破解的千年话题,但作为思考与探索,超银迈出了它的脚步。

(1)核心素养培养:从知识到能力。

教育的终极目标不仅是传授知识,更是培养学生的核心素养,使其具备适应未来社会的能力。近年来,人才选拔方式发生了重大变革,"死记硬背"已难以取得高分,如何通过学习将知识转化为能力,成为教育改革的核心。考试方式的变革倒逼教学改革,越来越多的学校通过大单元教学、大概念教学等方式,将知识学习与能力培养紧密结合,帮助学生在真实情境中掌握方法、解决问题,而非被动接受知识。

中学数学有"利用相似三角形测高"一课,其教学目标是让学生掌握"几何图形在理解和表达现实世界中的作用"。执教人马老师在课程导入环节展示了世界上最高的树、迪拜的哈利法塔、埃及的金字塔等著名建筑,引出核心内容——利用相似三角形测量青岛最高建筑与城中的信号山等的高度。学生在自主回顾相似三角形判定方法的基础上，分组进行实践活动，利用材料包、活动器材和测量工具测量线段长度，并通过比例尺计算实际模型高度，解决现实问题。动手的自主感、实操性深化了学生对核心数学概念的理解，也促进了他们的思考能力和问题解决能力。为此，马老师设计了"独立思考—合作讨论"的流程。独立思考是积累数学活动经验的基础，也是解决问题的重要习惯；合作交流则是对独立思考的有益补充，旨在培养学生的协作意识。通过"提出问题—分析问题—提出猜想—实践验证—归纳结论"的基本过程，学生体验到数学探究的一般方法，从而发展推理能力、抽象思维和概括能力。

在实践活动中，学生通过测量学校教学楼、青岛基督教堂等物体高度，增进了测量的认知，掌握了解决问题的基本方法。在展示环节，学生详细介绍了从方案选择到模型制作、探究证明、数据测量的全过程，虽然他们并不明白，却实实在在地应用了数学统计方法、物理学原理、几何学和光学知识。在总结与点评时，当老师对相关概念、名词、简要原理给予解读的时候，他们眼神里洋溢的是讶然、新奇、自豪。

这种以思考为核心素养的导向方式，不仅让学生掌握了知识，更培养了他们的实践能力、创新思维和团队协作精神。正如人们常用来概括陶行知教育思想的一句话所说："教育是农业，不是工业。"这一充满哲理的比喻，深刻阐明了陶行知所倡导的教育应顺应儿童成长规律、因材施教、耐心耕耘，而非工业式的标准化灌输。教育不是批量生产，而是播种与精心培育，让每一颗种子都能在社会现实的沃土中扎下自己的根，长出自己的形，结出自己的果。这种生存能力是在学校教育中得到启蒙，在社会实践中展现其创新的能力。

（2）个性化学习：从"一刀切"到"因材施教"。

教育的本质在于尊重每个学生的独特性，而"一刀切"的教学方式显然无法满足学生的个性化需求。个性化学习强调"因材施教"，通过分层教学和动态走班，让每个学生的学习符合"最近发展区"，从而最大化地激发他们的潜力。

美国顶尖私立学校菲利普斯·埃克塞特学院采用"圆桌教学法",根据学生的学习水平分组,教师通过引导和讨论,帮助学生在适合的难度范围内深入学习。这种方式不仅提高了学生的学习效率,还培养了他们的批判性思维和合作能力。

北京十一学校通过分层走班制,将学生按学科能力分组,每学期根据学习进展动态调整。这种模式让绝大多数学生能在适合自己的节奏中学习,既避免了"吃不饱"的学优生停滞不前,也解决了"跟不上"的后进生失去信心的问题。

通过广泛借鉴国内外的优秀案例,超银中学各校区也在尝试"分层走班教学"。超银广饶课改校区从初一开始实施语、数、英动态分层走班,学校根据学生的学习水平,将每个学科分为不同层次的教学班,学生可以根据自身情况选择适合的班级。每学期结束后,学校会根据学生的学习进展进行动态调整,确保每个学生都能在"最近发展区"内学习。这种分层走班方式不仅提高了教学效率,还促进了学生的全面发展。学优生可以在更高层次的班级中挑战自我,后进生则能在基础班级中夯实基础,逐步提升。

个性化学习的核心在于尊重学生的差异,帮助每个学生在适合自己的节奏中成长。分层教学和动态走班方式是实现这一目标的有效对策。

(3)实践能力提升:从课堂到社会。

实践活动是制造这种切身感受无可替代的方式,其中一个记忆点有可能被学生铭记一生,而动手与观察是每个人最基本的生存行为,所以,实践能力是学生从课堂走向社会的关键桥梁。

许多学校通过整合社会资源,将课堂延伸到社会,为学生提供了丰富的实践机会。上海中学开设"职业体验日",让学生深入企业了解职业环境;深圳南山外国语学校与科技企业合作,建立"创新实验室",让学生参与真实的科研项目;杭州学军中学开展"文化寻根"活动,带领学生走进博物馆和文化遗址;超银学校则通过丰富多彩的研学活动,让学生走向祖国大好河山和世界各地,切身感受书本里的"飞流直下三千尺"在真实世界中的样子。这些实践活动的共同点在于,它们将课堂知识与现实社会紧密结合,帮助学生在真实情境中学习和成长。

通过实践，学生不仅能够深化对知识的理解，还能培养解决问题、沟通协作和创新思维等核心素养。而这正是教育从课堂走向社会的必然要求，也是学生全面发展的关键路径。

3. 学校成长：从"单一"到"多元"

学校的成长是教育生态的体现，它不仅关乎教学质量的提升，更在于教育理念的革新和育人方式的多元化。学校的成长不仅仅是硬件设施的完善或学生成绩的提高，更是教育理念的升华和育人方式的创新。从单一的教学方式到多元的教育生态，学校的成长为学生提供了更广阔的发展空间，也为教育注入了新的活力。

（1）课程改革：从"应试"到"素质"。

课程是学校教育的核心载体，课程改革是学校从单一到多元的重要路径。超银学校构建了"基础课程+拓展课程+特色课程"的立体化课程体系，打破了传统应试教育的局限。超银各校区开设的百余门选修课，涵盖科技、艺术、人文等多个领域，可以极大地满足学生的多样化需求。在科技领域，学校开设了人工智能、机器人编程等课程，培养学生的创新思维和实践能力；在艺术领域，学生可以选择音乐、绘画、戏剧等课程，发展个性特长；在人文领域，学校通过国学经典、国际理解等课程，提升学生的文化素养和全球视野。这种多元化的课程体系，不仅帮助学生夯实基础知识，还为他们提供了个性化发展的平台。

超银的办学使命是"培养能够适应未来社会发展的人"，课程改革正是这一使命的生动实践。通过多元化的课程设置，学校不仅关注学生的学业成绩，更注重他们的综合素质和个性发展，真正实现了从"应试"到"素质"的转变。

（2）资源整合：从"校内"到"校外"。

学校的成长离不开资源的整合与优化。超银学校通过内外联动，将社会资源引入校园，为教学改革提供坚实的保障。学校与海军博物馆合作开设国防教育课程，由相关人员授课，带领学生探索军事科技领域，为学生的意识世界引入伟大的中国军魂。学校还与本地企业、文化机构合作，开展职业体验、文化考察等活动。学生可以走进海尔、海信等企业，不仅了解现代制造业的运作模式，更具意义的是零距离感受享誉世界的中国品牌之路、品牌精神；也可以参与博物馆的文物修复项目，感受传统文化的魅力。这种资源整合不仅拓宽了学生的视野，还为他们提供了将知识应用于实践的机会。

英国教育家肯·罗宾逊曾指出，教育应注重培养学生的创造力和实践能力。超银学校通过整合社会资源，将课堂延伸到社会，帮助学生在真实情境中学习和成长，"校内"与"校外"的那堵看不见的围墙也就荡然无存了。

（3）文化建设：从"制度"到"文化"。

学校的成长不仅体现在课程和资源上，更体现在文化的积淀与传承中。超银学校通过"文化传承计划"和"榜样引领工程"两条主线，将核心价值观融入制度的每一个细节。

在"文化传承计划"中，将5周年、10周年校庆等大的节点，与各种纪念活动、表彰活动、例行活动串联成一个年度的具体内容，主要是让校魂矗立其中，得以体现，而非生拉硬套。在20周年校庆时，学校开展了征集校歌活动，唤醒了现在的超银人、曾经的超银人潜藏心底的那份记忆；通过征集体现校史的"老物件"等活动，增强师生的文化认同感和凝聚力，有曾经的老师祖孙三代与超银结缘，他们拿到学校的"老物件"，是过去的见证物，也是拨动个人与学校的关系的那根"神经"。

在"榜样引领工程"中，学校挖掘和宣传师生中的典型事迹，用身边人感染身边人。一是定期评选"四美少年"，表彰在品德、行为、心灵和学术方面表现突出的学生。这种文化建设不仅营造了积极向上的校园氛围，还为学生树立了学习的榜样；二是教师的评先创优，不仅激发了教师群体的责任心、荣誉心，而且增进了团队协作意识与能力；三是超银毕业生中的优秀人物回校"省亲"；四是优秀家长进学校；五是社会名人进超银。以此营造优良的学校生态。

第二节　学校活力的"三量"：含金量、含氧量、含光量

学校作为学生日常学习和生活的主体场所，其教育环境和教学质量直接影响学生成长的优劣好坏。因此，每一所学校都应当致力于提升学校的"含金量""含氧量"和"含光量"，以营造一个更加优质和充满活力的氛围，帮助学生成为知识渊博、思维活跃、情感丰富的个体，为他们的未来发展打下坚实的基础。

"含金量"代表着学校教育的知识深度和能力广度。我们追求的不仅是增加课程的知识含量，帮助学生掌握知识点和知识逻辑的要素和要求，更是提升每一堂课的教育价值，使之成为学生知识积累和能力提升的宝贵时刻。"含氧量"体现出学校师生的活力。随着社会的发展和教育理念的更新，师生关系已转变为一种平等、尊重、相互启发的伙伴关系。一个充满活力的教育环境能够激发师生的思考力和创造力，鼓励他们积极探索、敢于创新。"含光量"则是指学校积极美好、向阳而生的氛围。一个充满正能量的学校能够为学生提供一个温暖、自由的成长空间。在这样的环境中，学生能够感受到被尊重和被理解，使他们的心灵得到滋养，个性得到发展。

一、每堂课都是生命中的一片绿叶

一个人从小学到高中的 12 年学习旅程中，将经历大约 13000 节课的洗礼。每节课就像一片绿叶，通过这 13000 节课，繁茂成一个人得到知识滋养的青春年华；这 13000 节课，浓缩了人类几千年、几万年知识积累的岁月，一点点筑高文明基线的同时，让个人得到知识力量的充实、推动。每一节课都是独一无二的，都有可能擦碰出学生心灵的那星点火花，以至于影响他们

一学期、一段求学生涯乃至一生。

在这段旅程中，每一次的倾听都是对知识的渴求，每一次的思考都是对智慧的探索，每一次的互动都是对个性的塑造。这些课堂不仅传授了知识，更是培养学生批判性思维、创造力和社交能力的重要场所。在这里，学生学会了如何学习，如何与人合作，如何面对挑战。

超银学校发挥集团化办学优势，紧紧围绕"提升课堂教学质量，实现减负提质增效"这一目标，聚焦教师专业发展，沿着"精心备好每一节课"这一路径拾级而上，通过校长驻班听课、集团大教研、青蓝工程等，逐步构建起完善的教师培养系统，帮助教师从传统备课走向专业的教学设计，不断探索高效课堂的实施路径。

"工欲善其事，必先利其器。"教师备课如同导演编写脚本，事前是否下足功夫直接决定着作品的成败。所以在大家熟知的教学工作的几个环节中，备课必须放在首位。数学家苏步青曾说："如果你用一分力量备课，两分力量上课，你就要用三分力量批改作业。反之，如果你用三分力量备课，两分力量上课，你就可以只用一分力量批改作业。"这与"磨刀不误砍柴工"的道理如出一辙。也就是说，备课上花的时间越多，教学的实施和其他环节就越省力、省时，课堂教学效果也会更好。

然而，现实却与此恰恰相反。许多教师往往处于苏步青先生所说的第一种状态，每天大量的时间被消耗在批改作业、辅导学生和其他事务中，以至于仅有少量的时间用于备课，原因也很简单，就是"备课是负担，没啥好备的"心理作祟。于是，教师的备课流于形式，很少顾及如何备教材、教法、教具，更谈不上分析学生和把握学生学习路径、学习习惯的差异。由于备课不充足，心里没底，在课堂上教师就不敢轻易放手让学生自主学习，导致课堂效率低下，学生学习被动，自己也深陷大量批改作业的困境之中。

"公民同招"之后，随着生源的差异性增大，教师们越来越感到，学习成绩、学习习惯优劣不同，课堂、课后效果差异很大，即一听就明白，做题都不会。如何提升学生的内驱力与学习力，提高课堂效率成为教师亟待解决的问题，支点就是"精心备好每节课"，同时引导和培养学生预习，带着问题听课。

1. 校长驻班听课，为高效课堂注入强心剂

按照上级规定，中小学校长每学期听评课数量不少于 30 节。然而在超银学校，几乎自建校之日起，所有校区的校长和教学干部每天 60% 的时间都在课堂上或教研组里，随便打开任何一个校长的听课本，上面都是密密麻麻的笔记。超银学校校长平均一学期的听评课数量都在 180 节左右。他们不仅听已磨课成熟的公开课、示范课，也听常态化的推门课、新教师的亮相课，不仅听自己本学科的课，其他学科的课也会听，而且对各个学科的课程标准、学科素养都很熟悉，精准把脉课堂，和老师们一起研究、学习，为高效课堂的构建注入强心剂。

从教近 40 年的马振辉校长从未远离过课堂，除了日常处理学校各项事务，只要有空马校长就会拿着听课本随机进班，日复一日地听课、评课，带领教师深耕教科研，还时不时拿起粉笔亲自上研究课，引来全校教师争相听课学习，也因此在全校形成"人人是学生，人人是先生"的浓厚教科研氛围。

随着高考改革的深入和生源质量的不断提高，超银高中意识到原有的传统课堂已不能满足学生发展的需要，必须守正创新，以教学为中心，以课堂为主渠道，促进超银高中高质量发展。2023 年新学期伊始，马校长走上讲台，为超银高中师生展示了一堂至今仍然被讨论的"三度"课。他说："我常常告诉老师们，一堂课应该用老师的'三度'促进学生的'三多'，但在听课、考察的过程中，发现不少老师并未掌握要点，老师不能将一堂课的难度、深度、知识密度思考透彻，如何促进学生会思、会学、会问？他掌握不了要领，就不可能让'三多'多起来。这是一个'被反循环'。"

台上一分钟，台下十年功。十年是教坛生涯积累，对学生、课程的目无全牛的透彻。课前，马校长撰写了厚厚的教学方案及逐字稿，并用铅笔做了不同的笔记和批注，仅一个课堂导入就能更改好几版，最后敲定最佳方案。他跳进"题海"，从中找出共性和个性，最后结合学生的情况，挑选出有代表性的不同题目让学生在课上做练习。课后，马校长结合教学设想对自己的课堂进行交流和反思，以从中积淀。对此，青岛市教育局原总督学在与超银

高中的 87 位教师一起畅所欲言时谈了自己的感受。他说马校长的课真正做到了"精讲、善导、激趣、引思"。座谈会上，年轻教师们也纷纷表示，马校长的认真与专业令他们既惭愧，又感动，惭愧的是未理解备课的意义和诀窍，感动的是深受启发，拿到了"钥匙"。

火车跑得快，全靠车头带，高铁动车则是多动力联动。校长当然是学校教育质量的第一责任人，校长驻班听课、上课，是一种优良的传统与作风，也是接地气、察实情取得第一手资料的途径，促进教师成长的基本手段；对于优秀的校长而言，更为重要的是让学校由普铁变动车，通过每个岗位、每位老师的内动力共同启动。

2. 以研促教，明确何为一节好课

《义务教育课程方案和课程标准（2022 年版）》的颁布，标志着第八次基础教育课程改革进入新阶段，明确了各学科教学的逻辑起点是学科核心素养目标的达成。目标从知识点的了解、理解与记忆，转变为学科核心素养的关键能力、必备品格与价值观念的培育。核心素养目标已凝缩在课程标准中、编写在学科教材中、隐藏在考试评价中，贯穿于教、学、评的各个环节。

学生核心素养是一个体系，由主体的学期到学科、到单元、到一节课，构成四级结构的核心素养目标。在此系统观念下，从关注单一的知识点、课时完成，转变为关注大概念、大单元的结构化教学设计，以此改变学科知识点的碎片化教学，形成系统性，达成教学设计、实施与素养目标的有效对接。同时，教师通过对中、高考试题的分析，进一步了解学科核心素养在教育教学评价中的导向作用。

为了进一步深化课堂改革，不断强化和渗透新课标要求，超银学校一方面发挥集团化办学优势，借助智慧校园平台实现资源共享，定期开展集团大教研、期初期末常态化培训活动；另一方面各校区扎实开展校本教研、集备，开展课例研修等活动，通过深入浅出、学研结合的方式，不断强化和渗透新课标要求，贯彻基于核心素养的教学理念和方式，让教师真正明白其中的核心立场与关键主张，并形成这样一种观念——九层之台，起于累土。

一节好课，始于设计。所谓设计，包括了教学设计和对学生学习系统的设计。超银学校融合各个校区的特点，设计出一个基于核心素养的教学设计模板，并结合各校区教师在课堂教学中呈现出的不同问题，进行适当调整，供老师备课时参考使用。其中包括学习结果分析、重难点分析、学习者分析、学习目标设计、学习评价设计、学习过程设计、学习资源开发等环节，教师在此基础上进行设计和创新。各个校区、全体教师的教学方案设计全部通过智慧校园平台实现共享，大大地提高了教师的备课效率，促进了教师团队整体的新思考和持续提升。

3. 创新听评课方式，共同打磨一节好课

为了扎实有效地推进"精心备好每一节课"，提高听评课实效，超银学校借鉴"循证医课"的方式进行"跟进式主题课例研修"，以规避观摩课后教师点评随意、"只唱赞歌"的陋习。"循证医课"是一种强调听评者将自己前期的教学研究、教学经验与授课人的实际状况和需求结合起来，聚焦学习目标，制定统一标准进行观评课，通过课例研究解决课堂存在问题的听评课方式。

组织全体教师系统学习"基于核心素养的结构化主题单元教学设计"模板中的各项条目和要求，直到每位教师都能够理解和掌握后，教研组每周由一位教师依据此模板精心备课，为全组展示一节观摩课，并由此展开每周一次的组内课例研修。刚开始时，由于教师初步尝试这种教学设计，所以还存在很多不理解、不到位的地方，通常是观摩一节课，用两节课的时间研修，把重心放在研课环节。因此，对组内教师提前进行分工，依据模板要求，针对这节课教学设计的每一个环节，以不同的角度聆听、观摩并进行教学诊断，对症下药，最后拿出改进办法。让观课、听课者从课堂观摩与评判者，变为一个教学诊断与开处方者，从而建立起真正的教研共同体。之后，组织评课的专家针对大家共同存在的疑惑进行现场答疑，给出更加专业的建议，并针对本课例显现出的问题，进行专题培训。直至将这节课完善为大家都认可的优质课，由执教教师进行二次修改，并分享给组内其他教师。

这个过程不仅使出课的教师得到充分提升，也使其他教师收获了宝贵的经验，为学校积累了优质资源。在超银学校任教十余年的徐老师很有感触："以前学习优秀教师课例时，关注点多在课堂设计上，看他们采用了哪些新颖有趣的活动和方法，对教学目标关注度不够。教学总监问我最多的一句话就是——这节课，你到底想让学生学会什么？围绕这个问题，经多次与总监沟通，打磨课堂，现已形成'以学生为中心'的课堂模式，学生们都说找到了学习的感觉。"

对于初入教坛的教师来讲，超银学校的教科研方式成为大家迅速成长的阶梯。2023年加入超银中学的江老师说："通过课堂教学观摩、评课，尤其是老师们的'头脑风暴'和专家点拨，我时常有种茅塞顿开的感觉。加上每周教研组集备、期初期末集团集中培训、'师徒结对'，半年时间我便站稳了讲台，一年便成长为独当一面的骨干力量。"

二、"六维和衡"课程体系

课程是学校的核心竞争力，是教育思想、教学理念等抽象内容的集中体现，是落实培养目标、支撑办学行为、促进学生全面发展的主要载体，也是创建学校特色、提高教师专业化程度、提升学校管理水平的重要平台。

超银学校本着"国家课程校本化改造，校本课程精品化实施，特色课程品牌化发展"的原则，构建起"五育"融合，落实"双减"政策为导向，促进学生全面发展的"六维和衡"课程体系。其主要特点为：一是本着"大单元教学"理念，采取"学科内融合式整合、学科间渗透式整合"的途径，通过选择、改编、调序、补充、拓展等方式，对国家课程、地方课程进行校本化和个性化再加工、再创造；二是以学校核心育人理念为支撑，以学生需求和教师资源为依据，积极开发特色校本课程，实现学校课程的多样化，满足学生多样化发展的需要。

在开发校本课程方面，将常规活动制度化、科学化、课程化，形成了入校课程、离校课程、国旗下课程等，从内容到形式力求更科学、更有效。同时，根据学生要求与阶段需要，开发出内容新颖、广受学生欢迎的社团活动课程总计有上百门，辅导教师内外兼具，适应了学生综合素质成长和个性特长强化的基本要求。

中国传统节日是文化自信最形象化的表现，节日活动课程作为文化自信内容的重中之重，通过让学生自助式了解、收集、讲解春节、中秋、端午等传统节日的由来，以及动手参与，亲自感受节日中的事项，为以往"形式热闹脑袋空"的过节赋予了文化意识。不仅如此，学校还设计了和感恩主题相关的班主任节、和创新相关的科技节、和强身健体相关的校园吉尼斯挑战赛等，丰富了师生的超银时光。

读万卷书，行万里路。研学课程、场馆课程也是落实学科素养的关键。学校组织了加拿大、新加坡、英国等国际研学课程和澳门、贵州、徽州、苏州等国内研学课程，同时借助青岛的城市优势，带领学生走进青岛博物馆、科技馆、"一战"遗址博物馆、名人故居、东方影都等更广阔的社会大课堂，在行走中成长。此外，还开展了阅读、辩论、书法、科技、体育、美术等各学科素养比赛活动（见图3-1），促进了学生的特长发展和综合素养的提升。

图3-1 学科素养比赛之书法作品展示

"六维和衡"课程体系将国家课程体系的深厚底蕴与学校的办学特色、优秀的师资力量相融合，使得超银教育的"含金量""含氧量"和"含光量"有效增加，让超银师生蕴蓄下优质的品质与能量。

三、破困局，布新局

教学方面的所谓困局，通常的问题一是教师知识成长的停滞，二是现代学生视野开阔，信息量大和教学方式之间的不对称，三是对差别化的学生群体使用无差别的教育方法。破，即打破传统教学模式中的固有框架，通过引入先进的教育技术和创新的教学方法，促进教师的持续专业发展，使其能够适应快速变化的知识环境。新局，即构建一个灵活、多元、个性化的教育体系，通过精准的教学诊断和差异化的教学策略，满足不同学生的学习需求。怎样让学生有效吸收知识，学生资质不均衡之下如何均衡教学效果？如何解决学生视野开阔信息量大和教学方式之间不对称的矛盾？超银学校的布局主要是从小初、初高的衔接以及拔尖人才的差别性培养入手。

1. "5+1+3" 小初衔接模式探究

走进超银中学广饶课改校区，你会发现一个特别的班级，身穿小学校服的孩子们有着小学生的天真烂漫，又多了一份成熟与自信，在学校里这个班级有一个可爱的称呼——"小六班"。随着学校九年一贯制模式的不断深化，在超银中学各个校区的校园里也同样有了"小六班"这一群体。

这个特别的"小六班"，正是超银学校"5+1+3"模式探索与实践的结果。近年来，超银教育集团大力推进九年一贯制教育，超银小学以及在超银中学各校区小学部就读的学生们在六年级阶段都已经进入"5+1+3"模式的教学中。更值得一提的是，在这个模式下，超银小学六年级的部分学生可以提前来到超银中学"落户"，开启小升初衔接的"特殊时光"。六年级的他们与初中的大哥哥大姐姐们成为"邻居"，和他们共同参与学校的各种活动。

为促进学生全面发展，更好地完成义务教育阶段的小初有效衔接，超银学校借助集团化办学的优势，从 2019 年起就不断谋划小学、初中教育的协调一致，不断探索"5+1+3"教育新模式。超银学校定期从集团层面开展各项研讨学习活动，针对小初衔接问题进行梳理排查，找出症结，集合各校区的资源和智慧整合小初教育衔接思路，将学段衔接工作进行深化和完善，实现资源共享和合理利用，探索教育新方法。小初衔接研讨，无论是教学内容、教学方法还是教学节奏的制定，都以实际学情为准，包括学生的知识储备、认知规律、心理状态等，时刻把学生学习是否有效作为教育教学的根本标尺。在衔接过程中，学校的要求是把握好"度"，始终保护好学生的学习兴趣，这对老师的教学智慧和用心程度都是极大的考验。超银中学派出有经验的教师阵容，和超银小学的资深教师携手攻克难题，结合各自的工作实践进行"头脑风暴"，形成集体智慧的结晶。

例如，与小学阶段相比，初中语文在深度和广度上都有所提升，基础知识方面的设置更加灵活和全面，古诗和文言文比例大幅增加，对阅读理解和写作能力的要求也大幅提升。针对这几个重点"攻关对象"，小学、初中教师达成共识，语文素养和学习能力的培养要从小学开始，如从小学起坚持练字、开展名著导读、培养整本书阅读意识、注重不同文体的知识积累等。提前做好学习方法、思维方式、学习习惯、学习能力等各方面的衔接工作，真正实现小学、初中步调一致，为学生综合能力、核心素养的提升更早地打下基础。

目前，超银学校的"5+1+3"模式已经开展四年。超银教育集团大数据统计显示，通过该模式升入超银中学的学生在学业成绩、学习能力、学习态度与兴趣等多方面的表现均优于传统模式的教学班。这充分证明"5+1+3"模式顺应了学生的身心发展规律，教育成果喜人。同时，这一模式也得到了学生、家长和老师的多方认可。

学 生 说

在超银中学校园里学习快一个学期了，我深深感受到这里的学习氛围和成长环境是多么的好。遇到了教学严谨负责的老师，遇到了互助友爱的同学，还遇到了"5+1+3"。每天与学哥学姐们相伴学习，以他们为榜样，我对各科的学习变得越来越自信，成绩也明显提高。在这里，每周两次的古诗鉴赏课都是由初中老师绘声绘色地讲授，课上和老师的互动让我特别有成就感，得到老师的赞赏，更是幸福感爆棚，让我每天都有无穷的学习动力。就像妈妈常说的，看到你在超银的进步，真让人开心！

——超银中学（广饶课改校区）六年级 薛同学

家 长 说

每天晚饭桌上孩子都会"汇报"一天的校园生活，比如老师把语文课上成了"相声"，想走神都很难；比如举行了英语口语大赛，谁夺冠了；再比如数学老师夸她像"小老师"，因为她给同学们讲了一道精彩的数学题……在"5+1+3"模式下，孩子的学习主动性提高了很多，之前孩子学习比较被动，仅限于完成作业而已，现在学会了主动整理笔记、错题，主动复习所学知识。学校的学习节奏张弛有度，孩子每天都感到很充实。老师会鼓励孩子自己思考，让孩子对学习充满动力和兴趣。我们家长也省心很多，现在做好基本的后勤保障工作就行。

——超银中学（镇江路校区）小学部六年级 刘同学妈妈

老 师 说

做好小初衔接，不仅要衔接知识，更要衔接能力。在"5+1+3"模式的实践中，数学学科方面，我们首先做到了知识上的衔接，将小学知识向前延伸、初中知识适当下探，弥补断层部分。其次是学法上的衔接，培养学生重视预习、专心听讲的习惯，重视培养学生的自学能力。最后是课外活动和课内知识的衔接，举办 School Market 等活动，在有趣的活动中融入所学的数学知识。同时，面对"双减"政策，我们力求减负增效，在作业方面设置"作业超市"，安排基础作业和弹性作业，学生可以根据当天的学习情况自主选择完成。通过"5+1+3"模式，学生的数学学科素养进一步提升，对学习充满热情和向往。

——超银中学镇江路校区　郭老师

2. 做实初高衔接，交好育人"接力棒"

长期以来，分学段、分学科教学，使得中小学教育无形中形成一些"壁垒"和"割裂"。不同学科教学互通少，学习内容"划地而治"，不同学段之间学习内容衔接不密切，各自为政，尤其是从初中到高中，知识跨度较大、学习方法巨变，导致学生学习难度加大。自从超银有了自己的高中之后，对初高衔接工作有了更切身的体会和思考。学校首先在初中老师中征集初高衔接相关问题，问题即课题，然后带着这些小课题走到超银高中和青岛市其他优质高中，与高中老师就实实在在的问题进行深入全面的初高衔接研讨。

超银中学联合各个优质高中开展的初高衔接已经进入实际操作阶段。2023年秋季，青岛本地的优质高中——青岛二中和青岛五十八中的校园里都迎来了超银中学的老师们。在高中的各学科课堂上，超银中学教师变身"学生"，她们手里拿着导学案和笔记本，坐在后排认真地听高中教师授课。随堂听课结束后，超银中学教师与高中教师进行评课交流，并针对各学科核心素养培养、初高中学科考点衔接、课堂教学等问题深入交流探讨。青岛五十八中的姜老师感叹说，自己在高中任教这么多年了，这是第一次有初中的一线教师带着初高衔接的课题来共同进行研讨，超银中学能主动迈出校门对接高中，这是学校真正做教育、切实为学生发展考虑的体现。随后她也提出，初高衔接不应该是初中向高中的单方面靠拢，而是学科知识间的双向靠拢与多维贯通。超银中学教师除了与高中教师对话，还与高中学生开展了座谈，倾听他们的想法。在如何更好地推进初高衔接上，学生也从自己的角度和真实需求方面给出了建议。

当然，初高衔接还有很多问题需要不断优化。正如越来越多的学校意识到初高衔接的重要性一样，超银对于初高衔接的探索仍将继续。要交好育人

"接力棒",学校需要进一步加强对初高中课程方案的学习和落实,加大对初高中各学科课程标准水平描述的纵向研究,打破学段壁垒,更好地做好课程定位,处理好核心素养与知识能力、教与学的关系,初中教师也应该明确新高考"一核四层四翼"的原则和方向,这对义务教育的课堂教学设计、考试评价会有很好的启发和借鉴。

初高衔接,衔接的不仅是知识,还有学生的心理以及家庭教育。初高衔接研究还应针对家长的痛点和疑点,以问题为导向开展家庭教育讲座,让初中学生家长了解高中教师都在做什么、抓什么、关注什么,增加家长的信任感。同时,邀请高中教师"下沉"到初中学校,提前普及教育高中学生的方式方法,指导家长尽早培养孩子适应高中学校应具备的品格和能力,也是一种很好的衔接方式。

3. 拔尖创新人才培养的探索与实践

如今,随着信息文明迭代的大幕拉开,我国已跻身于全球领跑者的行列。在这一新阶段,我们需要的不再是跟随者,而是能够引领变革的开创性人才,他们将成为推动中国在全球创新竞争中占据主导地位的关键力量。新的历史阶段,面对新的时代任务,如何孕育、哺育、催化、蜕变创造型人才,自然是教育行业义不容辞的责任和使命。

在党的二十大报告中,明确指出"教育、科技、人才是全面建设社会主义现代化国家的基础性、战略性支撑",这一论述深刻揭示了教育、科技、人才三者之间的内在联系及其在国家发展中的核心地位。党和国家从战略高度擘画了新时代教育发展的宏伟蓝图,为教育现代化指明了方向。作为这一宏大体系中的微观单元,学校通过不断的探索、实践与创新,逐步将顶层设计转化为具体行动,将微小的每一步汇聚成推动教育高质量发展的蓬勃力量。

(1)尝试早期拔尖创新人才培养方式。

早在2008年,超银学校的领导干部就专程前往以拔尖创新人才培养著称的北京八中实地考察学习。在充分认识到约3%的学生具备突出学术潜质、亟须精准支持与个性化发展的背景下,学校希望借鉴北京八中在优才培养、课程设置与教学组织方面的先进经验，探索在青岛本土化实施的可行路径。令人遗憾的是，当时无论是政策环境还是社会环境，青岛都不具备这样的条件。但因为心存执念，超银的探索并没有止步，超银中学的"提优班"便是拔尖创新人才培养的一个"雏形"。以前学校在初三设置提优班，主要针对升学。学习归来之后，学校下探到初二，通过历次考试的综合成绩选拔排名前列的学生，进行专项提升和分层训练。老师们针对这些学优生的特点单独设计课程内容，取得了非常好的效果。当时青岛市优质高中对优秀学生的录取采取直升生政策，2016年改为自主招生政策。无论直升还是自主招生，超银中学考入青岛市头部高中的人数都一直稳居全市前列，其中很大一部分学生来自提优班。

（2）学段衔接奠定拔尖创新人才坚实基础。

拔尖创新人才培养，重点不在"拔尖"而在培养，培养的是能力，更是兴趣。2018年PISA（国际学生评估项目）考试的分析结果显示，在科学和数学成绩最好的中国大学生中，期待成为科学和工程专业人士的比例远低于世界其他国家的平均水平，仅为16.8%。这也解释了为何很多学生高中数学竞赛拿了金牌，但到了大学不愿意学数学系。因为这些学生不是为兴趣而学，功利主义严重。经过多年的调研发现，小学的很多"好孩子"因为难以适应初中的节奏，从而影响学习的兴趣和信心，初中升高中亦是如此。衔接问题成了很多学生前行的阻力，其中不乏智力水平较高的孩子。

基于这种情况，超银学校拔尖人才的培养依托集团化办学优势，从小初高全学段入手，加大衔接学段的学生培养力度。2019年开始探索"5+1+3"小初衔接模式，由初中和小学老师共同执教，以期培养学生积极适应和主动发展两个维度的能力。经过四年的追踪，学校把衔接的学生和"6+3"模式的学生分为两个组进行跟踪监测，数据显示，在内容特质系统、预测控制系统、心理调节系统和动力支持系统四方面，"513"模式下的学生升入七年级后，在建立自己的心理资源库和社会支持系统，以及发展的目标和成长动力等方面，均表现出优势。

随着超银高中的快速发展，在初高衔接方面，超银学校通过走进多所高中听课评课、与超银中学毕业生座谈等方式，寻找初高衔接中的亮点、痛点和堵点，再回到初中甚至小学阶段靶向解决。这一系列的衔接措施很好地促进了每届学生升入高中后的学习兴趣。

（3）思创社团成为拔尖创新人才差异化载体。

随着小学直升初中政策的推进，学校发现从初中再开始培养拔尖创新人才似乎有点晚。结合北京八中的选材经验，2022年超银小学从四年级起设立了思创社团，作为学校培养拔尖创新人才的重要载体，聚焦学生的思维能力和创新能力，运用脑科学、心理学的相关题目并结合比纳量表进行选材。超银小学根据各种指标，建设科技、人文、艺体等不同学科领域的思创社团，学生参与面扩大到20%，既解决了家长的焦虑，又让不同领域有天赋的学生得到适切的培养。

在超银学校教科研中心的指导下，由初中学段的名师和小学老师共同为思创社团量身定制适合学生学段特点的个性化校本教材并授课。目前已经形成了"研—教—学—评"的闭环工作流程。2024年，第一届思创社团的学生已经升入初中，各校区也结合实际对思创社团的课程进行了优化和改革。

（4）一生一策，拓展拔尖创新人才培养路径。

超银小学引入的IB课程给学校培养拔尖创新人才提供了很好的实践土壤。第一届学生中的马同学，从入学就有些偏常，行为习惯不好，但是智商很高，属于过目不忘型。在IB课程创新班25人制的小班里，他的天性和创造力得到了最大限度的保护。在逐渐修正学习习惯的同时，也保持了他很高的学习热情。到了初中后，学校信竞社团选中了他，从此这个孩子迎来了自己的爆发期，初二时一举获得信息学奥赛提高组全国一等奖，全省的优质高中都纷纷向他抛来橄榄枝。在超银，像马同学这样的孩子不仅可以进提优班，也有很多学习社团助力他们成长。这些天赋异禀的学生可以获得"特殊待遇"，如免写作业、上课可以看"课外书"、成为学科"意见领袖"等，助力他们在各类拔尖人才的选拔中发挥自己的优势和专长。2023—2025年，超银中学连续有3位学生考入西安交大少年班。青岛市奇点计划招生平均每年有1/10的学生由超银中学输送。2024年超银小学有3位学生被二中丘成桐班录取（全市40人）。这些人群中的前3%通过早期发现、定向培养、绿色通道等特殊方式，助力他们按照教育规律发展、成才，不被埋没。他们中有

60%经过了"513"的普适化培养，1/3经过差异化培养，最终都实现了自己的梦想，升入更高的学段继续深造。

四、一校一品，棵棵大树皆不同

在中国辽阔的版图中，北方与南方虽然共享着统一的国家课程体系，但因地域、文化及教育资源的差异，各学校逐渐孕育出了"一校一品"的独特风貌。这一概念强调的是根据学校的传统、办学理念、地域特色以及师资队伍的配置，培育和发展学校自身的特色、特点和特性。这样的教育模式不仅丰富了教育的多样性，也为学生提供了更个性化、更符合地域文化的教育体验。超银学校的8个校区，也在"四统一"的基础上倡导形成"一校一品"特色化发展，各校区依托"点亮生命""和衡"素质教育质量管理模式框架，结合各自的教育教学实际，发挥自身优势，形成了自己的鲜明特色。

1. 超银小学：基于项目式学习构建面向未来的 IB 世界学校

（1）三段式历程。

超银小学的发展历程可以清晰地划分为三个阶段：理念形成期、蓄力发展期和内涵深化期。

理念形成期（2015—2018年）：为应对全球化带来的挑战并与培养终身学习者的国际教育趋势保持一致，超银小学于2015年引入IB课程，成为IB组织预授权学校。学校成立了课程改革领导小组，安排干部和骨干教师赴加拿大、美国和我国香港、澳门、深圳、苏州等地参加IBO官方培训，并取得相关任职资格。同时，学校组织教师赴北京、广州、深圳等知名IB学校参观学习，深入理解IB课程的教学精髓。外出学习的教师回校后对全校教师进行多轮二次培训，确保全员接受IB培训成为常态化学习方式。2016年8月，超银小学基于IB课程开设课程创新班，引导学生进行探究学习，整合各学科内容，既保证国家基础课程的学习，又促进学生在探究中发展。

蓄力发展期（2018—2020年）：经过近两年的发展，超银小学在IB课程建构上取得了一定成果，但仍存在学科壁垒，跨学科教学实践不足。为此，学校在原课程框架的基础上，继续深化课程体系建设，构建了思道FD课程体系（见图3-2）。FD为"Future Demands"（未来需求）的首字母缩写，也是基础课程（Development Course）、发现课程（Discovering Course）、特色课程（Diversity Course）和研学课程（Destination Course）这四类课程（Four D-Course）的首字母缩写。该体系以国家课程校本化实施为基本思路，借鉴IB课程中的PYP理念，聚焦学习方式变革，以项目式学习为引领，强调学生的深度学习体验，关注学生关键能力和核心素养的培养，旨在满足未来需求，推动学生的个性化发展。

图 3-2 思道 FD 课程体系

内涵深化期（2020年至今）：2020年1月，超银小学全体教师在项目式学习课程设计导师的带领下，通过PBL项目式学习工作坊切身体验项目式学习的魅力。学校逐步推进微项目试水、全课程项目推进和大项目整合三个阶段。微项目试水阶段，各学科教师在本学科内尝试开展微项目学习；全课程项目推进阶段，师生积累了丰富的项目式学习经验，开始实施跨学科项目式学习；大项目整合阶段，学校开始挑战跨学科、跨年级的全校性项目。2022年4月教育部公布的新课标，与超银小学的IB教学理念高度契合，进一步验证了学校的前瞻性教育实践。

（2）基本做法。

超银小学在教育教学改革中的基本做法可以概括为以下几个方面。

一是引入IB课程，推动课程国际化。超银小学作为山东省首家同时接收中外籍学生的IB学校，引入IB课程并与我国国家课程有机融合。学校通过组织教师参加国内外IB培训、邀请IB专家驻校指导等方式，确保IB理念在学校的深入实施。

二是构建思道FD课程体系，推动课程整合与个性化发展。超银小学思道FD课程体系以国家课程校本化实施为基本思路，借鉴和吸取国际公认的IB课程中的PYP课程理念，整体构建体现了国际化。思道FD课程聚焦学习方式变革，以项目式学习为引领，强调学生的深度学习体验，关注学生关键能力、核心素养的培养。

三是推进项目式学习，提升学生综合素养。超银小学通过微项目、全课程项目和大项目三个阶段，逐步推进项目式学习（见图3-3）。例如，大项目"我家的年味"首先由学校倡议发起，每个年级、班级招募语文、数学、美术、科学、信息技术、心理等学科的骨干教师组成项目组。在课程的研发过程中，针对不同阶段组织相关学科的教师、家长给予技术支持。经过多次研讨，确定以"我家的年味"为主题课程活动的培养目标、探究步骤、评价体系，制定项目实施计划并在各级部的协调下全校开展。项目结束后，各年级师生分年级召开总结大会，老师分享收获以及反思需要改进的地方，学生分享参与项目的感受体验。

图 3-3 项目式学习示例

（3）有待探索的几个问题。

尽管超银小学在教育教学改革中取得了显著成果，但仍有一些问题需要进一步探索和解决。

一是学科整合的深度与广度。虽然超银小学在跨学科教学方面进行了积极探索，但学科整合的深度和广度仍有待进一步提升。如何在不同学科之间建立更加紧密的联系，确保学生在跨学科学习中能够真正实现知识的融会贯通，是未来需要重点解决的问题。

二是项目式学习评价体系的完整性。项目式学习的评价体系尚需进一步完善。当前的评价方式更多关注学生的项目成果，而对学生在项目过程中的学习体验、思维发展和能力提升的关注相对不足。如何构建更加科学、全面的评价体系，确保项目式学习的有效性，是学校需要进一步探索的方向。

三是教师专业发展的持续支持。尽管超银小学在教师培训方面投入了大量资源，但如何确保教师在国际化教育理念和项目式学习中的持续成长，仍然是一个挑战。学校需要进一步探索如何为教师提供持续的专业发展支持，确保他们能够不断地更新教育理念和教学方法，适应未来教育的需求。

四是家校合作的有效性。在项目式学习中，家长的参与和支持至关重要。然而，如何有效调动家长的积极性，确保他们在项目式学习中发挥积极作用，仍然是学校需要进一步探索的问题。学校需要建立更加有效的家校合作机制，确保家长能够充分理解和支持学校的教育理念和教学方法。

五是教育资源的均衡分配。随着学校国际化教育的深入推进，如何确保教育资源的均衡分配，避免因资源不均而导致的教育不公平现象，是学校需要关注的问题。学校需要进一步探索如何在资源有限的情况下，确保所有学生都能享受到优质的教育资源。

2. 超银中学：课程改革全面升级素质教育

超银中学的课程改革并非仅仅是为了应对"双减"政策，而是旨在全面提升学生的综合素质，培养适应未来社会的创新型人才。课改的核心目标是通过改变传统的教学方式，增强学生的自主学习能力、创新思维、合作精神以及实践能力。

以超银中学广饶课改校区为例，2023年该校开始了课程创新、精细管理年活动。学校以"一体两翼三化"为中心，创新管理思路，加强内部管理，激发内部活力，狠抓工作落实，提高办学效益，在课堂教学、学生管理、教师发展等方面努力打造学校特色和品牌。所谓"一体"即高质量主体，"两翼"即课堂教学改革和学生管理改革，"三化"即教师队伍专业化、学生管理自主化、家庭教育现代化。

其实，超银中学形成这种基本体系化的内容，是有原因和基础的。早在2017年，在超银教育集团的倡导下，即已进行课改方面的尝试，逐步进行了课改班、课改校区的探索。从镇江校区的小班化教学，到广饶路校区整体升级为课改校区，超银在课改之路上不断进行软件、硬件的开拓创新。在课改初期，小班化教学较50人的普通班更具优势，学生除了学术水平远远高于普通班，在兴趣培养、创新思维方面也初见成效。2017年的课改班只有不到30人，在国家课程的基础上增设外教科学课、财商课、机器人课程等进行素

质拓展。除此之外，该班型还增加了数学建模课、科学实验课，增强学生的动手能力。同时，全班学生每年至少要学会一门乐器，作业也比普通班少，学生经常有机会参加各种比赛，育人成果斐然。随着课改实践的深入推进，越来越多的学生和家长看到了"素养"的重要性，到2019年，课程创新班扩招到了4个班。后来经历"公民同招"的政策变化，超银中学恢复了普通班的招生，但课改的脚步没有停止。2023年，广饶路校区整个升级为课改校区，完成了从个体性行为向群体组织性行为的转变。

（1）课改"改"在哪？

超银中学广饶课改校区制定出台了《关于推行"四环递进问题教学法"的实施意见》，力求改变传统教与学的模式，强化学生自主合作探究的学习方式，培养学生的创新精神和创新能力。所谓问题教学，就是以问题为载体，贯穿教学过程，使学生在设问和释问的过程中萌生自主学习的动机和欲望，进而逐渐养成自主学习的习惯，并在实践中不断优化自主学习方法，提高自主学习能力的一种教学方式。问题教学是一种学生体验性学习的教学方式，让学生在提出问题、解决问题的体验过程中获得知识和技能，同时又培养其发现问题的能力、探究与合作的精神，使知识和能力，过程和结果，情感、态度、价值观这三维目标在教学过程中都得以很好地实现。问题教学十分注重学生主动提出问题，把学生的主体参与放在首位，让他们积极进行探究和创造性思维活动，使"主体"真正地"主动"起来。课堂教学也能够真正地为提高学生的终身学习能力和习惯服务，使课堂教学方式从以教师教为主，转变为学生的自主合作探究和教师的引导、点拨、解疑双线并行。

在语文学科中，教师在备课时便引入问题教学法，以问题驱动为核心，首先体现在学习目标中，要设置出统领整节课的"大问题"。例如名著《朝花夕拾》导读这节课，要让学生学会跳读，跳读哪些范围、要解决什么问题，都需要明确。问题导入时需设置一个驱动性问题，驱动性问题是整堂课的核心和灵魂，这样的问题是为了让学生能够准确把握整堂课的核心点。先将主问题抛出，保证学生在整堂课甚至课堂以外都能保持学习的一致性和连贯性。驱动性问题一定要具有可行性，不一定要非常新颖或者独树一帜，更不能形同虚设。如《朝花夕拾》这节课，教师设计了"鲁迅的求学之路是怎样的"这个驱动性问题，紧紧扣住这堂课的学习目标。紧接着任务问题串围绕主问题展开，由浅入深，步步推进。后一个任务由前一个任务的解决自然引出，每一个任务之间都有关联性，而不是孤立的存在。整堂课由导入部分的触发性问题，结合小问题递进式任务，最终引出深化性的问题。在"提出问题—探究问题—收集讨论信息—检查学习中存在的疑惑—得出结论"的过程中，教师为学生提供交流与展示的平台，并适时对学生进行指导，让学生接触到的知识更直接，印象也更深刻。

  在数学课堂上，教师要以教学目标为核心、问题为主线串起整个教学设计，使课堂上的每一步教学都围绕教学目标展开，从起点开始由问题串牵拉到达实现教学目标这一终点。这就要求教师创造性地使用教材，以终为始，用终点指导牵引每一步教学。在这个过程中，作为主线的问题串设置尤为重要，问题串必须围绕本节课的教学目标展开。我们做一道数学题，其目的不仅是要完成这一道题，而是要通过做这道题让学生学会相应的知识、得出结论、领悟方法，训练思维能力。教师设置由浅入深的问题，以问题串的形式在例题前提出，这样学生就可以带着问题边学边思考。例如在学习有理数乘方的概念时，学生自学时的前置问题为：①什么叫乘方？乘方的本质是什么？它有什么特点？②什么叫幂？二者有什么区别？③a^n中的a与n分别叫什么？分别代表什么？④$2^3$与3^2、$(-3)^4$与-3^4一样吗？有什么不同？⑤你还有什么疑问？采用这样的方式，不仅教师教学有目标，学生的每一个学习任务也有明确的目标。教师根据学生的完成度对学生的学习任务进行评价，真正实现了教学评一体化。这样的教学过程中，学生是课堂的主体，学习有目标、有过程、有结果、有评价、有成就感，并对未来的学习有信心，从而培养数学思维能力和解决问题的能力，为学生终身发展奠基。

  经过对语文、数学、英语三科学情进行细致分析后，广饶课改校区实行行政班与分层走班相结合的教学方式。语文、数学、英语三科每周安排专门课时分层走班教学，其余课时依然按照行政班教学。分层走班期间原则上不讲新课，以巩固提升为主，教师可以更有针对性地帮助不同层次的学生夯实基础，优化提升，通过分层走班教学更好地实施因材施教、托底培优，全面提升教学质量和学生的学习能力。学校对分层走班教学实行动态管理，每个阶段的学习任务完成后，学生可以根据自身情况申请到新的班级，以满足学生不断发展变化的需要，同时也可以激发某一学科暂时薄弱学生的学习积极性，在全校形成你追我赶、共同进步的良性循环。

小组合作学习方式由来已久，但多年来的一些做法比较重形式而轻内容。教师通过简单的分层组合，让相邻的学生凑在一起。在课堂上教师下达了小组合作学习的指令后，全班学生只是按小组围坐在一起，可成员之间分工不明确，大家你一言我一语，看似气氛热烈，却缺乏实效性。一个典型的情况是，由于学生的参与度不均衡，造成了"优秀生讲，学困生听"的局面，表面上热闹、民主、活泼的合作学习气氛实则无法提高学习质量。能力强的学生参与机会明显较多，在小组活动中起着主导作用，而能力较弱的学生则显得消极被动，缺乏积极参与、体验获得知识的过程，只等坐享别人的劳动成果。

为了让小组合作能够发挥真实的作用，超银中学广饶课改校区制定出台了《关于推行班级小群组发展共同体管理、落实全员育人导师制的实施意见》，创建了一种"民主、平等、合作、竞争"的新型班级管理方式。一是变"大班化管理"为"小组化教育"，解决了大班化管理难以面向全体学生的问题；二是转变学生评价方式，以个人评价为主变为小组评价为主，培养了学生合作竞争、自主管理的意识和能力，提升了班级管理水平与教育质量。

除了广饶课改校区，超银中学其他校区也都根据生源特色采取不同的方法激发学生的自主学习能力。镇江校区采用的"计划本"帮助学生养成了很好的时间管理能力；崂山校区采用"日考核、周总结、月评估"的管理办法，将智慧校园大数据与纸质记分表相结合对小群组进行评价，以此促进小群组成员之间互帮互助、共同进步；金沙校区借助IB课程理念，各学科老师深入探索融合课程，将学生素养变成看得见的能力；青西校区每月、每学期评选先进班级、先进小组、先进个人（组长和组员）和先进师徒，公开表彰并给予精神和物质奖励，制作海报张贴于宣传栏；重庆南路校区刚成立不久，"点单式"家访就成为迅速拉近家校距离的捷径。

（2）"三化"如何化？

超银中学的"一体两翼三化"战略中，"三化"是学校课程改革的重要支撑。

第一，教师队伍专业化。教师队伍的专业化是超银中学课改成功的关键。超银中学通过多种途径强化教师的职业意识、职业态度和职业能力。首先，学校定期组织教师参加国内外教育研讨会和培训，提升教师的专业素养和教学技能。其次，学校通过"师徒制"和"榜样引领"机制，鼓励教师之间相互学习，树立教学典范。此外，学校还通过教学反思、课题研究等方式，帮助教师不断总结经验，提升教学水平。通过这些措施，教师不仅掌握了先进的教学理念和方法，还具备了较强的创新能力和问题解决能力。

第二，学生管理自主化。学生管理自主化是超银中学课改的重要特色。通过小群组管理模式，实现了学生从被动管理到自主管理的转变。小群组管理不仅提高了学生的参与度和积极性，还通过小组间的竞争与合作，增强了学生的集体荣誉感和团队意识。每个学生都在小组中承担不同的角色，既锻炼了领导能力，也培养了责任感。

第三，家庭教育现代化。家庭教育现代化是超银中学课改的重要组成部分。学校通过家长开放日、家长读书会、工作坊、家访等形式，帮助家长更新教育理念，提升家庭教育水平。家长开放日是打开校门办教育，增进家校互相理解的重要窗口，每次家长入校参观都会在"朋友圈"留下各种感慨，对老师的敬业赞不绝口；学校的读书会定期组织家长阅读教育类书籍，家长群内自发分享育儿经验，有的热心家长还把大家的感悟汇编成电子书，让没有时间阅读的家长直接吸收精华，当家长们的学习热情"卷"起来以后，孩子们的进步也是明显的；家访是超银学校的特色，"点单式"家访满足了各种家庭的不同需求，加强了学校与家庭之间的沟通，确保家校教育理念的一致性。通过这些措施，家长不仅能够更好地支持学校的教育工作，还能够在家庭中为学生创造良好的学习环境，促进学生的全面发展。

（3）课改的"三角支撑"。

第一，课改的核心是学生发展。课程改革的根本目标始终是促进学生全面发展。以超银中学为例，其课改的核心在于培养学生的自主学习能力、创

新思维和实践能力，这些能力是学生适应未来社会需求的关键。这种以学生为中心的教育理念，正是全国名校在课改中普遍追求的方向。无论是北京四中、上海中学还是深圳中学，名校的课改都在积极探索如何通过多样化的教学方式，激发学生的内在潜能，帮助他们成为具有全球竞争力的未来人才。

第二，教师是课改的关键力量。教师队伍的专业化是课程改革成功的关键因素。超银中学和大多数重视教师成长的学校一样，都会通过多种途径提升教师的专业素养和教学能力，这些举措不仅增强了教师的职业意识和职业能力，还激发了他们的创新精神。教师的专业成长不仅是课改的推动力，更是学生全面发展的保障。只有具备高素质的教师队伍，才能有效实施课改，培养出适应未来社会需求的学生。

第三，家校合作是课改的重要支撑。家庭教育现代化是课程改革的重要组成部分。超银中学通过家长读书会、工作坊和家访等形式，与家庭形成了良好的合作关系，确保了教育理念的一致性。这种家校合作方式在全国名校中也得到了广泛应用。例如，北京十一学校通过家长学校、家校共育平台等方式，帮助家长更新教育理念，提升家庭教育水平；上海复旦附中则通过定期的家长工作坊和家校互动活动，促进家长与学校的深度合作。家校合作不仅提升了家庭教育的质量，还为学生的全面发展创造了良好的环境。家庭与学校的紧密配合，能够更好地支持学生的个性化发展，帮助他们在学术和综合素质上取得更大进步。

尽管课改取得了显著成果，但超银中学在学科整合、评价体系构建和教师专业发展等方面仍面临挑战。如何进一步提升学科整合的深度与广度，打破学科壁垒，实现跨学科教学的有效融合？如何构建更加科学的评价体系，不仅关注学生的学术成绩，还要重视他们的综合素质和能力发展？如何确保教师的持续专业发展，帮助他们在快速变化的教育环境中保持创新力和竞争力？这些问题的解决需要学校在未来的课改中不断探索和创新，借鉴国内外的先进经验，结合自身实际，持续推进课程改革的深化。

3.超银高中：教育，做真、做实、做优质

超银高中从建校以来，就以"做真、做实、做优质"著称，主要在于坚

持质量立校信念不动摇、坚持科学的教育规律不动摇。

自 2017 年建校以来，始终坚持质量立校的信念，7 年间，超银高中用一份份"含金量"十足的成绩单，凭实力回应了当时的办学初心，也逐渐改变了市民对民办高中基本定性、定型的印象。7 年时间里，送走了四届毕业生，一个学生就是一个家庭，因为他们的"做真、做实、做优质"七字经，很多孩子的命运得以改变，自然，家庭的希望得以实现。其中，在马振辉校长的带领下，教师们首次引入调研报告制度、改进创新了备课制度、作业布置等多项教学教研内容，运行效果得到检验的同时，师生、家长、同行给予了充分的认可，现已在集团各校区推广。

（1）调研报告制度，让调研揭示真相。

"当我真正像学生一样坐在考场上，认真完成一份试卷的时候，我才发现之前对学生做题速度的要求太过理所应当，没有站在学生的立场上去想问题。"一位超银高中老师感慨道。这就是超银高中开创的调研报告制度——每次考试后，教师都需要撰写深入的调研报告，让事实揭示问题，让调研揭开问题背后的真相，让教育规律指导教师解决问题。

这位老师的感慨，揭示了一个在教育中普遍存在却容易被忽视的问题：教师往往习惯于从自己的经验和能力出发，对学生的学习状态做出"理所应当"的判断。这种"自以为是"的态度，看似是为了学生好，实则可能脱离学生的实际需求。比如，老师可能会认为学生在考试中完成某类题目的速度"理所应当"很快，但实际上，学生可能因为对知识点掌握不牢固、解题思路不清晰，或者仅仅是心理压力过大，而无法达到老师的预期。这种脱离学生实际状态的教学要求，不仅无法有效帮助学生提升，还可能在无形中增加学生的焦虑和挫败感。

超银高中开创的调研报告制度，正是为了解决这一问题。通过让教师亲自体验学生的考试过程，撰写深入的调研报告，使学校能够更准确地揭示学生在学习中遇到的真实问题。这一制度的核心理念是"以学生为中心"，强调教师必须从学生的视角出发，理解他们的学习状态和学情，而不是仅仅依赖自己的主观判断。调研报告不仅帮助教师发现教学中的盲点，还为后续的教学改进提供了科学依据。这种基于事实和数据的教学反思，让教师能够更清晰地看到学生的真实需求，从而调整教学策略，优化教学内容。

调研报告制度的实施，不仅体现了超银高中对教育规律的尊重。通过让教师亲身参与考试，学校能够收集到真实的数据和反馈，从而揭示学生在学习中遇到的具体困难。更重要的是，其最终目的是让教育规律指导教师解决问题。通过调研，教师能够更清晰地认识到学生的学习规律和心理特点，从而制定更加科学、合理的教学计划。

对于这种被称为"要知道梨子的味道就得咬一口"的做法，马振辉校长认为："让老师当回学生，找到与学生心灵相通的点，把准讲课、学习、高考的脉搏，才能更好地促进教学，师生间也能更加包容和理解。"

于是就有了每年高考结束后，超银高中的高三教师要像学生一样，全员参加高考真题体验考试。体验过后，每位教师都要约学生到校复盘高考，设计调查问卷，从对题目的感受，考试过程中遇到的困难，以及对整个学习、复习阶段的反思等方面，从学生的视角重新审视高考，调整教学和备考思路。高中三年环环相扣，做好各年级之间的衔接能够帮助学生尽早进入状态。高考结束后，超银高中各学科的高三教师全部进入高一、高二基础年级听课，从高考考察的角度审视当下基础年级的课堂并提出建议。通过与基础年级教师交流沟通，将高考考察的重点和思维方式提前渗透到基础年级教学中。最后每位高三教师撰写高考调研报告，校长挨个查看写评语，有的教师甚至写了近万字。这些宝贵的经验，不仅为自身投入新一轮教学做好准备，对全校老师也都有重要的借鉴意义。

如今，调研报告制度从高中已经辐射到集团的初中和小学各个校区，老师们从"大水漫灌"到"精准滴灌"，教学品质、效率得到骨子里的提高。

（2）扎实"课模"建设，深化课堂改革。

超银高中建校之后，马振辉校长以课堂教学为中心，提出打造"精讲、善导、激趣、引思"的高效课堂，培养学生"肯学、会学、乐学"的学习品质。随着高考改革的深入和生源质量的不断提高，超银高中意识到原有的传统课堂已不能满足学生发展的需要，必须守正创新，打造出立足"学情、教情、考情"，体现"三度"的高效课堂，培养学生"三多"的学习习惯。

自2022年起，马校长率先垂范，执起教鞭上研究课，由此，超银高中各年级、各学科掀起了扎实有效的"课堂教学建模"活动。2022年10月，学校制定了《青岛超银高中课堂教学模式初探方案》，制定了细致的工作规划，对各年级各学科新授课、讲评课、复习课教学模式分别提出方案。经过2023年上半年的理论学习与教学实践，各年级、各学科教学模式完成结题并印刷成册。"教无定法但要有规"，超银高中以课模建设引发教师对高效课堂的思考和探索，形成超银高中课堂教学的基本模式，既是全体教师几年来课堂教学经验的结晶，也是超银高中继续向"做真教育，做实教育"迈进的加油站，有效地促进了学校教学业绩和教育质量的再提升。

此外，超银高中加强了分层教学、分层辅导的探索实践，面向全体学生精准培育、提优补弱。一方面成立五个层次的分层虚拟班，包括冲"双一流"班、保A班、冲A班、保C班、冲C班，根据五个不同层次的学生现状和心态定期召开有针对性的分层目标和学法指导会，考前进行分层心理辅导，考后以分层虚拟班为单位进行成绩分析。通过纵向分析，激励进步大的学生；通过横向比较，表彰优秀的学生，树立身边的榜样。让每个学生都能从中得到充分的激励，让每次考试真正成为学生高考冲刺的"加油站"。同时进行分层辅导，精准提优补弱。各科教师每周为学有余力的学生精心设计培优卷，鼓励学优生自己钻研问题或同学之间合作解决问题，培养分析解决问题的能力；落实"一个也不丢"的办学承诺，每周以"周周清"为抓手，做到人人参与、人人达标，不达标的学生进行补课、补考，让每个学生学有所得。

五、办学品质"活生生"，每位师生每节课堆起来的样本

一所学校的办学品质恰似一个人的气质涵养，并非一蹴而就，而是在时间的长河中，历经岁月的洗礼与沉淀，逐步塑造而成。于学校而言，办学品质依托一届又一届学生的成长历程得以传承，其背后是学校对教育质量的不懈追求与坚守。

办学品质是学校教育的核心，它不仅仅体现在学生的学术成绩上，更体现在学校文化、师生关系、教学方法和校园环境等多个方面。古今中外的名

校案例为我们提供了丰富的参考，很多学校的实践经验则为如何提升办学品质提供了具体的路径和方法。

1. 提高办学品质的路径与方法

提高办学品质是一项系统性工程，涉及管理、教学、科研等多个维度的协同改进与创新。

（1）科研支持：以研究驱动教学优化。

教育科研是推动教学质量提升的核心动力，无论是基础教育阶段的幼儿园，还是高等教育阶段的大学，都需要依托科研来实现教学优化。学校的科研能力归根结底依赖于一线教师的研究素养，这种素养不仅体现在对教育理论的深入理解，更体现在对教学实践中痛点的敏锐洞察与创新突破。科研并非遥不可及，而是扎根于日常教学中的问题解决过程。例如，某小学教师团队通过行动研究，针对学生阅读兴趣低下的问题，开发了一套基于游戏化学习的阅读教学方法，显著提升了学生的阅读兴趣和理解能力。又如，某高校教师团队通过科研项目，设计并推广了一套智能在线教学平台，不仅优化了教学资源的分配效率，还通过实时互动功能增强了学生的学习体验。这些成果正是科研价值的生动体现。

学校作为教育实践的主体，应当高度重视科研支持体系的建设，鼓励教师积极参与教育研究，探索更高效的教学方法与策略。通过科研，学校能够不断优化教学流程，提升教学质量，从而实现办学品质的全面提升。一些学校通过设立"教育科研基金"或"教学创新奖"激励教师开展创新性研究，并将研究成果转化为实际教学改进措施。这种"研究—实践—优化"的闭环模式，不仅推动了课程设计与教学方法的迭代升级，也为教育评价体系的科学化提供了有力支撑。

（2）教学创新：以技术赋能课堂变革。

在人工智能技术迅猛发展的背景下，教育领域正迎来前所未有的变革机遇。学校作为教育创新的主阵地，应积极引入前沿教育技术与理念，推动教学模式的深度变革。如翻转课堂、项目式学习、混合式教学等创新模式，不仅重构了传统的教学流程，还显著提升了学生的学习兴趣与课堂参与度。以重庆市聚奎中学为例，该校自2013年起全面推行翻转课堂模式，将知识传授环节前置，课堂时间更多地用于师生互动与问题解决。通过这一改革，学生的学习效率显著提升，同时学生的自主学习能力和课堂参与度也得到了显著增强。

目前，越来越多的学校在积极探索人工智能技术在教学中的深度应用。各类智能教学助手和个性化学习平台等能够为教师提供精准的教学数据分析，帮助其优化教学策略，根据学生的学习行为与能力水平，为其量身定制学习路径，实现"因材施教"。

教学创新的意义不仅在于提升课堂效率，更在于培养学生的核心素养。通过技术赋能的课堂变革，学生能够在真实问题的解决中锻炼创新思维，在协作探究中提升实践能力。超银小学通过项目式学习，引导学生围绕"探索X行星"主题开展跨学科研究。学生们通过调研、数据分析和方案设计，不仅深化了对知识的理解，还培养了团队协作与问题解决能力，学生的综合素质得到了显著提升。

（3）管理优化：以科学管理提升效能。

高效的管理是学校提升办学品质的重要保障。在教育教学活动日益复杂化的今天，学校需要通过科学化的管理手段，确保教学、科研等各项工作的顺利开展。许多学校通过引入"信息化管理系统"，利用大数据技术实时监控教学质量，及时发现问题并加以改进。超银学校通过信息化手段，构建了一套覆盖教学全流程的管理平台。该系统不仅实现了教学资源的精准配置，还能对教学过程进行动态监控与分析。通过这一改革，学校的管理效能显著提升，教学资源的利用率提高了30%，教师的工作负担也得到了有效减轻。

此外，科学的评价机制是管理优化的重要环节。学校可以通过建立多维度的评价体系，对教师的教学质量和学生的学习效果进行客观评估。青岛市崂山区通过引入"智慧纸笔"系统，将学生的学习表现、课堂参与度、作业完成情况等多维度数据纳入评价体系，为教师提供精准的教学反馈。很多学校还通过定期开展教师教学质量评估，帮助教师发现教学中的不足，促进其专业成长。这种科学的评价机制不仅提升了教学质量，还增强了学生的学习动力。通过数据驱动的管理方式，学校能够更好地发现问题、优化流程，从

而提升整体办学品质。

（4）共识凝聚：以多元参与形成合力。

学校的高质量发展离不开各方的共同参与和支持。通过多种形式广泛征求家长、教师、学生及社会各界的意见，形成提升办学品质的共识，是学校管理的重要环节。如定期召开家长会、教师座谈会和学生代表会议，听取各方建议，凝聚"以学生为中心"的教育理念。然而，共识的形成不仅依赖于沟通机制的完善，更需要学校在决策过程中充分考虑各方利益，确保政策的科学性和可行性。通过多元参与，学校能够形成强大的内部凝聚力，为办学品质的提升提供持续动力。

（5）师生协同：以合作共创优质教育。

优质教育的实现离不开师生的共同努力与协同合作。学校应鼓励师生积极参与教学活动和科研项目，共同营造良好的学习氛围，推动教育教学质量的全面提升。许多高校设立"学生科研训练计划"鼓励学生与教师共同开展科研项目，这种方式也值得基础教育借鉴。通过设立"教学创新大赛""学生科研基金"等活动，激发师生的创新热情。通过师生协同，学校能够营造积极向上的校园文化，为办学品质的提升注入活力。

超银学校作为一所注重全面发展的学校，在办学品质方面积累了丰富的经验，在青岛市民中素有"校风正、学风浓、成绩好"的口碑。校风是对管理层面提出的要求，超银学校实行严格的管理制度，确保教育质量和学生安全。学校对学生有一日常规的具体要求，小到右行礼让，大到爱国爱家，都有具体可操作的评价标准，每周进行反馈；在教师层面，通过定期进行教学质量评估，及时发现问题并加以改进。例如，学校每学期都会组织教学质量检查，通过听课、评课、学生反馈等方式，全面了解教师的教学情况。对于表现优异的教师，学校会给予奖励；对于存在问题的教师，学校会提供培训和指导，帮助他们提高教学水平。

在提升办学品质的过程中，超银学校积极搭建多元沟通平台，以家长会、教师座谈会等多种形式，广泛且深入地征求来自学生家长、一线教师等各方的意见与建议。超银学校设立了监委会，还把各校区校长的手机号和邮箱公布给全体家长，随时接受来自社会的监督，通过系统收集、整理和分析这些宝贵信息，学校得以精准把握教育教学过程中存在的问题与不足，为后续改进创新提供了坚实的数据支撑与方向指引。基于各方反馈，学校管理层与教师团队共同研讨、深度剖析，进而制定出一系列针对性强、切实可行的改进措施。这些措施涵盖教学方法优化、课程体系完善、校园文化建设等多个维度，旨在全方位提升学校的教育教学质量。在此过程中，学校逐步凝聚起提高办学品质的广泛共识，形成了全校上下齐心协力、共同奋进的良好局面，推动学校教育事业朝着更高质量、更具特色的方向稳步发展。

2. 深耕教科研，欣喜硕果更放眼

教育科研的意义不言而喻，它需围绕教育教学过程中的实际问题，运用科学的方法进行研究和探索，以提高教育教学质量、促进教师专业发展、推动学校教育教学改革。教科研的内容丰富多样，主要可以分为教育理论研究、课程与教学研究、教师专业发展研究、学生学习与发展研究、教育教学管理研究、教育技术与信息化研究、教育改革与发展研究、学科教学研究、教育社会学与教育公平研究、教育质量与评估研究等。对于民办学校而言，开展科学研究工作时存在着一些困难和制约因素。一是与公办学校相比，民办学校科研工作受到的上级重视程度不够，较为边缘化，课题立项较为困难，参加高规格培训、研讨活动的机会较少；二是科研管理组织尚未健全，制度不完善，教师科研成果与职称、工资不挂钩，缺乏对教师的激励作用；三是民办学校教师队伍不稳定，科研人才短缺，难以组建优秀的科研团队，形成自己的科研特色。然而超银学校始终坚持"科研兴校"，用科研引领教学，各学段、各校区都营造出浓厚的科研氛围，为教学工作注入源源不断的活水。教师在教学实践中发现，在教学研究中总结，不断提升教科研能力。

超银学校积极打造研究型教师团队，教师们在教学总监、教科研中心及名师工作室的引领下深耕教科研，近两年有近30篇论文在国际级、国家级、省市级刊物上发表；有30余个市级及以上课题顺利结题或立项。教学的主渠道在课堂，好成绩的背后是每一个高效的课堂45分钟。两年来，超银教师在各级教育专业赛事中以扎实的基本功屡获殊荣，100余人次执教市级、区级公开课、研究课，40余人次代表学校在区级及以上教研活动中进行经验

交流，近千人次获得区级以上奖项。

2022年，《基于PBL构建面向未来的学校——青岛超银小学的探索与实践》顺利出版，本书汇集了超银小学全体教师对项目式学习理念探索的心路历程，是学校开展教学改革的结晶，全面展示了项目式学习在学科教学、超学科主题教学和教学管理中的深入应用。全书用生动的语言阐释了项目式学习的内涵和操作方式，给广大学校和一线教师提供了可借鉴、可参考的项目式学习实施方式。

2023年，获得中国质量奖提名奖以后，由潘晓莉校长主持编纂的《从优秀走向卓越——青岛超银学校高质量发展的探索与实践》出版，该书从党建引领、质量立校、五育并举、"双减"赋能、"金牌门童"服务理念五个层面对超银学校25年的发展历程进行了全面的总结。各校区校长的文章高屋建瓴，从各个角度总结超银之所以成为超银，先后获得第六届青岛市市长质量奖卓越奖和第四届中国质量奖提名奖的关键所在；一线教师所写的文章也以一次次深入的教学研究、一个个生动的育人案例展现出不同凡响的超银品质。

除此之外，超银学校内部每学期定期制作《超银校报》《超银校刊》《超银教科研》《超悦reader》等刊物。在"梓桐杯"全国优秀校报校刊评选中，青岛超银学校校报、校刊共斩获9项大奖。鉴于学校自办刊物的综合质量和对此项工作的重视程度，专家评委组追加学校"年度十佳优秀学校报刊建设奖""报刊建设特别奖"，授予潘晓莉校长"学校报刊建设校长特别奖"。

这些校园出版物作为校园文化建设的主阵地，在打造学校文化品牌，促进教科研总结提升中发挥了重要作用。其中《超银校报》创办于2008年，截至2024年年底已出版90期，《超银校刊》创办于2011年，目前已出版27期，经过多年的不断改版完善，已逐渐成长为定位准确、品位高雅、内容丰富、设计精美、可读性强的成熟校园刊物，成为超银教师教科研成果、经验交流与展示的平台，超银学子尽显才华、展示自我的舞台，极大地活跃和丰富了校园文化。在超银学校每年进行的家长满意度调查中，校报校刊的满意度稳定在95%以上。很多学生和家长都是校报校刊的忠实观众，他们表示，刊物内容贴近校园生活、阳光向上，看到自己（孩子）的作品登上校刊非常开心，老师们讲述的教育故事发人深省。同时也提出了加强对学生心理健康的指导，以及多给学生提供刊登作品的机会等建议。

3. 科研不在云端在讲台

很多学校或教师一提及科研，就感觉它非常"高大上"，是科学家做的事，就教育领域而言，科研应该是教育家的事，所以，一个小小的学校是搞不成科研的。这种认知理所当然的十分普遍。而另一种较为普遍的观点是把课教好、把学校管好就很不容易了，那才是本分。

通过这些年的实践，超银对于教学科研的一个基本认知就是，科研是为了什么？实际上，那个著名的"科技是第一生产力"论断，早就将科研的价值与作用概括完了。

那么，为何最切近实际问题的基层、一线的人对科研有种疏离感、隔膜感。这就触及以下三个基本问题。

第一，学校能不能做科研？

事实上，这是几乎每天都在进行的事情，只是没有带上科研的帽子，打上科研的标签。学校、班级是教育的第一线，每天都在发生活生生的实例、问题，其中自然蕴含着重大的教育问题，譬如道德精神教育、差别化教育、素质教育、全才与偏才教育、素质与分数的关系、减负越减越负、中小学学生眼镜片上的圈数越来越多等事项。

这些遍布学校的事情实际上就是教育科研的基本对象，而且，很多献身教坛的一线教师，往往凭着自己的那份责任与能力，在他们的讲台上、班级中进行了很好的解决，或是做了太多有益的摸索。他们事实上就是在科研。一位老师动情地说，那是"用自己燃烧的生命，小样品地做实验"。

这种自发的个体行为所蕴藏的科研能量，也是教育实践第一线富于活力的表现。如果将这些称为教育科研的"毛细"现象，那么，组织化的科研就是主干。问题不是学校能不能搞科研，而是科研的事实每天都在发生，只是量级大小的问题。实际上，面对活生生的事例、问题，很多教师每天都在绞尽脑汁地摸索解决之法、破解之道，这种"毛细"聚集起来的问题也正是教育最基本的科研课题。那么，对于一个学校来说，将这种散落在日常中的改进、创新，集合成月度、年度的科研计划，就是最基础的科研管理。

第二，科研的目的是什么？

现在的一个几岁娃娃，相较于二三十年前的人，乳口奶声里讲的那些事蕴含的知识量、信息量是否可比？

这种信息量自然会带给学校教育基本的课题，这是一方面。另一方面是随着信息化全面渗入社会，开放的社会必然带来个性化的多样性、混序性和信息的碎片化等问题，在全球化与国家竞争的大环境中，人才与人口素质增长的要求如何变现？在此前提下，如何有效学习、深度学习？教育是人性与知识的启蒙、导引、塑造，如何在智能化扑面而来，颠覆性冲击传统课堂教育的现实中，站稳、站牢教育的功能，将学生推向科技的潮头尝试冲浪？

概要而言，教育科研就是教法、教具、教育方式的探索，这是面对学生、教材、社会要求三个基本面应有的适应。

第三，如何做科研？

登山千条路，学校科研只是科研领域的一个部分，科研的路径与方法也早已为人熟知。就教育科研的领域来看，学校的科研基本属于实际应用，因为处于底层、一线，虽然也会有基础性问题的思考、摸索，但一般看来，只能作为基础研究大课题的"零部件"。

就应用性科研而言，主要就是问题导向下的活动。首先是聚焦问题，包括校内校外的问题与现象的聚焦，关键是找准根因性、主因性的问题，找到问题等于解决了一半。其次，形成科研机制，将其制度化、规范化，在课题明确之后，协调资源、统一运行。不论是个人还是小组行为，纳入学校统一运行是一种保障。再次，方法与工具的选择与运用。社科类科研实现量化驾驭、管控、考评、总结，基本点是样本量的设计、分类、分项、分层，采用的是可量化的工具如问卷、测试等，随着ChatGPT、DeepSeek等大模型突飞猛进式发展，基础样本量与数据形成之后，具体的分析已经变得轻松太多，因为，这些AI大模型已经替代人去干了。

作为趋势，传统的知识灌输型学校也将转向研究型学校，不是学生们去研究，而是教师、学校对学生进行研究、对教育进行研究。

第三节 作业,"学而时习"与"变现"的信息工具

作业,已经成为时下全民话题的一个焦点,因为,越来越重的书包中,学生背负着病态的作业观、作业现象、作业问题。

"学而时习之,不亦说乎?"作为《论语》首篇首句,也是千古名句,它将贯穿人一生的学习拆分为学与习,并在两千年前就定调说学与习是一大乐事,学有所成、习有所得。按传统文化的概念和内容,学习让自己懂得、掌握了格物、致知、修身、齐家的基本修为。

学习了知识能否懂?掌握了原理如何用?知识会用了怎么创新创造?——不学而练,眼花缭乱;只学不练,临事难看。学与习作为一种辩证的知与行关系,在教学实践过程中,不是圈定在"上课—复习—做作业"过程的简单循环,而是更为丰富的读书、观察、思考,以及动手、实践活动。那么,作业作为学生学习过程中不可分割的一部分,在如今 AI 也能做作业的环境下,该如何设置?

一、标准化:疑惑—困惑—不惑

标准与标准化作为现代工业文明的标志性产物之一,强调的是统一性、兼容性、通用性,通过促进系统的要素简约、构成简化、运行协同,以实现降本、提速、强质、增效的目的。简要而言,标准是指规律性内容的具体规范与量化,标准化则是指通过制定和实施统一的技术、流程、方法或规范,使不同主体、系统或过程遵循相同的标准。

世人都知道福特创造了流水线生产,却鲜有人意识到,它的背后是标准与标准化的胜利。20 世纪初,新生的汽车还是手工定制的奢侈品,成千上

万个零部件组装到一起，生产周期长、成本高、产量少、质量难以保证。福特在现场操作中受到启发，要求所有零部件按统一规格、工艺进行生产，误差控制在毫米级，具有"汽车心脏"之称的发动机实现跨车型通用。在此基础上，他又组织工程师将汽车组装分解为 84 个标准化工序，按工序、岗位配置工人，每名工人只需重复完成单一工序，这样的标准、标准化实施，成就了现代工业流水线大生产，使得一辆车的组装时间从 12 小时缩短至 93 分钟。

工业能够将无以计数的零部件与产品实现标准化，是人类文明的重要成就。虽然这些对象是物理性的，但它们本身也具有千差万别的属性、功能与规格，能在纷繁复杂中建立统一规范，其意义早已被广泛认可。这一逻辑随之延伸，被推广应用于农业、服务业等领域。

实际上，教育与工业、农业、服务业一样，服务的对象也具有显著的差异性。从这一层面来看，教育并无理由拒绝借鉴标准化理念，反而应积极从中汲取人类制度文明的经验。

世上没有两张完全相同的脸，但人们对面孔之美仍可形成大致共识，这正源于五官结构的共性基础与心理认知的趋同标准。尽管这种标准尚未被明确成文，它却以"非明文共识"的形式长期存在，是一种可以抽象出来的心理尺度。教育作为育人的系统工程，也完全可以在尊重个体差异的前提下，建立起科学的、具有包容性的标准体系。

标准与标准化，并非意味着抹杀个性、忽视技能差异。关键在于：那么多优秀教师用一生积累、提炼的教学智慧，如何跳出"师徒相承"的个体化局限？如何避免宝贵经验随着个体的退休或离开而失传？更重要的是，如何防止那些脱离教学逻辑、仅贴上"标准"标签的制度变异，沦为伪标准化的形式主义？在质量管理领域，标准、计量、检验检测和认证认可被称为支撑质量发展的四大基础支柱。标准的本质，是对对象共性属性的提炼与系统化，是对实践经验的科学总结，是遵循事物内在规律而建立的规范体系，其目的是减少低效重复、降低错误成本、提升资源利用率与操作效率。教育教学对象确实具有个体差异，但共性特征同样广泛存在。将教学中的核心要素、常见对象、基本方法、操作规范等内容进行抽象、分类与整合，形成分门别类、层次清晰的教育标准体系，既不是对个性的压制，反而是对优秀经验最好的萃取、继承与推广。

形象地说，标准是舞曲，标准化是舞池，在这样的框架之中，教育能否舞出既有节奏又富创造力的"精彩"呢？进一步思考，学校标准化的真正对象是什么？具体来看，在教学、教研、教管三大核心环节中，是继续依赖教师个体的经验传承，还是通过系统的规范设计，将优秀经验转化为可复制、可共享、可推广的标准化内容与方法？唯有后者，才能真正突破"口传心授""个体秘诀"等经验主义的局限，使优质教育资源实现规模化效应。当然，标准并非压制个性，而是以原理为基础，不断地通过实践中的技巧探索与总结，再反哺于更高层级的标准，进入下一个优化循环。这样的标准升级路径，正是教育不断进步的逻辑引擎，也是真正让优秀经验得以沉淀、传播，并使更多教师站上前人的肩膀、让更多孩子受益的制度保障。

就学习层面而言，作业现在对很多学生和家长来说成了一种负担。填鸭式的教育和填鸭式的作业，美其名曰"熟能生巧"，但更重要的是真正让学生掌握解题技巧，节省时间提升学习效率。如何实现作业"标准化"，让水平参差不齐的学生在不同的起跑线上都能掌握知识和方法？这里的"标准化"指的是创建一套标准化的作业体系，这套体系能够适应不同水平的学生，确保每个学生都能在适合自己的节奏下学习，同时保持教学质量的一致性。

作业是学生学习过程中必不可少的内容，它能够帮助学生复习和实践所学知识，而现代信息技术工具则为这一过程提供了便利和支持，尤其是AI人工智能的兴起，能够帮助学生更便捷、高效地学习和应用知识，将知识转化为实际能力或成果。随着"双减"政策的出台，教育界对作业问题进行了深入探讨和改革，从顶层设计到基层实践，经历了从疑惑、困惑到不惑的转变。一系列"组合拳"旨在促进学生全面发展、健康成长，有效缓解家长的焦虑情绪，提升人民群众对教育的满意度。

在"双减"政策出台之前，很多民办学校被指高升学率来自"题海战术"。其实，教育界早已达成基本共识，在中高考改革越来越倾向能力素养的当下，仅仅依靠填鸭式灌输、刷题式训练提高成绩的做法早已过时。超银学校多年前就为作业"建章立制",在作业的量与质上设置"硬杠杠",瞄向"适负高效"的素质教育之路,与"双减"政策不谋而合。

早在2018年,超银学校就制定了《超银中学关于学生作业的有关规定(试行)》,其中明确规定,作业设计要有层次,教师应选取、设计不同的作业内容,对所学的知识和技能的基本要求、对知识的运用情况、对联系生活实际综合运用知识解决实际问题的能力和方法做出评价。还要根据学生的不同情况提出不同层次的要求,设定必做和选做的内容。语、数、英作业每天每科课外作业不得超过30分钟,小学科不留课外作业。个别学生确因知识水平、学习习惯的限制,严重超过时间仍难以完成课外作业的,可有选择地完成必做题,由家长签字后,实行"熔断机制"。另外,对个别学习优秀的学生经学生申请、家长签字、班主任批准,在保证教学质量的前提下,学校不强调他们必须以书面形式完成各科作业,为学生兴趣、个性的发展提供更广阔的空间。

"双减"政策出台后,为了全面贯彻落实,超银教育集团研究制定了《青岛超银教育集团关于进一步落实"双减"政策的实施方案》。方案从顶层设计层面进行构建,对"双减"工作目标和措施做出详细拆解,从规范办学、提高教学质量、作业要求、完善课后服务四个方面做出了具体要求,并制定了"双减"工作推进安排表,对专项巡查、总结改进等工作进行部署,同时建立了完善的监督机制。

在作业方面,建立起作业设计为源头,作业目的、难度、数量、时长为内容,作业公示为标度的制度体系。教师在布置作业时配有建议完成时间,每天对班级学生作业时长进行统计。校区定期对各年级、各学科、各班级作业布置情况、教师批改情况进行检查,建立台账,对作业总量过大、超时等情况及时调整纠正。同时,深化分层作业,根据学生的个体差异,明确指向性,加强针对性,总量少而精,以适应不同层次学生的作业承载能力。根据作业的目的、数量、难度、形式、评价等分出优、良、中、差四个层级,并将作业分成必做、选做、免做三类。其前提是教师布置作业前广览各种题型,各学科教研组制定自己组的作业评价和激励机制,例如免写作业卡的使用、设置"作业超市"等,以调动和激励学生做作业的兴趣与热情。

二、打通迷宫之墙释放天性

所谓教育迷宫，就是素质教育与应试教育两种观念与思路、方法的纠结，进而形成堆量的刷题与填鸭、耗用时间的疲劳战术，主要表现在传统学习模式的框架中。大量的作业一是挤占学生时间，二是机械化作业消耗学生精力，三是标准化答案扼杀学生的想象力，如同一堵堵"高墙"，限制了学生的自主性和创造力。

就作业减负而论，尽管单靠学校的作用十分有限，但通过基本的规范化、初步的标准化，已经让一些学生得到了一定的解脱，从实际的观察与跟踪来看，学生、家长、老师、学校所关注的分数不仅总体未减，反而有所提高，由于有了一定的时间"自由"，他们的综合能力也有所提升，验证了"磨刀不误砍柴工"的道理。因此，初步的一些做法给我们的启示是，如果能够重新审视作业的意义、量质关系，将其转变为探索的工具和桥梁，那么，作业会就像砺石一样将学生的思维打磨得更加灵活、敏捷。

一般而言，作业有现学现卖式地将课堂知识通过练习而应用起来，以增强知识点与知识结构、知识原理的认知与掌握；有假期之中，不忘复习、不忘总结，将一个学期的知识通过系统的作业内容进行盘整；有增进思考、开阔思路的观察、试验与体验，如学工、务农、小记者走进大世界等；有增强责任感与社会意识的家务劳动、社会志愿者、献爱心活动等。

尽管作业像"债"一样让几乎每个学生都不那么欢迎，但它是学习知识必不可少的环节。"好的作业"能够让学生掌握原理、学会思考、提高解决问题的能力，通过那些既具有启发性又充满乐趣的作业，去点燃学生的内在驱动力，促使他们自由翱翔于主动探索、主动解决问题的过程，体验学习的快乐、促进快乐的学习。这样的作业不再是束缚、不再是负担，而成为一扇扇开启智慧的门扉。

对教育者来说，减负既是政策要求，更是育人哲学，有减有加才能保持发展的平衡。如果说给作业做减法是纠偏勘误，那么做加法就是正源立本，质上增量。为此，精准减负首先要摸清教师、学生、家长的负担"底牌"。

首先，教师的成绩压力、排名压力、教学惯性、学科之间的无序竞争、对教学效果未知的焦虑和压力是导致作业量高居不下的主要原因。

其次，学生无欲无求、对学习没有兴趣，不知道为什么学、为谁学是导致部分学生应付作业的主要原因。

再次，家长面对高学业负担焦虑，现在对于减负更焦虑，主要原因在于看不到孩子自身的优势智能，努力要培养出"别人家的孩子"。

最后，效果的权威性。虽然素质教育的一些倡导、要求、政策比较具体，但最基本的问题是分数的刚性事实、素质教育的权威结果与案例所具有的说服力难以平复家长、学生、老师心中的问号，那是实实在在的切身问题。

已经尝试，仍需探索。虽然形成具体的标准还有较长的路，但好在已经有了好的开头。作为必然要解决的问题，标准与标准化是很好的路径，要在无效的量上做减法，学校、教师、学生、家长四方面的联动上做加法。

1. 学校层面

（1）疏浚增效源头，加强教师内在动力。

从2019年起，民办学校招生施行"公民同招"，之后学生层次更加多元，有些刚送走初三的教师下到初一，反映"不会教了"。如今又遇到"双减"，教师们也倍感焦虑。因此，超银学校比以往更加重视教师的体验感受，充分考虑教师的现实需求，加强人文关怀，让教师安心、专心从教。不过度干扰教师的教学和管理节奏；减少会议频率，提高会议效能。同时尊重教师的专业自主权，创造"拥抱多样性"的校园氛围。积极鼓励各学科在"双减"之下开拓创新，走出校园，结合实践，探讨项目式、大单元教学新模式。

在这种氛围下，超银小学教师大胆实践创新，结合IB六大超学科主题，自己设计课程落地，带领二至六年级学生进行课程周活动（项目式学习）。如二、三年级的主题是"小学生的英雄梦想"，将道德与法治、语文、数学、英语、科学等学科融会贯通；四年级是"情绪大作战"，通过跨学科学习学会沟通、反思和自我管理能力；高年级就更厉害了，五年级的项目名称是

"X行星计划",通过驱动型问题"当地球资源枯竭,什么样的行星可以满足我们生存的需求"展开四个学科的立体交叉;六年级研究的则是神秘的古代文明。每个学生在学习过程中都非常专注与投入。好的课程设计不仅激发了学生的自主学习力、灵活迁移力、高阶思维,还进一步激发了教师的科研内驱力,教学相长,一举两得。通过"在做中学、在玩中学"的课程周项目,既使学生完成了学习任务,又增加了学习乐趣,减轻了学生负担。

(2)改进考核方案,加强巡查反馈。

考核既是管理的指挥棒,也是推动教学提质增效的重要杠杆。为此,学校建立了"常规检查+抽查反馈"的管理机制,着力强化教学与管理过程的监督与调控。教导处通过巡课掌握教学执行情况,德育处通过巡班关注学生课堂行为与纪律表现,总务处通过巡校保障校园秩序与后勤服务,校长室则定期抽查各职能处室的工作落实情况。此外,学校还加强对作业质量、作业形式、学习资料等方面的监管,确保教学活动规范有序,切实减轻学生负担,提升教学实效。

超银教育集团结合"点亮人生""和衡"素质教育质量管理模式,制定出台了《超银教育集团教职工绩效评价管理规范》,此制度包含"一核、三基、六维",尤其是在"均衡"维度上对"统筹作业管理"单独进行考核。此外,每个校区都结合各级部门对"双减"的规定,出台适合本校区生源情况的《作业管理制度》等六项制度,由集团集结成册,作为考核校长的重要指标之一。超银高中的《作业规范条例总则》针对每个学科还具体制定了细则。超银高中2017年才成立,针对层次分明、生源质量不断提升的情况,学校在作业设计下大力气,努力培养学生的规范意识、学习习惯,树立学习信心。

超银教育集团监委会每周都会通过实地"四不两直"检查和电话回访,对各校区的作业情况进行内部巡查,每月在校长群里反馈一次。经过多年的坚持不懈,学校大部分教师在"双减"落地之前就逐渐改变了"作业观"。通过家长无记名调查的统计来看,各校区作业数量均得到很好的控制。

(3)改革成绩分析,加强命题研究。

作业少了,考试少了,教学成绩不能少。每次考试后,各校区利用质量

分析会发挥诊断作用，通过每道题的得分率探寻分数背后的原因和改进策略，强化知识点、知识要素、知识结构的分析与应用，做题、考试不过是用掌握的知识资源解决作业给出的问题，也就是知识应用。这种复合性的方式，对于学生能力的增长是相当有促进意义的。超银高中首创的调研报告制度成效明显，超银发挥集团化办学优势，将这一制度在各校区推广实施，由超银高中传授经验，各校区派骨干教师学习取经。为了充分发挥集体的智慧，给教师减负，每年集团都会在寒暑假进行各学科"大教研"活动，教研活动的主要内容之一就是梳理未来一学期的学案、习题，教师跳入"题海"精选练习，让学生们在新学期"轻装上阵"，事半功倍。

（4）落实作业闭环，激发学生潜力。

"超银的老师是超人"这一媒体记者的评语，如今已得到现家长、原家长们的广泛共鸣。其在作业上的表现，主要是：通过作业检查，发现很多教师的作业起到了密切师生关系的作用。经过一段时间的树标、总结，学校形成了作业闭环模式：通过教师试做机制，预判作业完成时间；通过公示机制，完成监督反馈；通过认真批改，掌握真实学情；通过改变作业评价方式，让教师批改作业变成和学生心灵交流的途径，完成作业闭环。

超银学校要求教师对作业认真批改，准确评价、积极评价、及时评价，做到"四精""四必"，即"精选、精练、精批、精评""有发必收、有收必批、有批必评、有错必纠"，实行"等级＋评语"的评价方法。

批改作业要有等级、时间，建议有激励性和指导性的评语或加盖小印章等。每份作业在干巴巴的对号、错号、分数后面，要跟上鼓励式评语，这样的评语能够让学生不因暂时落后而气馁，从而鼓足干劲，奋发追赶。现在每当发作业的时候，都是学生最开心的时候，迫不及待看看教师的评语成了很多学生的"小确幸"。

（5）挖掘一线智慧，熬好"'双减'石头汤"。

"双减"的目的是要达成"量减、识增、能强"，所以，"双减"之下，一线教师尤其是老教师一时间难以"转向"，在这种情况下，学校给每位教师"排班"，每天在群内分享一个"双减"故事，到了期末，学校会梳理归纳成册，将好的做法作为校本培训教材推广应用。除了"民间智慧"，高端引领也必不可少。仅仅一学期，集团就召开"双减"主题教科研活动7次，通过专家引领进行思维碰撞，各学科教师从思想到行为都有了明显转变，"减负增效"已达成基本共识。

2. 教师层面

（1）狠抓集备教研，形成最大团队合力。

布置作业的"内卷"是老师之间的横向比较，其中的关键是作业量与质的均衡、协调，焦点是知识点明确、熟练程度、活用能力等基本问题。其实，很多优秀老师都已掌握或解决，主体经验就是一条——严抓教研组集备，即在集备统一教学目标、统一教学进度、统一教学重难点、统一课后作业的"四统一"原则中，突出教研组对作业的要求统一。对此，超银学校要求教研组在每周集备时必须明确、细化下一周的作业内容，分为基础性作业和弹性作业两部分。基础性作业要求紧扣教学进度和学习内容，重在巩固知识；弹性作业注重探究性、实践性，重在灵活运用。对于需要复印资料作为作业的，教师必须先做，然后精选内容让学生去完成。

在一般学生的意识上，作业即负担，所以一说做作业就"烦"已成逆反反应。正值"玩"性十足的"大好"年华，将人圈在作业堆中而不能玩不免沮丧。因此，让作业有趣才能勾起学生的兴趣。

对此，超银教师探寻到了让学生喜欢做作业的"钥匙"——自主练习，即根据"教学目标—问题情境—作业解决—引导关注—社会实践"这样的链条，要点在于注重"一个情境，三个设计"。一个情境，即作业设计要有一定量的情境问题解决类题目；三个设计即注重作业过程性设计、注重弹性化设计、注重分解性设计。作业是学生核心素养培养的重要环节和载体，要在情境中运用知识去解决实际问题。

主体上，教研组要根据每个学科的不同特色，把握弹性作业方案设计这个焦点，举例如下。

数学组：八年级数学组弹性作业——自己设计时钟并计算角度，充分锻炼学生自己思考问题解决问题的能力；七年级数学组弹性作业——为妈妈设计一双高跟鞋，把妈妈的身材调整到黄金比例，送上一份意外的惊喜（这一

创意作业被媒体广泛报道，也受到了学生和家长的欢迎）；七年级数学组寒假作业——生活中的统计，要求学生收集本班同学近期视力情况与上一年视力情况，并收集与视力变化因素有关的数据，了解中学生视力变化情况，学会保护视力。

英语组：寒假期间绘制新年主题英语手抄报，既能激发学生的学习兴趣，提高学生综合运用英语的能力，也传播了我国优秀传统文化。

生物组：以"我们的身体"为主题制作一本绘本（见图3-4）。在学生创作的过程中，会对知识点进行主动的探究和思考，优秀作品还作为超银的"专属教具"拿到整个年级展示和使用，大大激发了学生的学习和创作热情。

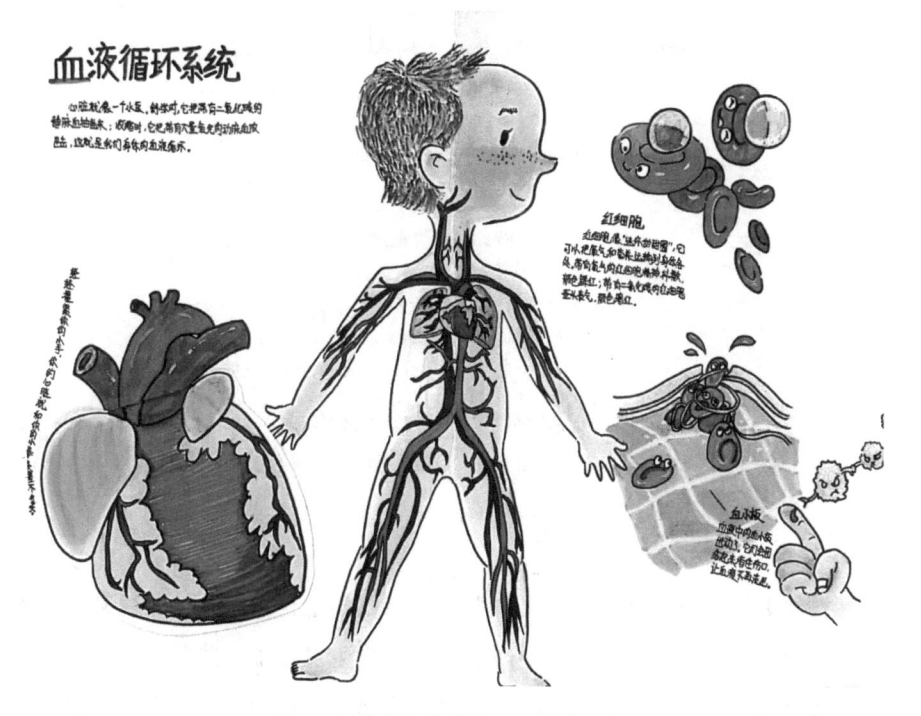

图 3-4　学生将学科知识制作成绘本

地理组：手绘一幅青岛旅游地图（见图3-5），以这种方式引领学生探索学习当地的风土人情，进行跨学科学习。

图 3-5 学生创作旅游地图

除了基础性作业和弹性作业，学校还鼓励学生自主设计作业，避免无效作业。在语文《陈涉世家》一课的学习中，学生设计了一些题型，包括文言现象类型及选择题、划分节奏题、翻译句子题等，特别是有的学生还根据文章内容编写了文意理解题。这种"自主"行为大大提高了学生写作业的乐趣和学习的主动性。在分层作业中，尽管允许学生自主选择题目，但也必须引导优生选择高层次的作业题，使不同层次的学生都能"吃饱""吃好"。

（2）大胆进行课堂改革，重视当堂反馈。

课堂改革是几乎每个学校都在喊、都在做的事情，但同时很多教师也在疑惑，现在连单元检测都不能进行了，仅靠30分钟作业如何了解学生学得怎么样？经过研讨，大家发现当堂反馈尤为重要。然而一节课就45分钟，还要随堂检测，讲不完课怎么办？对此，超银学校要求教师在课程设计上下功夫：先做减法，再做加法——减掉重复性、应试性内容，增加课堂乐趣和实际获得；增加整合与融合——大单元教学设计。

历史组教师平时作业不多，几乎完全靠课堂45分钟，为了在有限的时间里让学生当堂完成教学目标，教师们大胆取舍。在"抗日战争"部分，由于抗日剧多、学生信息多、知识点多，需要强化这段历史的教育，教师把一个单元4课时的内容整合成2课时，采用"一一二三四"的方法以便于学生理解，即宏观视角是一对矛盾、一条抗日民族统一战线、两个战场；微观视角关注具体的三大战役和四场会战；整个学习过程注重培养学生的高阶思维——解决问题、深度参与、思考交流。教师还剪辑了热血沸腾的抗战视频播放给学生，让学生在情感共鸣中进入知识学习的殿堂。这样的课堂内容饱满高效，引发学生思考，自然促进了学生历史学科素养的提升。

3. 学生层面

学生是减负的主体参与者，重点是把学习主动权还给学生。那么，学校、教师动起来了，学生应该如何动？

（1）重视学生学习规划能力和时间统筹能力的培养。

优秀的人，基本特征有三，一是规划、计划能力强，二是时间利用能力强，三是自律。实际上，自律是在前两项习惯的基础上形成并持续完善的。

调研发现，学生作业少了、时间多了，但是规划事情、统筹时间的能力往往跟不上。为此，学校提倡学生使用自主学习计划本，即学生在完成当天的家庭作业后，根据自己的知识掌握情况，对自己的时间进行自主学习规划，将每一天的计划列入计划本中，按计划学习，当日任务完成后在后面打钩标示已完成。

开始时，每个班能合理安排时间的学生只是凤毛麟角，班主任和任课教师不断在班级和家长群进行推广、表扬，指导学生合理安排学习时间，制定学习计划，做到每日学习目标明确。研究表明，习惯的形成时间一般为3周，通过1~2个月的指导，绝大部分学生的日计划能力就可以基本形成。时间管控是一个人有序、无序的基本前提，一旦打下这个基桩，就会成为时间的优秀主人。

（2）重视培养学生的输出能力。

学生的能力输出，当然不只是记忆、作业、考试、分数，而是观察、思考、分辨、动手的能力状态。

脑科学告诉我们，记忆的最佳方式不是输入，而是输出。自己会做题不是真会，能把题讲出来、讲明白才是真会。随着自习时间增多，教师逐一答疑明显时间不够用。于是，教师们发挥小组合作学习的作用，让学生给学生讲题。一段时间下来却发现，优秀生十分踊跃，学困生动力不足，因为，讲的机会往往轮不到他们头上。为了解决这个问题，学校发起"超银小老师"活动，这一活动由"'小老师'准备内容、教师把关、班级发布习题、学生自主研究、'小老师'上台讲解、学生课下交流"6个环节组成，全班学生均要参与。学生发布的习题，对于班级其他同学来说只是弹性作业，不要求必须完成，但对每个上台讲题的学生来说，从准备题目到完成讲解都经历了一次蜕变。经过一段时间的实践，发现学生们更善于从教师的角度来思考问题，能更好地理解教师的教育教学意图，促进自身学习成绩的提高。在这项活动中，学生既学到了知识，又得到了锻炼，更重要的是激活了课堂，转变了教与学的关系。很多教师反映学生选的题目有时候出乎意料的好，也更容易被其他学生理解。

（3）重视德育作业的设计与布置反馈。

传统意义上的作业就是对学科课堂知识的巩固，为探寻"十个一"的实施路径，实现学生的全面发展，除了学科作业，多维度创新作业的形式也是"作业育人"的重要工作。

超银小学坚持践行"回家六必做"，即阅读、练字、做运动、家务劳动、看新闻、和家人聊天，实现作业与生活相结合，引领学生学会生活；作业与多元化实践相结合，引领学生学会实践；作业与社会相结合，真正落实立德

树人。通过长期实施"回家六必做"作业，为孩子创造更多自主发展的机会，培养了孩子社会责任意识和科学的人生观价值观，让学生在不同类型的作业中学会自我规划、自主学习、健康成长、全面发展。超银中学的阅读作业、劳动实践作业、体育健康作业也都特色十足，卓有成效。

4. 家长层面

"双减"政策的落地也离不开家长的支持，为此超银学校采取了如下举措。

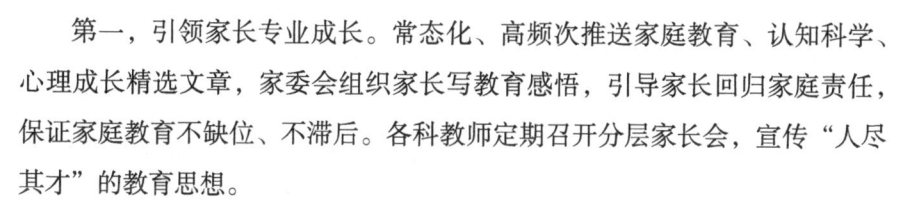

第一，引领家长专业成长。常态化、高频次推送家庭教育、认知科学、心理成长精选文章，家委会组织家长写教育感悟，引导家长回归家庭责任，保证家庭教育不缺位、不滞后。各科教师定期召开分层家长会，宣传"人尽其才"的教育思想。

第二，通过家长群中的教师每日反馈，让家长看到学校"双减"的效果，给家长吃下"定心丸"，更加放心、积极地配合学校工作。

第三，引导家长树立对孩子的多元化评价标准。教育的成功是及早发现孩子的可能性，把"在场陪伴"升级为"在位陪伴"。

三、生出教育数字化的翅膀

在信息化飞速发展的当下，依靠人工完成各项教育管理工作已难以满足高效、精准的需求。以教导处这个教学管理部门为例，每日统计作业量需查阅大量表格、进行统计分析，往往耗费大量人力与时间。为破解这一难题，超银教育集团于2019年自主研发了"智慧校园解决方案"，以数字化手段赋能教育发展。

该方案从教学、教研、教管三个维度出发，围绕教师、学生、家长三大主体变量，结合不同学段的课程设置，构建了覆盖所有学科的内容体系。其底层架构具有良好的开放性与扩展性，能够根据主体变量、课程对象和影响因素灵活调整与拓展。经过多轮实践，智慧校园系统有效回应了师生在教学过程中的实际痛点与需求，并在作业减负等重点工作中发挥了积极作用。

1. 教、研、管的现实之痛

当前教师在教研过程中面临的一个突出问题是资源的分散与零散。尤其是在集团化办学、跨校教研日益常态化的背景下，资源整合与共享的需求愈加突出，而现有教研体系尚未建立起跨校、跨学段的有效协同机制。教师教研行为缺乏量化与可视化的数据支撑，在缺乏科学分析工具的条件下，教师对教学效果的判断仍主要依赖个人经验，缺少客观、系统的反馈渠道。这不仅影响了教师自我反思与改进的效率，也使得教研活动难以从真实问题出发，开展有针对性的研究与优化。同时，教学经验的"孤岛化"现象普遍存在，成为制约教师专业成长和区域教研质量提升的重要瓶颈。

在教学实践中，学生学习过程的可视性不足，成为教师教学决策的一大盲区。在作业管理方面，缺乏针对性和差异化的布置方式已成为普遍现象。多数教师在布置作业时采取"一刀切"模式，无法兼顾学生能力的差异与兴趣的多样性。对于学有余力的学生而言，作业内容缺乏挑战性，导致学习兴趣下降；而对于学习基础较弱的学生来说，作业过于复杂，又容易产生挫败感和抵触情绪，进一步加剧学习困难。学科之间的协同不足也是限制教学整体效能的重要因素。当前多数学校的教学仍以学科为单位进行独立设计与实施，缺乏跨学科的整合机制和协同教学平台。学科目标之间缺乏衔接，内容重复、重点冲突、评估割裂等问题频繁出现，不仅增加了学生的学习负担，也削弱了知识的系统性与应用性，难以培养学生解决复杂问题所需的综合能力。

2. 智慧校园"智慧"在哪

为破解学校在教研、教学、教管三个核心领域中的效率低、协同弱、数据缺失等痛点，超银教育集团在智慧校园建设工作中确立了"数据驱动、全域协同、智能服务"的总体思路，构建了以下三大系统架构。

教研维度，构建智能教研平台。打造提升教研效率，打破"资源孤岛"，推动建立专业成长的平台；核心功能包括智能备课、资源共享、数据辅助诊断、成果沉淀。让教研基于数据、聚焦问题、贯通校际。

教学维度，打造精准教学支持系统。实现因材施教、动态监测、资源优化，达到学习行为跟踪、作业智能布置、过程性评价、个性化推荐的目标，最终形成教学从"统一灌输"向"差异引导"的转变。

教管维度，搭建数据治理与协同管理系统。提升管理效率，实现制度闭环与实时监管。其数据报表自动生成，通过教学大屏监管、教师多元评价、家校互联平台，让管理"看得见、管得住、调得快"。运用智慧校园前后的成效对比，如表3-1所示。

表3-1 运用智慧校园前后的成效对比

维度	改进前	改进后	成效举例
教研	活动形式化、资源分散	教研聚焦问题、资源在线共享	教研会议用时减少40%，教师线上资源参与率由58%提升至93%
教学	作业同质、评价滞后	作业个性化、过程性评估	作业完成率提升13%，学生错题率下降20%
教管	统计手工、监管滞后	数据可视化、预警智能化	报表生成时间由3天缩短至1小时，学生作业时长降低24分钟，家长满意度达92%

3. 技术赋能教育的"最后一公里"

为深入落实"双减"政策要求，超银学校智慧校园在学科素养平台中嵌入了作业总量监测与动态反馈机制。任课教师在布置作业后，需将每一科的预计完成时间与具体作业内容明细录入系统。平台自动将各学科作业时长进行汇总，并与年级设定的作业时长上限进行比对。若总时长超出预设阈值，系统将自动发出预警提示，反馈至相关教师端。教师可据此调整当日作业内容与数量，确保总量适中、任务合理。

与此同时，平台还每日面向家长推送作业公示清单，包括语数英及其他学科的作业明细与预计用时，家长可通过账号实时查看，有效增强了家庭对学生学习负担的感知与监督。此举不仅提升了作业布置的透明度和规范性，也推动了家校协同的高效联动。

截至 2024 年上半年，学校已完成靶向作业与错题报告模块的研发与部署，标志着智慧校园建设在个性化教学支持方面迈出了实质性步伐。系统围绕数据采集、智能分析、靶向推送三大核心能力，构建了完善的数字化教学支持体系，具体包括以下几个方面。

（1）建立起校本数据中心，实现统一调度与精细管理。

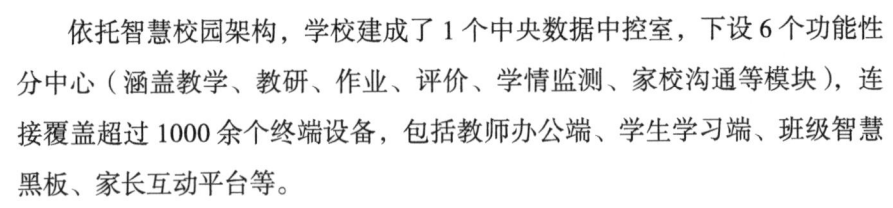

依托智慧校园架构，学校建成了 1 个中央数据中控室，下设 6 个功能性分中心（涵盖教学、教研、作业、评价、学情监测、家校沟通等模块），连接覆盖超过 1000 余个终端设备，包括教师办公端、学生学习端、班级智慧黑板、家长互动平台等。

数据中控室可实时监测全校教学运行状态、作业负载、学情分布、系统响应与预警提示，实现教学资源的统一调度、信息可视化展示及数据驱动的决策支持。

（2）引入大数据测评技术，实现动态监测与个性识别。

平台在日常教学、作业及测验中持续收集学生学习行为数据，并应用认知诊断模型与知识图谱关联分析技术，动态评估学生在各知识点上的掌握水平与认知路径，形成学生"能力雷达图"与"知识漏洞图"。

测评模型遵循"日常表现—即时分析—动态更新"的流程，对学生的学习状态进行实时更新与滚动判断，实现从"事后干预"到"过程引导"的转变。

（3）实现作业智能批改、精准分析与个性化推送。

平台已实现从作业批改到结果分析再到教学指导的全流程智能化。

批改智能化：系统可自动批改选择题、判断题、部分填空题与限定结构的简答题，大幅减轻教师重复性劳动负担。

分析精准化：每道题均生成正确率统计、出错学生名单、易混知识点定位报告，支持教师快速掌握全班与个体的学习短板。

推送个性化：基于错题分析和能力评估结果，平台自动为学生匹配靶向训练任务（查漏题、巩固题、拓展题），并结合进阶情况滚动调整题目内容与难度，形成学习闭环。

通过这套系统，教师不再依赖"人海战术"进行批阅与总结，而是通过数据结果精准锁定问题点、精准指导学生、精准提升教学；学校能够完善教学管理、提高教学质量。

超银智慧校园平台高效、开放、连接的特性有效为"双减"政策赋能助力，使传统的"统一化"教学向"个性化"教学转变，学习资源从"孤岛式"向"共享式"转变。

四、作业改革，让学校家长各归其位

独生子女形成的"421家庭"（"4"指夫妻双方的父母；"2"指一对独生子女夫妻；"1"指他们唯一的子女）倒金字塔结构，自然让孩子成为每个家庭的焦点。孩子本就是父母的"心头肉"，承载着三代人至少三个家庭的希望。在日益加剧的"内卷"过程中，"不能输在起跑线上"的焦虑和"出路就是考大学"的社会舆论，迫使幼小的孩子以身体健康为代价进行过度学习。长期以来，过重的学业负担一直是家长们和社会广泛热议的话题。

一系列探路式的作业改革，让学生的作业负担减轻了，自主掌握的时间多了，学习能力也增强了。那种每天晚上11点还不能写完作业的情况大大减少，家长们对孩子身体健康的焦虑有所缓解，但成绩的焦虑依然难以消除。因此，落实"双减"政策必须做好家校协同，学校不能唱独角戏，而是要在协同中发挥主导作用。

1. 家长的观念

一方面，家长看着自己的孩子熬夜学习，心理上十分不忍；另一方面，面对"别人家的孩子"的竞争，又不得不逼着自己督促孩子进行攀比。虽然成绩一般的学生未必缺乏发展潜力，而成绩优异者也不必然拥有通向成功的人生剧本，但我们也应理性地承认，在当前的教育环境中，优异的学习成绩依然是许多人成长过程中的一块重要基石，是通往更多可能性的现实通道之一。

每个家长都有"望子成龙、望女成凤"的心理，认为自己的孩子是最优秀的。针对这种普遍心理，一是可以用每个学校自身的成功案例进行分析，二是要强调"天生我材必有用"，适合的才是最好的。对于大多数人来说，成人比成才更重要，即所谓"若大才贡献国家，若普通承欢膝下"。既不能拔苗助长，那样会害了孩子，也不能失去驱动孩子成长的家庭动力，掐灭孩子的上进心。

如果能通过道理说服家长，家长的配合度就会提高，尽管这仍然需要大量的工作。一位教师曾形象地对一位家长说："如果你的孩子能举起千斤哑铃，却只让他举十斤、百斤，那是耽误孩子的前程，忽视孩子的潜力；如果孩子只能举百斤，我们非要他举起110斤，是害他还是爱他？关键在于正确、客观、理性地认知孩子、分析孩子、评价孩子，一厢情愿的做法是不可取的。"

道理好讲，有时却难以把工作做通，这个时候，事实就成了最好的杠杆。学生的任何一点点进步都能牵动家长的心。因此，让学生成绩有所提高、学习上有所收获、行为有所改进、责任有所表现，就成为学校和老师的基本任务，也是学生成长的基本要求。

2. 学生的成才观

每到放假时，看到学生兴高采烈的模样，就知道他们如释重负的心情，一句"终于不用做作业了"让人感慨万千。学习，学而时习之，本是分内之事，却被视为"负担"和"压力"，这是一种人之常情。而如何将分内事的义务感、必要性与"玩"的天性融合起来，才是教育需要破解的难题。

对于学生来说，学校生涯只是人生的育苗阶段，能否承担大任，不是由考试成绩决定的，而是由社会责任、岗位技能的胜任程度决定的。因此，学校教育的主根在于启迪、引导和塑造学生的人性。在此基础上，应追求相对全面的发展，即各门功课的均衡，同时也不拒绝偏才、拔尖创新人才的引导与强化，毕竟个体差异巨大。

然而，随着科技的飞速发展，教育的方式和工具也在不断演变。现在四年级以上的同学几乎都会用AI软件解题，只要在AI软件里搜一搜，就能得到详细的解题步骤。有不少同学说，碰到难题和错题，已经习惯用软件搜索，省去了找老师答疑的麻烦。AI 不仅能提供解题步骤，还能提示所考查的知识点，像个随身助手，随时可以提出问题。

尤其是 DeepSeek 出现以后，它的功能远不止是写作业的好帮手，还能做题、查资料、写作文、学外语等。不仅如此，解题时，DeepSeek 会将解题的思路、方法、依据讲出来；写作文时，它会给出写作思路，如确定文章主题和结构，开头要交代基本信息，正文可以包括环境描写、人物互动、心理感受等内容，就像身边不厌其烦的教练。因此，产生依赖性是比较正常的事，而且与几乎万能的 AI 交流，还有一种平等感和主动权。

AI 不是替身，而是新一代眺望未来的平台。"我们站在了现代科技的前沿，也用上了这些科技成果进行学习思考，我们迎来了前所未有的新机遇。"一位高中生在作文中如此写道。

潘晓莉校长明确认识到，利用 AI 写作业的背后，也揭示出三个深层问题：一是传统作业设计机械化、重复化，难以调动学生自主思考的情绪；二是其引发了部分家长的焦虑，认为学生过度依赖技术工具；三是新一代"数字原住民"对技术伦理缺乏清醒的认知。

作为应对与改进，超银学校的基本对策是：升级作业范式，设计"AI 不可替代"的实践类作业；革新评价体系，利用 AI 监测系统，通过语义分析、逻辑图谱等技术手段识别作业原创性，同时建立包含答辩展示、实践成果等的多元评价维度；计划开设系列课程，引导学生向 AI 有效提问，同时培养学生的批判性思维和自主学习能力，让学生理解"用 AI 思考"的价值，而非"让 AI 代替思考"。

2025 年寒假，超银中学开展了"我帮父母来忙年"短视频制作活动，要求学生结合自家的过年特点，亲自参与实践、拍摄视频并利用运镜等技术处理视频。这样的作业实操性强，AI 成了参谋，提供如何制作短视频的意见，达到了既用工具又亲自动手的目的。

3. 教师的考评

作业的数量与质量已被纳入教师工作考评体系，成为引导教师持续改进教学设计的重要抓手。随着数字化技术在学校教育工作中的不断渗透，作业在教学链条中的基础性作用日益凸显——它不仅是学生理解巩固的关键环节，更是实现"教—学—评"闭环的重要支点。值得注意的是，即使未来智能化机器人逐步走进校园，作业依然是支持个性化学习、智能诊断与教学调控的重要数据源。其基础地位不仅不会削弱，反而将在智能教育系统中发挥更加核心的作用。

一系列的作业减负改进让教师们看到了希望，也得到了收获后的那份应有的喜悦。学生的成长、自己的成长自然是教师最好的收获，而百尺竿头的教学改进，才是适应教育发展的进步。

宏大的叙事建立在具体的、日常的岗位"琐事"之上。就老师的考评问题，超银教育集团监委会的基本做法是：定期通过智慧校园平台向家长开展无记名问卷调查学生的作业量；每周随机进行电话回访；在"减负"的过程中，学校也听到了学生、家长和社会的声音。

当然，这是初步的探索。用考核与评价促进教师能力水平提高，积极探索作业以及整个教学、教研、管理的新方式、新方法、新经验，将会随着数字化的加速发展而形成人机结合的新内容、新方式。

第四节　多维评价，牵动动力源

教育的动力源当然是"需要"，但"需要"又有正确和错误之分。譬如，为中华之崛起而读书是正确的"需要"，那是国家责任与命运的担当；与之相较，"书中自有黄金屋""书中自有颜如玉"的观念则指向个体私欲的导向与动力，那么这就是错误的"需要"。中小学学生的人性之根扎在哪里？既是家庭教育的问题，也是学校教育的问题，当然还有社会氛围的影响。学生作为教育的对象，给他们"安装"什么"引擎"，提供什么导向，他们都会比较被动地接受。

2020年10月，中共中央、国务院印发《深化新时代教育评价改革总体方案》，提出改进结果评价，强化过程评价，探索增值评价，健全综合评价，充分利用信息技术手段和资源共享平台，提高教育评价的科学性、专业性和客观性。但是传统的以教师为评价主体的"唯分数""以考代评"的学生评价方式迟迟无法改变，很大程度在于缺乏科学健全的评价标准，评价的指标单一、方法片面，缺少对学生德智体美劳等各维度的多元化评价，仍然是聚焦在学业维度或者其中几个维度，无法保证对学生做出最客观公正的评价。

当前，大数据技术正逐步健全，"五育"融合也开始普及，开展面向教学过程与结果相结合的多元化评价成为可能。超银学校作为青岛市乃至山东省知名的标杆学校，立足"点亮人生""和衡"素质教育质量管理模式，在学生评价方法上经过了数年的摸索、探讨、研究、运用，现已初步形成学生多元化评价体系。

一、"五育"融合的多维评价体系

超银学校的学生多元化评价注重"五育"之间的相互融合、相互渗透、相互协调，以"五育"融合为教学内容，培养"善、慧、真、美、实"为代表的人性、知识和能力，建立家庭为基、学校为主、社会为重的学生评价框架。

1. 德育评价

超银学校的德育评价充分体现了"明德树人，至境治学"的理念，评价内容包含两个方面，一是道德品质与公民素养等十大基础性指标，二是从道德认知、道德行为、道德情感和道德意志与日常表现五方面设计的发展性指标。其中，道德认知以知识学习内容为主，道德行为以纪律性、互助性、班组团结性、集体活动等为主，道德情感以献爱心、志愿者、同学互帮互助等为主，道德意志以面对难题、困难时的表现以及"慎独"表现、自律为主，日常表现则是学生的日常行为。

德育不像智育有分数的刚性，除了知识性内容的刚性考量，主要是日常的表现。所以，察其言，观其行，就是在平常之中观察。评价依据主要是日常情况与典型事例相结合，评价方法主要是通过智慧校园的德育数据量化记录，学生在多元视角下使用平台进行阶段性的他评、自评、互评，大数据积累最终形成电子评价档案，同时可以获得一定周期内的量化变化曲线图，结合其他"五育"指标得出分析结果。

正如《吕氏春秋》中所言："德为能之帅，能为德之将。"在对一个人进行综合评价时，传统上通常从"德、能、勤、绩"四个方面进行衡量。这一体系既体现了对品格的高度重视，也强调了能力、态度与业绩的统一，是人事评价中历久弥新的基本框架。超银对于学生的德育评价概要，如表3-2所示。

表 3-2　德育基本评价内容

维度	课堂	课外	校外	家庭	评价
道德认知					
道德行为					
道德情感					
道德意志					
日常表现					

2. 智育评价

智育评价不应该单纯关注学业成绩，而是更加注重评价学生的核心素养、学科素养、课堂表现、作业反馈、薄弱知识点、优劣势学科等客观性数据（见表3-3），同时也定期评价学生的计划性、总结性、思维力、创新力、表达力等。超银学校的评价指标综合考虑了定量评价与定性评价、学习过程性评价与质量结果性评价等，从而跳出"唯分数论"的桎梏。

表 3-3　智育基本评价内容

维度	教学	自习	自学	家庭	成绩	评价
核心素养						
学科素养						
课堂表现						
作业反馈						
薄弱知识点						
优劣势学科						

3. 体育评价

体育的魅力，不止于赛场。面对多圈的眼镜片、小胖墩、弱不禁风的小身板，要强健其体魄，首先是强健其精神，平常的体育课、运动会只能是酵母一样的存在，关键是体育意识的栽植。

超银学校将体育作为让"学生画像"更加丰满的重要内容，将评价指标分为基础性指标与发展性指标。基础性指标包含体育课程、体质特征、体质健康、健康生活方式四类质性评价项目，发展性指标包括心理健康、身体素质、体育兴趣、体育特长四类量化评价项目，如表3-4所示。

表3-4 体育基本评价内容

指标		时间	内容	质量	成果	评价
基础性	体育课程					
	体质特征					
	体质健康					
	健康生活方式					
发展性	心理健康					
	身体素质					
	体育兴趣					
	体育特长					

4. 美育评价

爱美之心，人皆有之。每个人都有自己的审美情趣，从一定意义上来说，每个人都是美学家，只是程度不同而已。

社会与世界不缺乏美，缺乏的是美的发现。所以，美学教育是在课堂上点亮美的存在、课堂外发现美的表现。

超银学校地将美的存在概括为以下六类。

学习之美：课堂、课外、读书、自学、静思。

学校之美：同学、班级、老师、学校。

家庭之美：家人、亲属、家庭环境、社交。

社会之美：城市 – 青岛、乡村 – 田野、人文风采、社会文明、人与人的关系。

祖国之美：党的领导、国家精神、中国历史、中国文化、祖国风光、国家发展。

世界之美：蓝星文明、蓝星历史、全球化、世界风云、宇宙探秘。

对于学生的美学教育基本评价，如表3-5所示。

表 3-5　美育基本评价内容

美育教育	时间	内容	质量	成果	评价
美育课					
审美情趣					
艺术活动					
艺术表现					
艺术爱好					

5. 劳动教育评价

至今享誉世界的青岛港码头，迎着大门的仍然是"劳动最光荣"这几个遒劲的大字。这个蝉联世界港口工作效率、装卸效率等经济效益指标冠军的码头，不仅涌现了全国工人的榜样许振超，还拥有自动化程度最优的科技能力。它是青岛的骄傲、劳动者的骄傲，书写了40米高空万吨轮无声音高效装卸货物、叉车开启啤酒瓶等不可思议的一曲曲劳动壮歌。

劳动不止是出大力、流大汗的简单动作，年复一年的简单循环，"三百六十行，行行出状元"，劳动中有技巧、有创新、有为国争光的志气，还有劳动精神之美。超银学校将劳动教育分为培养学生独立生活能力的日常生活劳动；让学生参与简单的如种植、养殖、手工制作、简单维修等的生产劳动；让学生参与社会服务活动的服务性劳动；让学生通过职业体验活动，了解不同职业的特点和要求的职业体验劳动；鼓励学生进行如科技小发明、艺术创作、设计制作等的创造性劳动；通过课程、活动等形式，向学生传递正确的劳动观念和劳动精神的教育活动（见表3-6）。学校每学期都会安排、组织一定的劳动课，利用像青岛港这样特有的社会优秀资源进行参观、考察，或是邀请劳模到学校作报告，以学校行为保证劳动教育效果。

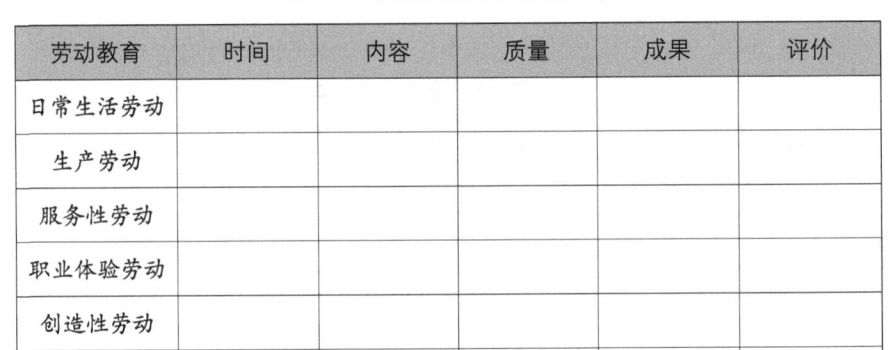

表3-6 劳动教育基本评价内容

劳动教育	时间	内容	质量	成果	评价
日常生活劳动					
生产劳动					
服务性劳动					
职业体验劳动					
创造性劳动					
教育活动					

二、如何考评？成长之重与操作之轻

考评的目的在于对个人或集体某一阶段的盘点，从中发现优劣长短，进而促进成长与发展。因此，一次高质量的考评可能会影响人的一生，既能推动蜕变，也可能因不当评价摧毁一个人。正是这种关乎成长的重要性，使得考评成为管理中的关键环节，管理者们为此绞尽脑汁，创造了无尽的方法。

超银学校的考评体系，对学生采取自评、他评、互评的三维评价，依据"五育"内容，通过大数据积累形成学籍档案资料。对教师的考评也类似，强调以事实为依据、以制度为准绳。然而，并非所有考评都能起到驱动作用，有的甚至成为"吐槽"的焦点，引发不满。如何提高考评质量，成为许多人头痛的问题。

一般来看，优质的考评通常具备三个特点：简约、要素明确、内容结构合理。烦琐的考评往往面面俱到，抓不住关键，简约的考评则从频次和内容上力求精简。要素是考评成败的前提,抓不住要素,就只能在形式上、边角上折腾,进入不了事情的核心层。教育的核心要素在于德、智、体、美、劳五个维度上的意识、知识、能力、方法和结果;内容结构则要求 KPI(关键绩效指标)的设置要形成维度、体系、要素的内核结构体。

超银对教师的考评主要集中在期中、期末两次,围绕三个维度:师德、师能、成长力。有的老师责任心强,但方法不当,学生感受不到"好",不能算有师德;有的老师人缘好,但教学成绩不佳,也不能称为"好";有的老师短期内表现不错,但缺乏自我提升的动力,同样不能评为"好"。为此,超银在工资结构上做了调整:课时补贴解决干多干少的问题,校龄补贴解决干长干短的问题,奖金绩效解决干好干坏的问题。

对学生的考评则集中于每学期的期末,依据"五育"内容,形成涵盖意识、知识、能力、方法、结果的考评体系。通过表单、节点、流程的标准化操作,老师们的工作量得以减轻,数字化校园建设也因此更加顺利。

超银学校的发展历程与众多学校一样,是在教训中成长、在经验中积淀。超银的老师被称为"超人",学生也与众不同,成绩稳步提升,正是因为学校在汲取自身和他人的经验教训中,少踩坑、少走弯路。

多年来,张勤董事长一再强调,考评无论是"猛击一掌"还是"润物细无声",形式并不重要,关键在于能否起到驱动作用。考评的判官们必须谨守原则,保持客观和公心。任何在考评中"拿一把、卡一手、摆一道"的行为,不是愚蠢,就是恶意,绝不允许发生。

因此,尽管考评复杂且牵涉广泛,这么多年来超银学校一直少有大的失误,而且内容与行为也并不复杂,甚至除了必要的政策、环境、技术等方面发生了大的变化而贴贴膏药、打打补丁,系统性升级的次数也是屈指可数。有同行对此不解:"你们的考评频率不高,指标不多,内容不复杂,何以效果那么好?"对此,在一次座谈会上,有专家指出,教学上的变化是有,但很大吗?考评上一些既定的东西试图打着创新的旗号进行改进,不是不可以,而是要守住规律的底线,因为,考评也是有规律的。

三、大数据，千人样本的综合素质报告

超银学校通过建立学生多元化评价体系，利用智慧校园平台全面记录学生的成长轨迹，积累了海量、多维度的学生成长数据，包括基本信息3万余条、德育评价数据1.2万余条/学期、学业评价数据及心理分析数据3.6万余条/学期、身体素质及视力评价5万余条/学期、劳动实践活动1万余条/学期。此外，每学期还涵盖健康记录、选课记录、满意度汇总等300万余条数据。通过大数据的沉淀与积累，学校形成了学生多元化综合素质评价报告，并可输出子报告，如学生综合素质报告、德育测评报告、身体素质分析报告、心理素质测评报告以及学业质量测评报告等。

1. 学生综合素质评价

学生综合素质评价遵循"评价主体多元、方式多元、内容多元、目标多元"的设计理念，以"五育"融合、学科能力指标体系和心理评价体系为顶层架构，涵盖道德素养、文化技能、身心健康、实践能力、创新精神、学习偏好、行为方式等评价内容。评价主体包括学生自己、同学、教师、家长和社会，围绕德、智、体、美、劳进行全面、持续的综合评价，为每位学生输出综合素质报告。

教师通过数据分析，能够快速定位需要特别关注的学生，分析问题原因并提供解决方案。例如，曾有一位学生的德育量化曲线在一段时间内波动较大，班主任结合综合素质评价结果，发现该生在学业和心理评价方面出现异常。经过谈心，发现其是因家庭关系问题导致心理波动。班主任与家长沟通后，帮助该生卸下了心理负担。此外，综合素质评价让教师不仅看到分数，还能全面发现学生的闪光点，并据此制定"一生一策"。例如，曾有一个学生成绩不理想，并且排斥与老师、家长沟通，班主任在综合素质评价中发现该生篮球打得非常好，因此便经常去操场看他打篮球，为他拍下不少精彩的瞬间，鼓励他保持篮球的兴趣爱好。该生逐渐向老师打开心扉，继而在学习上也逐渐发生改变，德育考核与学习成绩随之提高。

2. 学生学业质量测评

学校利用学业分析与诊断系统，全面分析学生的学习状态和各学科表现。通过学业数据，展示学生个体成绩的上下波动曲线，反映学习的稳定性和优劣势学科。数据分析还能展示区域性百分位次，帮助开展针对性的培优补弱。在中考、高考志愿填报时，学校依据三年大数据出具学生状态和学科成绩变化报告，提供数据支持和指导意见。例如，一位初三毕业班的学生上学期的成绩并不理想，但是该生在初二的学习成绩还是很优秀的，在中考自招时，该生与家长都没有信心参加自主招生。老师分析了她从初一到初三近三年的成绩曲线，认为她有实力参与市重点高中自主招生考试，因此主动联系家长分析该生情况，进行有针对性的培优补弱，最终该生通过自主招生成功被录取。

3. 形成"学生画像"，让成长看得见

超银学校基于多元化评价为每位学生绘制"学生画像"，呈现其内在、有机、互融的整体素质。多元评价以多维数据为基础，为"学生画像"提供全面的依据。通过大数据平台记录学生教育数据，学校建立了综合性、长期性、连续性的评价体系，推断学生的兴趣爱好、学习风格和专业发展方向，开启个性化教育。冰冷的量化数据转化为有温度的教育资源，驱动学生德、智、体、美、劳的深度融合与全面发展。

大数据不仅"导航"学生成长，还形成生涯规划、心理健康预警、学业诊断分析及学习行为模型。各学段教师可通过查阅学生的过程行为数据，包括课程内容、互动交流、日常作业、考试成绩、审美情趣、心理特征、劳动品格等，分析个体特点，制定适合其成长的发展路线，促进学生全面发展与个性化成长。

4. 千人样本追踪毕业生发展轨迹

在大数据的助力下，超银学校得以追踪毕业生的发展轨迹，增强了与毕业生之间的联系。多年来，学校收集了近千名毕业生样本，分析显示：

92.2%的毕业生对超银期间的学习生活留下了深刻记忆；75.7%的学生认为这段时光对他们的人生具有重大意义；超过半数的学生认为，超银为他们奠定了坚实的学习基础，培养了良好的学习习惯和方法，并激发了人生规划意识。

"超银的老师是超人"这一赞誉，深刻体现了超银教师的形象。在千人样本调查中，82%的毕业生表示愿意回到母校与学弟学妹分享经验，参与校友聚会、艺术体育交流等活动，以此回馈母校的培育之恩。

第四章

学校，民命所系、社会所期

实施科教兴国战略，强化现代化建设人才支撑，才是"办好人民满意的教育"的根脉。这是遵循教育规律、人才成长规律的必然。青岛超银学校的焦点是学生，支点则是家长满意度。因为，家长心里最大的愿望是孩子成才，脸上最有光彩的是一份好的成绩单，但心理上触动最大的则是"熊孩子"变得懂事了。如果一个个眼神清澈、一张白纸的学生，学出来的只是分数、自己，而不知道爱同学、爱班级、爱父母、爱家乡、爱自己的国家，这不是学生的失败、家庭的失败，而是学校的失败、教育的失败。

第一节 学生心灵故乡里永远的"金牌门童"

一、"金牌门童"故事里的理念

想必很多人都听过或看过这样一个故事。吉尔从 22 岁起成为佳士得拍卖行的一名门童，并一直工作到退休。门童的工作在大多数人的印象中，就是为来来往往的客人开门关门，简单地说一声"欢迎光临"，但是吉尔把工作做到了极致。因为拍卖行的顾客多数是各行各业、不同领域的知名人士，因此吉尔平时就把报纸上所有名人的照片和资料都剪下来，贴在家里的墙上，反复练习迎接他们的最好状态，以至于每一位走进佳士得的客人吉尔都能够一一叫出名字，并辅之传神的微笑、得体的肢体语言，无形中给顾客带来一种"宾至如归"的亲切感。这不是简单的记忆，而是一种敬业的责任与基本的技巧钻研、思考、总结。因为其杰出的服务，在吉尔退休时，佳士得宣布给予他副总裁的身份和待遇。这就是著名的"金牌门童"故事。

教育不是机械的填鸭，而是心灵的彼此温暖与交流、碰撞。2015年暑假期间，受到"金牌门童"故事的启发，超银教育集团张勤董事长明确提出了"金牌门童"的服务理念。这里的服务，是指一种全心全意为学生成长进行服务的情怀，一种精益求精为学生、家长提供高品质、全方位教育服务的意识。有了为孩子成长服务的意识，学校、教师对家长、对学生就不会以居高临下的姿态、高高在上的架势、教训的口吻和不屑的眼神对话。学校与教师会放下身段、敞开心扉，在尊重家庭和学生独特个体的前提下，用"爱和责任"与学生对话，以平等的身份和合作的方式与家长沟通，把学生的酸甜苦辣放在心上，把家长的诉求放在心上。教育是由学生成长需要决定的，而非由教育者决定的，为学生的成长服务，符合教育规律。

二、点滴涟漪扩无际

学校、教师是家长希望的托付。因此，家校的有效沟通如同投石入水，激起的涟漪虽小，却能扩散至无际。甚至每一个微小的互动，每一次深入的对话，都是教育力量润物细无声的源泉，它们汇聚成流，滋养着家校关系、师生情感，塑造着家庭与学校共同的愿景。"点滴涟漪扩无际"，不仅牵动着家校合作的微妙影响，也体现着教育过程中细节与总体、形式与内容所具有的不可估量的价值。

家校沟通可谓教育的基石，它让教育理念和实践双向奔赴、双向流动。每一次家长会恳切的交流，每一次学校活动的积极参与，都是家校合作的生动体现。心至深处总关情，这些虽起于微末的点滴努力，却如同水面上的涟漪，总能引发共鸣。

这些努力是现实教育中"踩坑"的结果。在现实多元化、开放性、多向性的社会环境中，家校关系、师生关系、教师和家长的关系也不是纯而又纯的岁月静好，而是误会与碰撞、理解与抱怨、主动与被动、喜与忧交织的进行曲。所以，在家庭与学校的合作过程中，不可避免地会遇到一些问题，例如教师在沟通时表现出的权威主义态度，家长在信息接收上的被动性，教师沟通方式的不当导致家长感受到被批评，部分家长将教育责任完全推卸给学校，一些家长漠视沟通，仅关注学生的学业成绩等。

缺乏问题意识，往往才是最大的问题，而对问题的忽视与回避，则可能酝酿出更大的风险与隐患。超银学校始终坚持问题导向的管理思维，一方面依托既往经验，主动为教师、学生与家长"打预防针"，另一方面则更注重直面现实，不讳言问题、不掩盖矛盾、不回避风险，做到第一时间发现问题、第一时间妥善解决、第一时间反思总结，确保学校治理始终处于良性循环之中。

1. 平等、尊重、清晰地与家长沟通

在家校沟通中，有以下几种常见的情况。

日常沟通：包括学生的学习情况、行为表现、作业完成情况等。

问题反馈：如学生在校表现不佳、学习成绩下滑、行为问题等。

紧急通知：如学生突发疾病、安全事故等需要家长立即知晓的情况。

活动通知：如家长会、学校活动、假期安排等。

教育理念交流：如学校教学理念、教育政策、家庭教育方法等。

良好的沟通机制应具备及时性、透明性、双向性、持续性、个性化的特点。超银学校对此有明确规定：无论何种情况，教师都不得当面或背后抱怨家长，不得在孩子面前贬低家长，不得在公共场合，如家长会中点名批评学生和家长，而应以表扬为主。

学校深知，在家校协作的过程中，每位家长都应得到尊重，这与他们的学历、能力或生活状态无关。每一位教师都不应因自己在教育领域的经验或孩子的过错而对家长颐指气使。面对家长配合不足的情况，教师应首先反思是否是家长有些现实的困难是我们尚不了解的。教师需要先有稳定的情绪，因为许多家校矛盾往往源于情绪失控。

这对从超银民办校区调至托管公办校区的马老师来说，感受尤为深刻。

2023年7月，托管二十三中的老师们在暑假期间展开了全面的家访工作，旨在深入了解每个学生的家庭背景和学习环境。马老师作为新接班的班主任，发现浩浩同学的情况有点特殊。他的父亲是一名大货车司机，常年外出，母亲是一名保洁员，两人工作繁忙，无暇顾及孩子的学习和生活。假期里，浩浩没有像其他孩子一样在家学习，少年的他每天跟着父亲跑车，这样一来家访就成了难题。多次打电话被拒绝的马老师对应尽的责任不放弃、不抛弃，临近开学时，连续5天早晨7点的准时电话，终于感动了家长。

通过与浩浩父母的交流，马老师了解到浩浩虽然在家具有"熊孩子"的一些特点，但跟爸爸跑车时表现得挺有眼力见儿，有几次装卸货过程中都受到货主的称赞，所以，爸爸觉得他学习成绩不理想，"就是开大货车的料"，等中学毕业就"就业"。家长和孩子的迷茫让马老师心痛。她说，浩浩在课堂上常常扰乱秩序，顶撞老师，但有爱心，能帮助同学，对开货车有自己的看法，这是优点。不过，"想混到毕业去开车，那未来的车没点知识能开得了吗？而且现在车都无人驾驶了，将来可能连开车的机会都没有！"这句话震动了家长，也震动了浩浩。"对车感兴趣，就要知道车，你了解车吗？"经过几次沟通，她与浩浩一起制定了未来的学习规划，尤其是指导他收集了不少关于车的知识。

马老师深知，尊重与沟通是教育的基础。为了帮助浩浩重新燃起对学习的兴趣，她不仅在课堂上给予他更多的关注，还经常与他聊天，了解他的想法和感受。在沟通与观察中，马老师发现浩浩内心深处是渴望"变好"的。于是，她与各科老师协商，为浩浩"量身定制"学习任务，从简单的背诵诗句到掌握基础知识，逐步提升他的学习信心。每当浩浩完成一项任务，马老师都会给予他充分的表扬和鼓励，让他感受到成就感。

在老师的尊重与关爱下，浩浩的学习态度逐渐发生了转变。他开始认真听课，按时完成作业，甚至主动帮助老师和同学。马老师因势利导，让他担任自己的"小助手"，赋予他更多的责任感和归属感。浩浩的行为举止也发生了显著变化，从曾经的"小刺头"变成了班级里的"热心肠"。回到家后，浩浩与父母的关系也变得更加融洽，不再因为小事顶撞父母。父母看在眼里，暖在心里，亲子关系得到进一步改善，这也强化了浩浩的转变，"做个有用的人"成了他的信条。

精诚所至，金石为开。马老师转变浩浩与家长观念的故事再一次印证了"教育是用一颗心唤醒另一颗心"的道理，"哪一个人不想得到一份应有的尊重？"而这种尊重源自对人的触动、对人的唤醒。

2. 重视家长关切，尽力满足家长的合理诉求

在家校沟通中，家长的关切集中在多个方面，这些关切不仅体现了家长对子女成长的深切期望，也反映了他们对学校教育质量的关注。

首先，家长普遍关心孩子的学业表现，包括学习成绩是否达到预期、学习态度是否端正，以及是否存在偏科或学习困难等问题。其次，家长希望了解孩子在校的行为表现，例如是否遵守纪律、是否存在不良行为或社交问题，以及是否积极参与集体活动。此外，孩子的身心健康也是家长关注的重点，他们希望了解孩子是否适应学校生活、是否存在压力或情绪问题等。同时，家长对学校教育资源的质量也抱有较高期待，包括教学水平、教师的专业性和责任心，以及学校是否提供充足的课外活动和资源。当然，家长还希望学校能够及时反馈学生的情况、重视家长的意见，并提供有效的家庭教育指导。

为了有效回应这些关切，学校需要建立科学合理的机制，确保家校沟通的顺畅与高效。超银学校一是设立了由家长代表组成的家长委员会，搭建起家校沟通的桥梁，定期与学校管理层沟通，反映家长的意见和建议，并参与学校课程设置和活动安排的一些意见；二是设立了家校合作中心，专门负责协调家校关系，提供家庭教育咨询和支持服务，为家长提供与教师交流的机会，深入了解孩子的学习和生活情况。进一步促进双方的相互理解与合作。

同时，学校还建立了紧急沟通机制，规定教师必须在规定时间内回复家长的紧急询问，并对需要上报学校领导的问题进行明确界定。此外，学校还定期向家长发布教学计划和学生表现报告，确保家长能够及时获取相关信息。

随着智慧校园系统的建立，通过 App 或网站提供在线沟通功能，家长与教师的实时交流更为方便。智慧校园系统可以实时更新学生的成绩、作业和表现，并通过大数据分析生成个性化报告，帮助家长全面了解孩子的学习进展和问题。这些技术手段不仅提升了沟通效率，也为家校合作提供了更多的可能性。

然而，技术手段代替不了有温度的面对面沟通，为此，许多学校定期举

办家长讲座，邀请教育专家分享家庭教育理念和方法，帮助家长掌握科学的育儿技巧。同时，学校还需要加强对教师的培训，提高他们的沟通技巧和家校合作意识，确保教师能够有效地反馈学生情况，避免因沟通不当引发误解或舆情问题。

在青岛市崂山区书院学校（超银崂山校区），对于家长的诉求，学校也有明确的规定：及时回应，事事回音；能解决的问题，告诉家长解决的时间；不能解决的问题，要给家长做出解释，并告诉对方自己做出的努力。实际上，很多时候家长可能得不到想要的结果，但如果他知道学校重视他的诉求，且为此做出了努力，家长一般都会理解。

对于家长最为关心的孩子身体健康问题，学校出台规定：如果孩子身体不舒服，请假回家，一定要由班主任或任课老师亲自送孩子到校门口，把孩子交到家长手里，当面跟家长说一说自己观察到的情况，适时提出建议，让家长感受到老师对自己孩子的关心；学生因事请假，老师要想方设法给孩子把耽误的课补上，避免家长和学生焦虑。

对于多数家长关心的孩子在校生活，学校提倡班主任和任课老师要经常性地往班级群里发一些学生在校的照片，尤其是当学生展现出优秀的一面，或因其他原因被表扬时，他的照片或视频一定要出现在班级群里。

为确保家长需要解决的问题能尽快解决，学校最大范围地畅通家长与校长沟通的渠道。学校规定：校长的电话号码在每次家长会上都要公布，手机24小时开机；校长与所有的班级家委会成员都互加微信；学校每月组织一次校长面对面活动，每周组织一次家长驻校办公活动；家长反映到老师那里的问题如果涉及的不仅仅是班级内部问题，老师要向校长汇报，如果判断为关键事件，则校长要参与或者亲自出面解决。

在超银学校的各个校区，班主任和任课老师主动与家长沟通已是家常便饭。老师手机24小时在线，确保及时接听回复家长的微信和电话。老师们每学期对每个学生至少进行一次家访，及时解决孩子成长中的困惑，帮助家长排忧解难。

根据2023年的调查数据，崂山校区中家长仅有小学或初中学历的占49.1%，专科及以上的占12.1%。许多家庭收入较低，家长工作不稳定，常常

需要早出晚归，孩子的教育问题因此被忽视。

面对这样的教育现状，梁之合校长鼓励老师们："遇到有能力、有意愿和我们共同教育孩子的家长，我们就赚了；遇到没时间也没有能力或不愿意教育孩子的家长，我们也不要觉得亏，我们自己多付出些就好。"因此，崂山校区制定了一些"特殊"的规定和做法：不得轻易让学生家长到校，尤其是因为学生犯错，如果必须让家长到校，需先上报学校，学校批准后方可执行；无特殊情况，学生的问题由学校解决，事后与家长电话沟通；如有必要，在家长时间允许时进行入户家访——这些规定，目的在于尽量避免让家长请假，因为他们少工作一天就会少一天的收入。

对于家长关切及合理诉求尽力满足，尤其是特殊家庭。该校区小学部，小王同学家境贫困、家庭结构复杂，父亲因酗酒问题无法参与正常的家校沟通，因此班主任主要与孩子的母亲保持联系。然而，孩子妈妈文化水平有限，识字不多，难以阅读班级通知，也无法独立参与各种线上活动。面对这一情况，班主任主动采取行动，每次发布班级通知后，都会再用语音详细解释一遍，确保家长能够理解并配合学校的工作。对于需要线上操作的活动，班主任会在征得家长同意后，耐心地通过语音一步步指导，甚至帮助其完成操作。

有一次，小王同学申请社区贫困补助时，由于材料处理复杂且需要多次修改，家长感到十分困难。学校了解情况后，除耐心指导家长准备材料，还不厌其烦地协助办理，确保材料合规。为了不耽误补助评选的进度，学校还协调各个环节，加快审批速度。

家长关切无小事，尽力满足筑信任，这是家校合作得以深化的有力保障，也在很大程度上提升了家长对学校的满意度（见图4-1）。

图 4-1 紧密的家校沟通赢得家长满意

3. 德能并重，做让家长理解并信任的优秀教师

教师与家长的关系是一种以学生为中心的合作关系，其核心在于相互尊重、有效沟通和共同协作。通过建立良好的家校互动，教师与家长能够增进相互理解、相互信任，目的是更好地支持学生的成长与发展。这种关系的良性程度越高，教育质量的保障度必然越高。

医者仁心，师者亦是仁心，对于教师而言，不仅需要具备过硬的专业能力，更需要的是师德修养。教师把时间用在提升自身业务能力上是必要的，但把精力用在对学生的了解和关怀上同样不可或缺。一个优秀的教师不仅在意自己的成长与荣誉，更在意学生的成长与需求。如果教师只关注自身的提升而忽略了对学生的关怀，那么无论是教学成绩还是学生对教师的满意度，都难以达到理想状态。因此，学校管理者需要通过多种方式引导教师成为德能并重的好教师。

在超银学校，严格的招聘制度和师德规范确保了教师队伍德能并重的基本素质。首先是把好招聘这一"入口关"，形成在青岛有名的"超银学校拒绝招聘十条"，从教育理念、情怀、师德等方面对应聘教师进行严格把关。其次，入职后，学校与每位教师签订"师德承诺书"，并组织学习"教师十戒"，以制度和标准对教师的言行做出明确规范。最后，学校提倡教师关爱学生，鼓励无偿辅导，坚决禁止有偿家教、体罚或变相体罚等有违师德的行为。一旦发现违规行为，学校将严肃处理，直至解除劳动合同。这种机制化的管理不仅保障了教师的职业操守，也为家长提供了信任的基础。

超银学校倡导的"严格"并非简单的呵斥或惩罚，而是以责任心和爱心为底座的教育方式。学校要求教师为学生设定切实可行的目标，并通过鼓励和督促帮助学生逐步实现这些目标。即使学生暂时未能达到要求，教师也要在不降低标准的前提下持续追踪，直到学生能够符合要求。这种严格是责任心驱使下不达目的不罢休的耐心和恒心。行为具有最好的传导力，这种师生关爱的传导，使学生的目标意识自然得以提升，耳濡目染之下，良好的生活和学习习惯也得以养成，正确的价值观逐渐建立。所以，超银教师拥有知识传授者、学生成长引路人的双重身份。用同行、家长的话来说，"这是超银区别与其他学校的地方"，也是形成家校合作良性循环的源头。

小黄同学是班级里的一名学困生，基础薄弱，学习能力有限，行为上也就似乎理所应当的散漫些。她甚至因为在家中水饺店帮忙而频繁请假，几乎是半工半读的状态。面对这样的情况，班主任李老师并没有急于批评或放弃，而是选择了对症下药。

最初尝试与小黄沟通，但效果并不理想，李老师告诉自己："要保持花苞心态，再等等吧。"于是继续通过多种方式接近小黄，拉近彼此的距离。除了家访，李老师还利用课间、就餐时间与小黄闲聊，甚至体育课时主动与她一起颠球。细微之处见精神，这些看似微不足道的举动，让小黄的心里不时翻起小浪花。随着关系的拉近，李老师选择在小黄因冬至请假在家帮忙的机会，再次进行了家访。李老师当着家长的面表扬她课间操时主动维持秩序、看到垃圾会主动捡起等行为，这让小黄和家长都感到惊喜。家长感慨地说，从小学到初中，因为孩子成绩不好，从未有老师夸过她。李老师针对她主观上所持的"学习无用""学不会""学过的知识用不上"等意识，用"登山"的比喻开导她：走一步到不了山顶，走一百步也到不了，但山腰的风景与山脚的视野就不同了。"你认为学习无用，但是，哪一粒肥、一滴水、一片叶对树的长大没用？"当头棒喝似的发问，让小黄心头一震。自此以后，她在课堂上开始做起了笔记，甚至在课间主动当起"小老师"，督促小伙伴背诵古诗。放学后，她还会发背诵视频给老师，展现出前所未有的学习热情。家长对此感到无比欣慰，逢人便说："我的女儿长大了。"

李老师说，一把钥匙开一把锁，道理肯定没错，但找到钥匙才是关键，哪个学生心头没有一架发动机？要启动它，需要细心的观察与发现。

三、渗透进家庭，拨动家长需求

了解家长和学生的真实需求是每一所学校必须面对的长期课题，也是一项永不停歇的必修课。如果说"用户思维"是企业成功的关键，那么"家长思维"就是学校发展的一个重要按钮。所谓"家长思维"，就是站在家长的角度，考虑并理解他们的需求、体验、困境、诉求以及焦虑，又不能完全地附和、迎合，而是做好区别、拉高视点、换个角度。

1. 科学办学，满足家长的需求

超银中学刚建校那几年，是以"满足家长的需求"作为办学的主体观念。在"唯分数论"的教育环境中，对于多数家长来说，分数是压倒性的指标，"说破大天，没分数就是白扯"。不过，超银中学不是一概而论，而是对家长的分数观进行了如下分类。

（1）分数至上型。

这类家长将分数视为衡量孩子学业成就的唯一标准，认为高分是孩子未来成功的保障，一切都应该为获得高分让路。他们通常对孩子的学习成绩有极高的期望，甚至甘愿为孩子付出一切，为此给孩子施加巨大的压力。这类家长往往关注学校的升学率、班级排名以及孩子在考试中的具体表现，认为分数是孩子竞争力的最好证明。

（2）全面发展型。

这类家长虽然也重视分数，但他们更关注孩子的全面发展，包括品德、能力、兴趣和心理健康等方面。他们认为分数固然重要，但不应以牺牲孩子的身心健康和个性发展为代价。这类家长通常支持学校的素质教育举措，希望孩子在学习之余能够参与丰富的课外活动，培养综合能力。

（3）务实平衡型。

这类家长对分数的态度较为务实，既认可分数的重要性，也理解孩子的个体差异。他们希望孩子能够在学业上尽力而为，但不强求名列前茅。这类家长更注重孩子的学习态度和努力过程，认为只要孩子尽力了，结果如何都可以接受。他们通常会与学校保持积极的沟通，寻求在学业压力和孩子身心健康之间找到平衡。

（4）焦虑观望型。

这类家长对分数的态度较为矛盾，既希望孩子取得好成绩，又担心过度的学业压力会影响孩子的生理发育与成长。他们常常在教育方式上感到迷茫，既想给孩子更多的自由空间，又担心孩子落后于他人。这类家长通常会根据孩子的表现和学校的反馈不断调整自己的期望，处于一种观望和焦虑的状态。

（5）个性化需求型。

这类家长对分数的看法较为灵活，他们更关注孩子的个性化发展和特长培养。他们认为分数只是孩子成长的一部分，而不是全部。这类家长通常支持学校因材施教的教育理念，希望孩子能够在学业之外发展自己的兴趣爱好，甚至为孩子的特长发展投入大量资源。

对象清晰了，问题自然也清晰地摆在面前，方法的"十八般兵器"也就有了各自的用武之地。然而，对于超银来讲，还面临着自身"晕轮效应"的影响。20多年前，那个时候大部分家长还属于"分数至上型"，当超银中学第一届毕业生以"黑马"的姿态在全市中考中一鸣惊人，并且在后来的十几年里每年中考成绩都是全市第一，而且从分数、学生数量两方面都与第二名拉开了一定的距离，于是，"分数"与"超银"在广大市民的印象中、概念里就固化为等式关系，这种"晕轮效应"实际上已经大大地遮盖了学校其他方面的优势，因为，超银赋予孩子的还有人性的启蒙、导引和塑造。所以，随着国家素质教育的要求越来越高，社会对教育的认知越来越理性，正确的分数观就应该成为学校、老师、学生、家长应有的基本观念，拒绝"唯分数观"不是不要分数，而是更加关注学生的优质成长。超银的观点、行为、做法、结果也随之有效地传递给家长，种进师生的心田。

"兴趣是最好的老师"，相对于考一个好成绩，激发学生的学习兴趣，让他们收获自主学习的好习惯才是更重要的。超银学校正是通过不断激发学生的学习兴趣，让学生有了学习的胜任力，逐渐引导学生爱上学习、善于学习，从而也满足了家长对于孩子成绩的需求。无论是分层教学还是通过数字化系统的靶向作业，无论是特色学科活动还是选修社团，都能激发学生的学习兴趣，让他们学以致用，获得学习上的成就感。除此之外，针对天赋异禀的学生，超银还给他们施行"特色教学"。

2024年，超银中学的王同学成功地被西安交大少年班录取，这一消息在校园内引发了强烈反响。王同学取得的成绩不仅是他个人努力的结果，更是超银中学"特色教学"理念的成功实践。学校始终秉持因材施教的原则，为像王同学这样具有特殊禀赋的学生提供量身定制的教育支持，助力他们在擅长的领域脱颖而出。

自初中起，王同学便在信息竞赛与文化课学习上展现出远超同龄人的热情与天赋。初一时，他对知识的强烈渴望促使他在课余时间大量阅读科普书籍，并在信息学领域崭露头角。他善于思考、逻辑性强，且对理科充满浓厚的兴趣，这些特质在信息学的钻研中得到了充分体现。到了初二，王同学不再满足于课本知识，开始利用课余时间学习普及组的编程知识，并逐步涉猎提高组的学习内容。他还积极参与编程类白名单赛事，并屡次获奖。这一过程中，家庭给予了他品德培养上的严格要求以及学习上的自主空间，为他的信息学探索提供了坚实的后盾。

进入初三后，王同学的学习成绩始终在班级名列前茅，尤其是在数学和物理学科上表现突出。他从初二开始自学高中物理，那时已推进至高二课程。作为物理课代表，他不仅早早掌握了初中物理知识，还积极参加全国信息学奥林匹克竞赛提高组，并在CSP-S中荣获二等奖。这些成就的背后，离不开超银中学教师团队的悉心指导。早在初一第二学期，老师们便发现了王同学卓越的自学能力，并为他提供了全方位的支持。信息学方面，班主任邵老师为他推荐专业书籍与课程，并鼓励他通过参赛检验学习成果。这种个性化的指导方式，正是超银中学"特色教学"理念的生动体现。

超银中学不仅注重学生的学术发展，还高度重视他们的全面成长。王同学热爱足球，初二时代表学校参加了"市长杯"足球赛，展现了他在体育领域的热情与能力。学校鼓励学生制定科学的学习计划，王同学通过计划本合理管理时间，既享受学习的过程，也平衡了兴趣与学业的关系。这种全面发展的教育模式，为他的成长提供了多元化的支持。

在学校与家庭的共同培育下，王同学在信息竞赛与文化课学习上齐头并进，为自己的未来奠定了坚实的基础，也为超银中学的学子树立了优秀的榜样。他的成功不仅是个人天赋与努力的结晶，更是超银中学"特色教学"理念的成功实践。学校通过因材施教、个性化指导和全面发展的教育方式，为每一位具有特殊禀赋的学生提供了展现自我、实现梦想的舞台。这种教育理念不仅让学生的潜能得到充分释放，也为他们的未来铺就了一条充满希望的道路。

2. 转变思想，引领家长的需求

孩子作为家庭的希望，承载了父母多方面的心理期许。殷殷之情当然是人之常情，这是一个方面，另一方面就是家长的护短与盲目自信，当然，也有自卑的家长，总觉得自己的孩子比不上别家的孩子。其实，一把钥匙开一把锁，孩子的类型不同，在同理心的基础上，最重要的是针对性引导。

教育归根到底是人的培养，即从一个"自然人"到"社会人"的潜移默化过程。塑造人性，无疑是教育的轴心。办学者要从问题思维和方法主义的泥潭中跳出来，寻找办教育的立足之地。

随着国家陆续出台"破五唯""双减"等重大举措，关注升学率、关注学生生命状态的"双关注"渐成社会主流共识。

关注从家长开始，同时这也是家长们共同的痛点。对此，超银学校形成了较为系统的方法，引导家长理解孩子的发展需要，不仅帮助家长科学认识孩子的成长规律，也促使他们更加积极地参与到孩子的教育过程中来，共同为孩子的全面发展创造有利条件。不过，满足家长的需求只是一个"起步"，近年来，超银学校又慢慢摸索出"引领家长需求"的策略。

"点亮生命，人人闪光"作为超银学校的品牌语，不是挂在口头上的招牌，而是将重视学生的全面发展和个性特长相统一、考试成绩与日常表现相结合。实际上，望子成龙、望子成凤的家长，在关注分数的同时，绝大部分都是殷切地希望自己的孩子成为"六边形战士"。

在超银教育集团内部，广饶课改校区也被誉为超银的"黄埔军校"。超银教育集团以这个校区作为试点进行课改，软硬件全面提升，进行大刀阔斧的改革，可以说是经过了充分的论证和研究。这次改革势在必行，原因有以下三点。

首先，从整个国家层面来说，党的二十大报告把科教兴国战略、人才强国战略、创新驱动发展战略放在一起统筹谋划、一体部署。在青岛市教育局下发的拔尖创新人才培养的文件中明确提出：加强各学段贯通培养，为有创新潜质和学科特长、学有余力的学生营造更适合的成长成才环境，搭建成长发展绿色通道。一系列政策也释放了强烈的信号，从顶层设计来说，广饶课改校区就是为了服务于国家战略和青岛市的人才培养战略而升级的。

其次，从家长和学生的需求来说。中考和高考的改革就在眼前，国家迫切需要快出人才，出好人才，所以对人才的选拔方式明显在改变，家庭、学校、社会要愈发重视孩子的能力与素养的提升，这是大势所趋。如果家长视分数为唯一的话，恐怕就不能适应国家对人才培养的新要求了。家长和学生的需求在逐步变化，作为学校，不能仅仅满足家长的需求，更要引领家长的需求，因此超银也必须提前做出改变。

最后，从民办教育发展的角度来说，由于自身的机制、个性、效率以及灵活性的特征，对于学生、家长、社会以及教改的脉搏会更敏感，尤其是自适应能力、自助能力更为突出。所以，校区升级的消息一经发布，即引起社会和广大家长的强烈反响，当年该校区的报名人数远远超过了计划数。

3. 引进 IB 课程，创造家长的需求。

2016 年，时任超银教育集团总经理张毅帅结合他多年来对北美地区的考察，极具前瞻性地提出将 IB 课程引入超银，将素质教育与立德树人的国家意志贯彻到日常教学之中。几年下来，已得到学生与家长的高度评价。

IB 课程在全球得到广泛认可。它为 3～19 岁的学生提供全方位的教育，涵盖智力、情感、个人发展以及社会技能等多个维度，旨在系统性提升学生适应学习、工作和社会生活的综合能力。其国际化程度高、学科设置全面、具有一定挑战性且评估体系严谨，这些优势与国家新课程标准所倡导的培养学生创新精神、实践能力和社会责任感等目标高度契合。

超银以国家课标为根本导向，从小学阶段便引入 IB 课程，犹如开启了一扇全新的教育大门，让众多家长不由得惊叹："原来教育还能如此多元丰富！"学校基于现有的教材资源，精心打造了超银思道 FD 课程体系，其中探究课程是该体系的核心亮点，其内容涵盖文化、生态、政治、经济、技术等诸多领域，通过协作探究的方式，为孩子们搭建起通往真实世界的桥梁（见图 4-2）。同时，借助概念驱动式学习，打破学科界限，整合各学科的认知与思维方式，使每一门学科都成为深入探索主题的有力工具。在超银小学，每位学生每年都要选择 6 个超学科主题，6 年时间完成 36 个主题，从认识自我的"身体系统"到聚焦前沿科技的"能量转化"，从立足本土文化的"家乡与身份认同"到放眼全球视野的"冲突与和平"，作为学生综合素质的培养，让学生在学习中既能扎根本土，又能放眼世界。

图 4-2 学生探究成果展示

在学生成长方面，超银秉持"读书功夫在书外"的观念，认为学生的学习资源不应局限于书本，整个现实世界皆是学习的素材。学校教师通过打破学科壁垒、时间限制以及教室空间的束缚，让超学科探究式学习和走出教室的场馆课程学习成为常态，营造自然的学习氛围。一年级的探究课《材料和结构影响物体安全》，这个看似复杂的课题，却是学生们日常学习的一部分。在课堂上，学生们充分调动触觉、嗅觉等感官，通过搭建、实验等方式探索不同材料和结构对物体安全的影响，并借此培养自身的安全意识与责任意识。这堂课巧妙融合了语文、数学、科学、艺术等多学科知识，教师们每周都会开展同一年级组的跨学科教研活动，确保教学内容紧密联系生活实际。在这样的教学过程中，无论是教师还是学生，都与真实生活紧密相连，孩子们在探究学习中切实体验到学以致用的收获感。

从毕业生的升学与发展来看，超银小学 IB 课程的毕业生在领导力、表达力、思维力等方面展现出明显优势；部分学生选择进入国内的国际学校继续深造，家长反馈这些孩子在学术竞赛、社会实践等活动中表现出众；部分直接出国留学的学生，凭借 IB 课程培养的国际视野和跨文化理解能力，能够迅速适应海外多元文化环境，并在学术和社交领域取得优异成绩。

家长对超银小学 IB 课程的高度认可更是对学校教育成果的有力证明。期末的家长满意度调查，连续多年满意度超过 90%。家长们普遍认为，IB 课程不仅显著提升了孩子的学术能力，更在独立思考能力、社会责任感和团队合作精神等综合素质培养方面发挥了重要作用。他们赞赏学校对孩子全面发展的重视，这种教育方式既关注学业成绩，又注重品格塑造和兴趣培养，与国家素质教育理念高度一致。同时，家长们对学校教学质量和教师专业素养给予了极高的评价，认为他们能够精准把握 IB 课程要领，通过个性化教学激发孩子的潜能，促使孩子们变得更加自信、开朗，对学习充满热情。

事实上，许多家长对 IB 课程的理解是在学校持续的理念传播与教育实践中逐步加深的，学校以专业引领唤醒了家长对优质教育更高层次的需求，这正是"创造家长需求"的生动体现。

第二节　学校不是学校的私家领地

一、家长满意，促进社会教育的边际关系

进入新时代，面对多样化需求，增进教育民生福祉意味着不仅要解决"有没有"的问题，更要解决"好不好"的问题。"获得感"成为检验教育民生工作的"刻度尺"。

教育发展不平衡、不充分与人民群众对优质教育需求旺盛间的矛盾催生出了令学生、家长、学校无奈的"教育焦虑"。"起跑线"焦虑、择校焦虑、作业焦虑、升学焦虑……这些话题始终排在社会热点话题的前几位。置身风暴眼中的学校，肩负着不可推卸的责任和义务，却又在裹挟中似乎十分尴尬且无奈，转换角度天地变，在社会大环境中虽身不由己，但关起校门是一片可自主、独立的小天地。

现如今，各行各业对满意度的要求都很高。它涉及了解客户需求、提供优质产品和服务、持续改进、建立长期关系、利用技术、合理定价和树立良好的品牌形象等方面。学校的满意度评判主体一是学生，二是家长，尤其是家长的满意度这一重要指标，涉及教育质量、社会期望、家长参与度等相对复杂的社会问题。

为了提高家长满意度，超银学校各校区采取了以下几种基本做法。

1. 分类分层，个别恳谈

为进一步拉近家校距离，克服全体家长沟通中内容泛化、针对性不强的弊端，超银高中在日常教育教学过程中持续推进分类分层的个别家长恳谈机制。通过与不同类型的家长进行有针对性的深入交流，学校切实助力各类学生在学习、行为、心理等方面取得成长与进步。

分类分层个别家长恳谈会不同于面向全体的家长会，每次参加恳谈会的人数仅限少数家长，时间安排上更加灵活，形式也更加多样。班主任与任课教师一起参与，定期跟踪学生后续发展状态，更有针对性，学生与家长的感受也更加具体。

目前，分层分类个别家长恳谈会已经初步形成具有超银高中特点的家校合作新方式，不仅使班主任的工作更加细致有效，也让家长及时参与到学生的教育过程中来，让家长更放心，让家校合作更舒畅，更重要的是使学生存在的问题得到了及时的跟进与指导。

2. 全员育人，一生一策

超银中学广饶课改校区汇聚全员智慧，全体干部和老师都参与到学生管理中，做到人人育人、时时育人、处处育人。老师们通过对学生特点的分析，为学生量身定制"一生一案"甚至"一生多案"，找到适合学生发展的方法，精准施策，为学生的成长提供强大的助力。特别是初三年级，各班班主任认真分析班级每一个学生的特点，量身定制适合每一位初三毕业生的发展方案。根据学生的特点，任课老师与其确定帮扶关系，利用课后服务时间、课间时间与学生谈心，为学生进行生涯规划，给学生指明了奋斗的方向，令家长深受感动，纷纷表达对学校和老师的感谢。

3. 密切沟通，协同育人

超银中学镇江路校区所有班级开学第一周周末就召开线上家长会，老师针对开学初期的情况与家长进行及时交流，帮助家长和学生更好地适应新学期。各年级陆续开展家长论坛活动，邀请家长走进学校，促进家校协同育人。各班还有序组织开展家访工作，通过面对面的有效沟通，让每个学生都能受到关注。其中，每周中午的"校长有约"活动深受学生的喜爱，与校长面对面"约饭"已经成了一种日常，校长与学生亲切交流，认真倾听同学们的心声。学校还开展个性化的课后服务，为学生们做好精准的服务工作，老

师们全程跟踪学生自主学习、分层作业、习惯养成、特长发展、心理健康等方面的发展情况，通过家校联手，促进学生全面发展。

4. 学生人人有导师，教师人人做导师

超银中学金沙路校区为进一步提升育人工作的全员性、主动性和实效性，促进学生健康成长和全面发展，在"学生人人有导师，教师人人做导师"的理念下启动了"全员育人导师制"。

学校成立了以班主任为核心、任课教师为成员的导师组，在学习、生活、品德和心理方面为学生提供全方位、个性化的指导和帮助。充分尊重师生的自主权和选择权，并结合受导学生的个性特点、导师教学以及其他实际情况，"育人导师"的选择实现了双向奔赴。学校建立指导学生成长档案，记录学生成长过程中的闪光点和不足点，充分考虑学生的个体差异，因材施教，以爱育人，制定学生改进和发展目标并指导其完成。

5. 全员家访，家校共建

西海岸新区超银学校利用节假日和课余时间入户家访，面对面征求家长对新区教育、学校、班级的意见和建议，及时回应家长关切，就家长关心的热点问题做好解释说明，尽心解决家长的问题和困惑。校长亲自带领包班干部与班主任对全校重点学生逐一家访，面对面家访为解决家长的诉求和困惑搭建了很好的平台。学校将学生分到每一位老师，对全校1500名学生做到了全员家访、不漏一人。

同时，学校还积极开展家校共建活动，学校与家庭，教师、家长与学生共同参加活动，通过亲子活动日、家庭教育沙龙、家校共读、郊游远足等形式，增进相互了解与合作，加深相互间的感情，调动三方的积极性，达到共同成长的目的。

6. 家长走进学校，参与学生成长

崂山区书院学校（超银崂山校区）建立了校长带头、中层示范、班主任为主体的全员家访工作机制。开学前，全体教师走进每个学生的家庭，与家

长、学生面对面深入沟通。

开学后，学校将每周三上午定为家长驻校办公时间，家长在老师的带领下参观学校，与孩子们一起上课，实地了解学生就餐环境、就餐流程，亲自品尝饭菜。学校还定期召开膳食委员会专题会议，组织家长参观食堂、座谈反馈，认真听取家长意见。

为充分发挥家长的行业专长，学校多领域、多维度地丰富学校课程体系，开展了"父母课堂"活动。不同职业的家长给孩子们带来了一节节别开生面的课程，内容涵盖美术、音乐、手工、消防、科技、烹饪等多种领域，为孩子们带来了更多元更丰富的课程体验。

7."点单式"家访，心与心的交流

超银托管成立青岛二十三中（超银中学重庆南路校区）后，第一时间对教学楼环境进行了调整。学校将所有的教室更换到阳面，将原来的行政楼办公室统一搬到与学生同楼层相邻的办公室。教室、办公室的调整方便了师生之间的学习交流，节约了时间，提高了效率，不仅缩短了空间上的距离，也把全校师生的心紧紧连在一起。

托管伊始，学校第一时间组织"点单式"家访工作。除了班主任，任课老师也与班主任一同走进学生家里做家访。每个学生的学情不同，家长可以通过班主任下发的小程序，选择自己想要被家访的任课老师，这一举措更加有的放矢地为学生和家长提供帮助和指导。家访中，老师们认真倾听家长在教育孩子时所遇到的困难，尽自己最大的努力帮助家长，让孩子找到方向，让家长看到希望。

学校还启用了全员育人导师制追踪记录表，及时记录下学生的情况并向家长反馈，让家长可以在平日里更加全面、多角度地了解学生的日常表现，消除了家长的担心和顾虑。

8. 教育合伙人，见证成长瞬间

携手是最温暖的共育，家校和谐的交响曲是心灵最美妙的教育声音。超银小学的家长们或受邀走进学校，或以视频通话的方式相见，各班级的"教

育合伙人"敞开心扉展开交流，情感在沟通中升华，诉求在沟通中解决。家长代表和学生一起走进食堂享用早餐，伴随着琅琅读书声和同学们一起开启元气满满的一天。听课、观操、座谈、交流、校长午餐，充实的活动安排让驻校办公的家长们看到了孩子充满朝气、高效有趣、丰富多彩的校园生活。

一天的学习生活结束，班级群成了最热闹的场所。家长们可以在群里看到老师对于学生当天学习情况的总结反馈，可以看到学校生活的精彩瞬间，还可以和群里的爸爸妈妈们一起探究学习。

功夫在细节，主导看格局。有家长、记者、同行都曾一再提出，家长这么深入地介入学校，他们能承受其累吗？超银的老师在如此繁多的活动中，是否有分身之术？学生们如出笼鸟一样开眼了、放飞了，但一天时间就那么24个小时，分配得开吗？

在超银学校的眼里，等长的时间却有不等量、不等质的使用价值，如果以熬时间、加作业、刷考题的方式而论，课内、课外、校内、校外，此课、彼课，此科、彼科，学知识、学动手……时间肯定安排不过来。家长内心对孩子、对学校、对课程的"不安"就在于单向不了解，若双向透明了彼此的情况与诉求，现实的焦虑就会消减大半。而且，家长"会不会当好家长"本身就是一个切实的教育问题。所以，有了家长代表的驻校、参与，家长的负担能不减轻吗？

兴趣是最好的老师，好奇是最强的动力，应该说这是教育、教学的原点，所以，其规律是循着学生成长、知识成长、能力成长的本质主轴，进行系统的统筹安排而非简单、粗暴的堆料、加衣、加餐。学生不是机器，而是会思考、会分辨、集喜好和厌恶于一身的人，当他们的自主意识觉醒之后，豁然开朗的"羽化"感就会让他们获得"事半功倍"的知识与能力成长。

二、家校关系，通力合作见真章

这些年，已成为社会问题的家校关系对很多家长、学校来说都是绕不开的困扰，但超银学校的家校关系犹如鱼水，家长满意度在青岛市一直名列前茅。家校之间的紧密合作是提高学生素养的关键，而促进这一结果的核心是家长和学校的有效沟通。

1. 密切家校沟通，搭建家校互联立交桥

用大数据为提升满意度做支持。自 2013 年起，超银学校每学期都会通过第三方网络平台开展家长无记名调查问卷工作，后期调查平台全面升级，更加科学化、全面化、细致化。升级后的调查平台，在内容上从学校生活的方方面面设计了 30 多个有针对性的问题，通过多个维度进行调查。各校区结合数据进行分析，通过全体教师会进行传达反馈，使学校自上而下全方位了解家长对学校各项工作的意见，利用大数据对学校工作进行针对性的指导。

以解决具体问题为抓手，将家访工作落到实处。班主任利用下班时间或者休息日深入学生家庭，对学生的学习、生活情况进行全面的了解。如果在学校发现学生情绪异常，也会及时与家长进行面对面的沟通。如果是较为复杂的情况，学校心理健康研究中心的专家和教师则会共同协助班主任做好学生的心理疏导工作。

建立高效畅通的家校沟通渠道。每位超银学生都有一本定制版的家校联系本，每天通过它进行家校沟通。每班都建有各自的班级群，每天班主任和各科教师以视频或文档等形式与家长进行沟通和反馈。通过家校联系本和微信群，家长感受到了教师们的认真负责，家长与教师也增进了对彼此的理解与信任。

超银学校持续开展家长开放日和校长接待日活动，以增加办学透明度，让更多的家长走进校园，了解学校的真实情况，快速沟通解决实际问题。学校还设立校长邮箱，并在学校网站、校报校刊等显著位置刊登各校区校长公开电话，校长们的手机 24 小时待机，确保家长随时与学校进行无缝沟通，争取做到"投诉不过夜，意见不集中，影响不扩大"。

2. 成立集团监委会，及时发现和纠正学校发展中存在的问题

青岛超银教育集团监委会作为集团内部的最高监管部门，主要负责师德师风相关的投诉、意见及建议的处理，以及干部廉洁自律等纪律监督工作。监委会电话 24 小时面向家长开通，对于家长的投诉建议做到第一时间回复、三个工作日内办结。监委会还不定期地对家长进行随机的电话访问，了解家长对学校的真实评价，从2023年开始，监委会的调查对象扩大到毕业生家长。

很多毕业生的家长为孩子从超银毕业后仍能接到监委会的回访电话而感到"惊讶"，放下一些顾虑畅所欲言。毕业生家长王女士说："没想到孩子毕业了还能收到学校的回访电话，感受到了超银踏踏实实办学的真诚。"对毕业生家长的回访与调研，旨在通过跟踪进行学生后期成长的研究，目的是深度改进教学方式方法。

从机制上来看，超银教育集团监委会的成立是家校关系层面的一次升级行为，作为机制性安排，强化了家校沟通关系，促进了家长诉求的常态化、便捷性、责任意识。就运行状态来看，监委会根据家长的意见和投诉定期编制"内参"，作为内部改进的重要参考。2021年，一位少数民族毕业生家长反映，因宗教信仰原因，孩子无法食用学校提供的餐食，需自带饭菜并希望学校提供加热服务。由于班主任经验不足，未及时上报此事，仅以"遵守学校规定"为由与家长沟通，家长也未再坚持，导致孩子三年间不能对自己的饭菜加温。潘晓莉校长对此深感不安和愧疚，并对家长的包容深为感动。经了解，原来班主任也问过学生，学生说买了保温饭盒，中午饭菜并不凉，由于学生和家长再没反映此事，也就没有跟进。弄清情况后，潘晓莉校长首先带着班主任等老师专门向学生与家长致歉，并扩充家长义务监督员队伍，全方位监督学校基本管理；其次，将此事以调研报告形式写入"内参"并上报董事会，责成各校区校长举一反三，排查类似事情，同时完善了相关管理制度，如对初涉职场的教师岗前培训内容中，类似事情专列一项；最后，对班主任的疏忽进行了批评，强调遵守校规与尊重学生宗教信仰并不冲突，关键是对学生的尽心呵护。

3. 智慧校园，助力科学育人

超银学校智慧校园系统通过丰富的在线功能，显著提升了家长满意度和家校沟通效率。家长可以通过系统全面了解孩子的在校生活，包括综合素质、学科活动、靶向作业、成长档案等信息，实时掌握孩子的学习状态和成长过程。

在课外活动方面，家长可通过"班级相册""班级活动"等功能，了解孩子参与的各种集体活动和特长表现。在学习方面，系统还提供了课堂听讲情况的反馈，帮助家长判断孩子是否能跟上课程进度以及是否积极参与课堂讨论。此外，系统还记录了孩子的德育表现，如纪律和品行等，让家长更全面地了解孩子的在校表现。

作业完成质量是衡量学习效果的重要指标。智慧校园系统专门设置通道，让家长查看孩子提交的作业及各科教师的评价，帮助家长及时发现孩子在某些学科上的困难，以促进家长采取相应措施提升作业质量、学习效果。

作为基本项，系统还提供了家长评价、作业留言簿、校长信箱和家长问卷等功能。家长可以通过这些渠道向教师和学校领导提出建议和意见。同时，学校也能通过这些功能收集家长的反馈，持续优化教育教学工作，为学生创造更好的学习环境。

智慧校园系统作为全向无死角、信息透明的平台和沟通桥梁，从根上改变了信息单向、封闭等传统的形态，便捷、高效、通透的环境，让置身其中的每一个人都时时在关注的眼光下自然、自在、自由地成长。所以，现实环境下的学生普遍具有自信、开放、热情，眼界开阔、平视世界的特点，这种状态是信息文明高度发达的产物。

4. 用正确的教育理念武装家长头脑

可以说，现实中多数家长在承担育儿责任时，并没有现成的路径可循，往往依靠自身摸索与对他人经验的模仿，在不断试错中逐步学习如何成为一名"合格的家长"。然而，直到今天，我们仍缺乏一门系统性的"家长教育"课程来支持这一社会角色的成长。

因为看到，所以想到。超银学校定期举行家长学校授课活动，要求班主任做好选题，集中备课，就家庭教育问题对家长进行面对面的指导、培训。

一般来说，家长普遍会不同程度地遇到孩子在小学低年级的专注力培养问题，中年级的情绪、因材施教问题，高年级的焦虑、升学规划等问题，那么，作为家长该如何处理？为此，超银形成了具体的课程，针对性地组织家长开班学习。一是定期开设"父母大课堂"，邀请各行各业的家长到校为学生们授课，通过这种方式，拓宽学生视野，融洽亲子关系；二是定期举办"家长大讲堂"，针对学段衔接、亲子关系、沟通技巧等家庭教育中常见的问题，面向社会举办讲座和家长读书坊，指导家长解决实际生活中遇到的各种疑惑。

同时，超银教育集团连续多年举办多场家庭教育论坛，由超银学校心理健康研究中心、家庭教育指导中心主导策划，邀请国内知名教育专家为家长面对面授课，其中包括中国科学院心理研究所博士、中国科学院心理研究所北京心理学函授学院原副院长、教授关梅林，著名心理学家、四川大学教授格桑泽仁，国务院妇儿工委儿童智库专家、南京师范大学心理学院教授傅宏，青岛市妇联家庭教育首席指导师曾莉，中国海洋大学心理健康教育与咨询中心主任牟宏玮等，为广大家长提供了优质的家庭教育资源。

5. 有效宣传，营造良好的家校沟通氛围

注重信息公开，提供贴心服务。通过学校官方微信公众号及时推送学校新闻动态，同时增加服务功能，让家长能快速直接地获取学校的各类活动通知，及时明确学校各类政策等。

开发留言互动，营造良好氛围。利用教师节、校庆日等节点，通过微信公众号策划形式多样的主题活动，开展互动，吸引了学生、家长以及社会的广泛参与。通过这些活动，有效提升了学校的品牌形象，增强了学校的社会美誉度。

多途径宣传，弘扬正能量。充分利用校报、校刊、网络媒体等各种宣传途径，弘扬教师队伍中爱岗敬业、无私奉献的优秀事迹以及教学改革的新经验、教师队伍的新风貌，通过正能量的宣传将"超银精神"根植于超银教师、家长的心中。

三、学生的心灵由我们一起守护

1. 家、校、社三方的合力守护

（1）家庭的守护：温暖的港湾。

家庭是孩子成长的第一站，家长是孩子最亲近的人。家庭的温暖和支

持，就像阳光和雨露，滋养着孩子的心灵，帮助他们健康成长。

情感支持与陪伴：倾听孩子的心声。孩子的成长路上难免会遇到挫折和困惑，这时他们最需要的是家长的理解和支持。家长应多与孩子沟通，耐心倾听他们的心声，关注他们的情绪变化。当孩子在学校遇到困难时，家长不应忽视或一味地批评，而是应该帮助孩子分析问题，给予鼓励和安慰。比如，当孩子因为考试成绩不理想而沮丧时，家长可以说："没关系，这次没考好不代表你不够优秀，我们一起找找原因，下次一定会更好。"这样的陪伴和支持，会让孩子感受到家庭的温暖，增强他们的自信心。

营造和谐的家庭氛围：给孩子一个安全的避风港。家庭氛围对孩子的心理健康有着深远的影响。一个温馨、和谐的家庭，能够为孩子提供一个安全的心理环境。家长应尽量避免在孩子面前争吵，尽量通过平和的方式解决家庭矛盾。尤其当夫妻之间发生争执时，可以选择在孩子不在场的时候冷静地沟通，而不是在孩子面前大声争吵。这样的家庭氛围，会让孩子感受到稳定和安全感，从而更加自信地面对外界的挑战。

树立正确的价值观：以身作则，潜移默化。家长是孩子的第一任老师，他们的言行举止会深深地影响孩子的价值观。家长应以身作则，传递积极向上的价值观，帮助孩子树立正确的人生观和世界观。家长可以通过日常生活中的小事，如尊重他人、诚实守信、乐于助人等，潜移默化地影响孩子。当家长在生活中展现出这些品质时，孩子也会自然而然地学习和模仿，逐渐形成正确的价值观。

（2）学校的守护：成长的摇篮。

学校是孩子学习和成长的主要场所，教师和学校管理者在学生心理健康方面扮演着重要的角色。学校不仅是知识的传授者，更是孩子心灵的守护者（见图 4-3）。

图 4-3 超银学校校长寄语

心理健康教育：帮助孩子学会应对压力。许多学校都会定期开展心理健康教育课程，帮助学生了解心理健康的重要性，掌握情绪管理和压力应对的技巧。学校还可以邀请心理专家开展讲座，帮助学生学会如何应对考试压力、人际关系等问题。通过这些活动，学生能够更好地认识自己，学会调节情绪，增强心理韧性。

建立心理辅导机制：及时疏导孩子的情绪。按照上级的有关规定，每个学校都要设立心理咨询室，配备专业的心理辅导老师，为学生提供个性化的心理辅导服务。当学生出现情绪低落或异常行为时，心理辅导老师可以及时介入，帮助学生疏导情绪，解决问题。关键是这些机制要避免形同虚设，比如，当学生因为与同学发生矛盾而情绪低落时，心理辅导老师要通过倾听和引导，帮助学生找到解决问题的方法，恢复积极的心态。

关注学生的个体差异：尊重每个孩子的独特性。每个孩子都是独一无二的，教师应关注每个学生的个体差异，尊重他们的独特性，避免"一刀切"

的教育方式。对于学习进度较慢的学生，教师应给予更多的耐心和帮助，而不是简单地批评或忽视。通过个性化的教育方式，教师可以帮助每个孩子找到适合自己的学习节奏，增强他们的自信心和学习兴趣。

（3）社会的守护：展翅高飞的天空。

社会环境对学生的心理健康也有着深远的影响。社会各方应共同努力，为学生创造一个健康、积极的成长环境，让他们在未来的天空中自由翱翔。

营造健康的网络环境：减少不良信息的侵蚀。随着互联网的普及，网络环境对学生的心理健康影响越来越大。社会应加强对网络环境的监管，减少不良信息对学生的负面影响，倡导健康的网络文化。相关部门要加强对网络游戏、社交媒体等平台的监管，防止学生接触暴力、色情等不良信息。同时，家长和学校也应引导孩子正确使用网络，培养他们的网络素养。

提供社会支持与资源：让心理健康服务触手可及。社会应提供更多的心理健康资源，如心理咨询热线、社区心理辅导站等，帮助学生和家长获取专业的心理支持。我们很高兴地看到，越来越多的社区开始定期组织心理健康讲座或活动，邀请心理专家为家长和学生提供指导。通过这些资源，学生和家长可以更好地应对心理问题，增强心理韧性。

倡导积极的社会风气：传递正能量。社会应倡导积极向上的风气，减少对学生的不良影响，如攀比、暴力等。作为媒体可以通过宣传正能量故事，引导学生树立正确的价值观，避免受到不良社会风气的影响。通过传递正能量，社会可以为学生创造一个健康、积极的成长环境，帮助他们更好地面对未来的挑战。

家庭提供情感支持和温暖，学校提供心理健康教育和辅导，社会提供健康的成长环境和资源支持，只有三方共同努力，形成合力，共同守护学生的心灵，才能让他们在成长的道路上更加自信、坚强和快乐。

2. 教师，学生成长中的重要他人

在学生的学习生活中，师生关系是至关重要的，所以有"好老师影响学生一生，'坏'老师同样也会影响学生一生"的说法。一个关爱、理解、尊重学生的教师往往会受到学生的信任和喜爱，从而使学生更加积极主动地参与学习过程；反之，则会给学生留下忌恨、怨愤。师者仁心，其实，老师的所谓"坏"，常常是因不理解而结下的疙瘩，可能只是多少年以后于相逢一笑中多了一份记忆难以磨灭的谈资。

一般来说，教师通过关注学生的个性化需求，能够帮助学生克服学习困难，提升他们学习的能力和自信。当学生信任并尊重教师时，他们会更有意愿在课堂上主动参与讨论，积极提出问题、思考问题，努力完成教师布置的任务，从而提高学习效果。所以，积极、健康、和谐的师生关系，对学生的促进、激励、导引作用不言而喻。

"亲其师，信其道。"不少学生都是先喜欢上某个学科的老师，然后才会对这个学科感兴趣的，而不是反过来。道理人人都知道，但怎么把它落实到日常教学当中呢？

北京十一学校有个不成文的规定，老师在新生入学前半个月，就要提前熟悉每个学生。但学生还没有入学，老师怎么提前熟悉，做到"知彼"呢？

第一，所有学生的名字，如果有生僻字，老师一定要提前查一遍；如果有多音字，则要和学生确认应该读哪个音，开学第一天要保证不能叫错名字。

第二，要提前给学生发调查问卷，了解学生的基本情况和兴趣爱好。调查问卷上一般会有十来个问题，和老师教授的学科相关。比如语文老师的调查问卷，可能包括下面这些问题。

过去一年，你大概读过多少本书？你最喜欢的一本书是什么，为什么？如果开学了，你要向同学们推荐一本书，你会推荐哪本？

过去三年，你在语文学习方面遇到的最大的困难是什么？你希望在进入高中之后，改善哪些方面？

你理想中的语文课是什么样子？你希望你的语文老师是什么样的老师呢？

为什么这件事一定要放在开学之前做？等开学之后，老师在日常教学中慢慢熟悉学生，不是更好吗？那是因为教育的开始，一定是建立密切的师生关系。如果学生在新学期踏入教室的那一刻就感觉到"这个老师是我熟悉的"，那么接下来的教学效果会比"冷启动"的师生关系好得多。

教师不是和一群学生建立关系，而是要和每个学生建立一对一的关系。每个学生都是独立的个体，而不是全班学生的 1/40 或者 1/50。事实上，只有在一对一的关系中走进学生的心灵，真正的教育才会发生。

怎么构建好的师生关系？

2022 年 10 月，哈佛医学院发布了一项研究报告，从脑科学角度看师生关系的三大积极影响。

第一，当老师发自内心地肯定、赞美学生并与他们产生积极互动时，学生的大脑会释放大量多巴胺，从而愿意投入更多的时间和精力去学习。

第二，积极的师生互动，往往伴随着对话、倾听、大笑等社交行为，这又会导致身体释放大量的催产素。这样的积极联系，很快就会创造出一种"心理安全感"。只有当学生在心理上感到安全时，他们参与课堂讨论、提出问题、按时完成作业才成为可能，哪怕这些很有挑战性。

第三，孩子天生就有 1000 亿个神经元，随时准备连接。当他们遇到教师的关怀和反馈时，会一次次地激活神经通路，就像不断地帮助他们在森林中开辟一条新的小道。虽然开辟新路径需要时间、精力和大量的重复劳动，但在老师持续的积极互动中，属于学生的个性化学习路径和方式就能逐步构建起来。

原理揭开了，一个典型的践行者是中国偏远乡村的一所初中学校，它把师生关系几乎做到了极致。这所名叫"丑小鸭中学"的学校位于云南，距离昆明市区五十千米的宜良县。学校有 80 多位初中生，都是人们常规意义上所认为的"问题学生"，但在校长詹大年眼里从不认为孩子们有问题。

一个 16 岁的男孩，躲在自己的屋里玩了 5 年电游。送到学校时，孩子的手指已经开始变形，脚趾溃烂，说话口齿不清，变成一个不梳洗的"野生动物"。男孩曾经是小学的学霸，5 年前父母离婚，原生家庭解体。来到"丑小鸭中学"以后，同学们帮他洗澡，班主任给他处理伤口，生物老师陪他看蚂蚁。慢慢地，发现男孩的声音特别浑厚，学校便让他做播音员主持节目。他渐渐地恢复了正常的交往，断掉了电子游戏，初中毕业后考进了 5 年制大专院校。

一个 15 岁的男孩，初二时父母生意失败，父亲车祸重伤，他的学习开始一落千丈。因为不能接受家庭与自己的突变，开始酗酒、逃学，结交社会闲散人员，最后离家出走。送到"丑小鸭中学"读书一年，他的学习恢复到了以前的状态，后来考入重点高中，三年后上了一本院校。

这两个"问题学生"，其实本身都没有问题，只是他们遇到了问题没人帮助他们，于是导致原有的关系解体。帮助这些孩子的方法，就是解构掉不良关系，借助师生关系的力量，让他们找到健康的新关系。

看起来是学习问题，其实都是关系问题。要让孩子重新回到健康状态，说教、批评、责备都没有用，唯一有效的是帮助他们修复或构建新关系。

"丑小鸭中学"招聘老师只有两个条件，一是爱笑，二是会玩。因为只有这两条才能让一个老师变得有意思，会有很多办法拉近与学生的距离，受学生的喜欢。就是秉持做足师生关系这一条，"丑小鸭中学"11年来已经让2000多位被家长放弃的孩子回归了主流学校、主流社会、主流人群。

超银通过师生关系的优良化，有效地解决学生的教育问题，有四个典型的案例。

（1）从朋友到导师：建立信任关系。

学校规定，教师首先应与学生建立信任关系，成为他们的朋友，了解他们的真实想法和需求。在此基础上，教师可以逐步引导学生解决学习或生活中的问题。

西海岸新区超银学校的徐老师面对小唐同学的"躺平"，采取的办法是与他建立朋友关系，以朋友式的相处方式了解他的想法，并且通过设计"强基行动"，让小唐亲身体验劳动的艰辛，从而改变他对学习的消极态度，重新认识到学习的价值，最终促成他的学习主动性。

（2）无微不至的关怀：成为学生的"家人"。

对于一些家庭环境特殊或缺乏关爱的学生，生活上的关怀和心理上的支持是触动心灵的"金钥匙"，其中的关键是成为学生的"家人"，帮助他们建立安全感和自信心。

超银中学镇江路校区的楚老师不仅在学习上帮助学困生，还在生活上给予他们无微不至的关怀。她将学困生带到自己家中，免费提供餐食和辅导，甚至将这种关怀扩展为对成绩进步学生的奖励。通过这种"家人"般的关怀，学生们感受到了温暖和鼓励，学习热情和自信心逐渐提升。

（3）在危机中提供支持：成为学生的"依靠"。

当学生家庭遭遇突发情况时，老师可以通过提供情感支持和实际帮助，成为学生在危机中的依靠，帮助他们渡过难关。

超银中学金沙路校区的栾老师在学生家庭遭遇突发危机时，主动承担起照顾学生的责任。她不仅将学生接到自己家中照顾，还在情感上给予学生极大的支持，帮助学生稳定情绪，顺利备考。这种在危机中的无私支持，不仅让学生和家长感激不尽，也展现了教师的责任感和爱心。

（4）个性化关怀：关注学生的独特需求。

每个学生都有独特的个性和需求，老师应根据学生的具体情况，提供个性化的关怀和支持，帮助他们克服成长中的困难。

原超银中学广饶路校区的王老师面对父母离异、性格要强的小庞同学，并没有一味地督促他学习，而是通过微信聊天等方式给予他哥哥般的关怀与信任。在中考当天，王老师还特意"偶遇"小庞，陪他进入考场，给予他心理上的支持。这种个性化的关怀，帮助小庞摆脱了家庭投射来的心理阴影，那场考试他取得了优异的成绩，同时，在人生的大考场上，他也获得了可喜的成绩。

良好的关系源自认可与接纳，触动认可的按钮往往是需求空白区里的一句话、一件事，只因为一个字——懂。

3. 双向奔赴的"好关系"

家长和学校的双向奔赴，是建立在信任的基础之上，其紧密程度取决于沟通，关键在于以下几个方面。

信任与尊重。一方面，家长相信学校的教育理念和教师的专业能力，愿意将孩子托付给学校，并积极配合学校的教育工作；另一方面，学校也要尊重家长的意见和需求，理解每个家庭的独特性，愿意倾听家长的声音，并在教育过程中充分考虑家长的建议。

开放与透明的沟通。家长和学校之间要保持定期的沟通，及时分享孩子的学习进展、行为表现和心理健康状况。

共同的目标与责任。首先，家长和学校都要明确，教育的最终目标是促进孩子的全面发展和健康成长，双方在这一目标上要达成共识，并共同努力实现。其次，家长和学校都要认识到，教育孩子是双方共同的责任。家长不仅要关注孩子的学业成绩，还要关注他们的心理健康和品德发展；学校不仅要提供知识教育，还要注重学生的综合素质培养。

支持与合作。家长要积极参与学校的各项活动，如家长会、志愿者活动等，支持学校的教育工作；学校也要为家长提供教育指导和支持，帮助家长更好地理解和应对孩子在成长过程中遇到的问题。

情感共鸣与记忆共享。家长和学校的双向奔赴首先体现在情感上的共鸣和记忆上的共享。家长和学生对学校的深厚情感，往往源于学校在学生学习生活中留下的深刻印记。在超银学校25周年校庆的留言板上，许多毕业生和家长表达了对超银学校的怀念和感激。有学生回忆道："在我人生最叛逆的时候，有幸遇到了超银。"

教育理念的认同与支持。家长和学校的双向奔赴还体现在家长和学生对学校教育理念的认同与支持，能够信任学校的教育方式，并积极配合学校的教育工作。有学生如此留言："在超银的三年，不仅教会了我怎么学习，更教会了我如何做人。"

共同成长与相互成就。家长和学校在孩子的成长过程中共同成长、相互成就也是双向奔赴的体现。学校通过教育帮助学生成长，家长通过支持和配合学校工作，共同促进孩子的全面发展。有学生回忆道："当年在超银的时光总是度日如年，现在回想起却只有春夏秋冬的美丽。"

感恩与回馈。有学生在留言中写道："超银给予了我痛并快乐的青春。卷子和习题上都是时间书写的记忆，永远是超银人。"这种对学校的感恩之情，不仅体现在学生的言语中，也体现在他们的行动中。许多学生在毕业后仍然与学校保持联系，甚至回校看望老师，表达对学校的感激之情。

精神传承与深远影响。学校精神对家长和学生的深远影响无疑是家校双向奔赴的极致升华。有学生提到："超银是一个名字，亦是一种精神。"学校的教育理念和精神不仅影响着学生的成长，也影响着家长的教育观念和行为。家长通过孩子的成长，感受到学校精神的力量，从而更加认同和支持学校的教育工作。

四、学校，众望所依之地

学校作为教育体系的核心组成部分，承担着传授知识、培养技能和塑造人性的重要任务。它不仅是学生学习知识、提升能力的场所，更是塑造未来社会栋梁的摇篮。因此，它也承载着社会各界的期望和梦想，而家长对一个学校的关注与评价也是一个学校的"成绩单"。

学校不仅仅是一幢幢建筑的集合，它是一个充满活力的生态系统，是思想交流的场所，是灵魂碰撞的舞台。在这里，孩子们学会了如何学习，如何思考，如何合作，如何竞争；在这里，他们探索自我，发现兴趣，培养才能，为将来的人生打下了坚实的基础。

在历史的长河中，学校一直是文明的灯塔。从古希腊的学院到现代的大学，从东方的私塾到西方的公学，学校一直是知识与智慧的聚集地。在这里诞生了无数伟大的思想家、科学家、艺术家和领袖人物，他们的思想和成就如同璀璨的星辰，照亮了人类文明的天空。

优质的学校，无论是在西方还是东方，无论是在城市还是乡村，都是希望的象征。它们是社会对未来的投资，是家庭对孩子未来的期待，是国家对明天的憧憬。学校，这个众望所依之地，承载着过去、连接着现在、引领着未来，是希望的源泉，是梦想的起点。

1. 统一价值观，成长就有力量

超银学校的价值观是"为希望聚合力量"。每当学校有重大决策或者选择的时候，这一价值观就会起到至关重要的作用，它引导着学校为了每个家庭的希望、民族的希望，而汇聚每一份力量。

曾经有一位父亲在电话中激动地告诉家庭教育指导中心的老师："老师，谢谢你，他成了！"这位父亲的孩子成功地考上了心仪的大学，父亲的泪水不仅是对孩子成功的欣喜，也是对自身教育方式转变的感慨。

在此之前，这位父亲恨铁不成钢，对孩子一直百般挑剔，把孩子压得喘不过气，无奈找到学校的心理老师求助。心理老师和家庭教育指导中心的老师与孩子父母进行了几次深度的沟通，他们一改之前不论大小事，总是家长监工，如评论员一般的声音与行为包围着孩子的状况，而是少说话、多做事，静待花开。就如从喧闹的大街一转身进入寂静的考场，巨大的反差让学生恍然中如释重负，一天、一周、一月，物理感受上的有形改变直插心理的湖面，抵触的波浪变得水平如镜，他开始专注地学习。父母用默然而恰到时机的行为，守护着他的每一天，血脉亲情的天然默契中，"对着干"也变成了善解人意的温顺。

2. 超银老师，是超有爱、超级负责、超有耐心……的老师

在超银学校的官微上，曾经做过这样一个填空活动：超银老师是超（　　）的老师。有人说是超有爱的老师，有人说是超级负责的老师，有的还留下了自己的动人故事。而对于超银中学的孙老师，学生的评价是"超有耐心的老师"。

自2016年开始，孙老师连续担任初三毕业班班主任，她接手过很多"问题班级"，遇到过很多"问题学生"，但是她一直坚信没有所谓"差生"，只有等待被理解、被鼓励的灵魂。

班上最调皮、上课坐不住、频繁干扰同学的学生，在孙老师的温情感化下，不仅可以坐下来静心学习，更树立了明确的目标，最终成功迈入了心仪高中的大门。毕业离校那天他哭着说："老师我不想走，没有您就没有现在的我。"

孙老师说自己并没有做什么，只是多了一点细心和耐心，"每一个孩子的内心深处都有着最朴素的善念，稍稍加以引导，便可以点亮他们心底的火，释放出意想不到的潜能。"同学们都称呼她为"孙妈妈"，和很多超银老师一样，孙老师把办公桌搬进教室，除了上课，她就在教室里备课、批改作业，默默地陪伴着学生们，她想用自己的行动告诉孩子，他们不是独自在奋斗，老师一直都在。

即便学生们毕业后，孙老师依然是他们心中温暖的避风港。一位学生中考失利没有考上理想的学校，加上不太适应高中生活，情绪一直比较低落。他想回学校看老师，又不好意思。孙老师就在他生日那天悄悄地为他寄去一个小蛋糕，"我想让孩子知道他想念的母校、老师都想着他，虽然分开了，但永远都是家人，挂念他，祝福他。"一个学生到了高三，因为成绩波动心理压力很大，无助之下向孙老师打来电话，听着这个大男孩在电话那头哭着说"不知道跟谁说，就来找您了"，孙老师既感动又心疼，"我默默地听他说完，鼓励了他，孩子的心情明显好了许多。后来，这个学生考上了大学，现在在攻读博士学位。"

送走上一届毕业班，孙老师又接手了一个新班，她如同一个摆渡人，以爱为舟，引领着一届届学生们破浪前行。暑假第一周，孙老师就完成了全班的家访工作，家长握着她的手说："老师，孩子交给您，我们放心。"孙老师说，这句话比任何荣誉都更加珍贵。

孙老师是众多超银老师中的一员，也是其中的一个代表，就是像孙老师这样的"超耐心"在大多数的老师身上都有或浓或淡的影子，才有了一直以来教师队伍整体的优质表现，这是超银学校文化引力场发挥作用的结果，是几十年如一日的校风、师德润物细无声地滋养形成的团队特征和团队个性。

3. 希望寄托之所，家长圆梦之地

超银学校从 2014 年开始在家庭教育方面的探索，经历了播种、生根和萌芽三个阶段。在播种阶段，学校通过家庭教育指导中心的老师在校门口与家长交流，逐步引导家长认识到家庭教育的重要性。在生根阶段，学校面对亲子冲突和极端行为的发生，依然坚持家庭教育的工作，最终通过家长的成功反馈，坚定了学校的信心。在萌芽阶段，学校通过组织家庭教育论坛，吸引了越来越多的家长参与，形成了家校合作的良性循环。学校在不同的阶段，通过家校合作，帮助家长和学生共同成长。

从 2019 年开始，超银学校组织过五届面向全市的家庭教育论坛。从第一届论坛的线上线下万余人参与，到 2023 年第五届论坛人数规模高达 110 万人，反映了家长对家庭教育的重视与渴望。超银学校通过提供专业的家庭教育指导，帮助家长掌握科学的教育方法，促进家长"教育梦"的实现。这种内容充实、开放式的线上线下传播，经过聚合社区和社会的资源而放大影响，为家长提供了更多的支持和帮助，也因此获得了"家长圆梦之所"的赞誉。

第三节　学校质量，培育未来的母腹

一、教育系未来

孩子是家庭的希望，也是社会、国家和整个人类未来的希望。学校教育就像是在培育未来的思想与知识，它的好坏不仅影响一个孩子和一个家庭的未来，还会影响一个地区、一个时代甚至整个国家的发展。

1. 教育塑造未来：成就、挑战与转型路径

芬兰作为北欧小国，以其享誉世界的教育体系闻名于世。芬兰的教育注重平等与包容，每个孩子都能获得高质量的教育，无论他们来自何种背景。在芬兰，教师被视为专业人士，享有高度的尊重和自主权，这使得他们能够根据学生的需要灵活调整教学方法。芬兰学生在国际学生评估项目（PISA）中的表现一直名列前茅，这不仅提升了芬兰家庭的幸福感，也为芬兰社会培养了一批批具有创新精神和批判性思维的人才，为国家的持续发展和国际竞争力的提升打下了坚实的基础。

我国教育举世瞩目的成绩，是支撑了我国社会经济的高速发展。教育是人文社会基础的基础，我国用70多年的时间，从农业国变为工业国、变为世界第二大经济体。21世纪以来，每年千万数量级的大学毕业生，为国家供给了丰富的高素质人力资源。我国社会经济已由人口红利转变为工程师红利，在我国庞大的新生知识分子力量中，每年人数规模高达450万的理工科毕业生，组成了世界上任何一个国家都难以企及的工程师队伍。同时，文盲率低于5%的全民知识水平基础，也被国际上称为"全民基础知识的台地现象"。

当然，我国教育也面临极大的挑战与转型压力。除了知识更新、学科创立的速度大大加快之外，就是人口出生率迅速下降。虽然机器人红利已经展现，但作为社会主体的人，如何通过教育，赢得未来世界的伟大复兴已经摆在面前。作为学校教育，该如何转型？

近年来，国家出台了《中国教育现代化2035》等重要教育纲要，明确了未来教育发展的方向。纲要强调以立德树人为根本任务，推动教育公平与质量提升，构建德、智、体、美、劳全面培养的教育体系。同时提出要加快教育信息化建设，推动人工智能、大数据等技术与教育的深度融合，培养适应未来社会需求的创新型人才。

归纳起来，就是在传统教育的基础上，以人性责任教育与塑造为中心，站在世界知识发展的前沿，进行人文传统的传承、知识能力的培养。这为学校教育质量的提升提供了行动指南。

现实中，随着AI和智能机器人技术的快速发展，学校教育自然面临很多的问题与挑战。首先，AI技术的普及使得部分教师的工作可能被替代，例如自动批改作业、智能答疑等。这不仅对教师的角色提出了新的要求，也对教师的专业能力提出了更高标准。其次，学生利用AI完成作业的现象日益普遍，虽然提高了效率，但也引发了知识掌握不扎实的问题。长此以往，学生的学习能力和创造力可能会受到削弱。在这样的背景下，传统的教育模式显然已无法满足未来社会的需求，教育必须从以知识灌输为主转向以能力培养为核心，注重学生的批判性思维、创新能力和实践能力。AI技术的应用不应成为教育的终点，而应成为辅助工具，帮助教师更好地因材施教、帮助学生更高效地学习。

家庭教育是学校教育的重要补充，然而，许多父母并未接受过如何科学教育孩子的培训，导致家庭教育存在盲目性和随意性。部分家长过度依赖学校教育，忽视了孩子的心理健康和人格培养，还有一些家长在教育方式上过于严厉或放任，影响了孩子的全面发展。在这方面，超银学校虽然已经成功地迈出了尝试的步伐，然而，和众多学校面临的痛点一样，家庭教育的问题依然复杂多样。

在AI技术的冲击下，学校教育、家庭教育、社会教育的不完善促使教育不断地创新和改革，这是动力，也是进步的必然。一方面，AI是新质生产力的标志性内容，学校应加强对教师的培训，提升其运用AI技术的能力，同时注重教师的情感教育和人文关怀，使其在AI时代中发挥不可替代的作用；另一方面，学校应加强与家庭、社会的合作，通过科学指导帮助家长更好地履行教育职责。既有的轨道已经升级，我们不能继续"旧瓶装新酒"或"新瓶装老酒"，而是结合科技发展、社会变革的实际，摆脱路径依赖心理，站在新的起点上，推陈出新地摸索出更为高效、高质的方式、方法，让教育的"事半功倍"梦借助AI"翅膀"早日实现。

2. 家庭奠基未来：责任、实践与家校共育

家庭作为孩子成长的摇篮，是教育的根，是他们灵魂的母腹。家长作为孩子永不退休的班主任，肩负着为孩子的教育奠定基础的重任。在这个过程中，家长的角色不仅仅是知识的传递者，更是价值观、道德观和世界观的塑造者。

曾经在网上流传这样一句话："一想到为人父母不需要经过考试，就觉得真是太可怕了。"不是有能力生孩子就一定有能力教育孩子。很多残酷的事实告诉我们并不是所有父母都是合格的，相对于孩子，其实父母更需要"教育"。

教育孩子是人类最重要而又最困难的学问，它比任何工作都难。无论你面对的是什么样的孩子，你都没办法反悔或者"退货"。农民种庄稼，光靠爱不行，只有懂种庄稼之道才有好收成；教育孩子，仅有爱也不够，只有懂孩子的成长规律才有好未来。

当我们把教育和未来紧密地联系到一起时，我们的教育就自然不会只局限在课堂、在学校，而是要联合家庭的力量，家校共育，架起沟通的桥梁，拉近学校与家长的距离，形成教育合力，对学校和孩子的发展起到良好的促进作用。家是育"人"的地方，学校是育"才"的地方，这样的家校合力，才能为社会输送合格的人才。

为了把家庭教育做好，超银采取的策略是"专家+讲师+榜样"。一方面从全国聘请专家轮番到学校来讲授家庭教育的理念，在选择专家时，学校也保持了不跟风、重效果的原则,目的就是要通过家庭教育论坛,让专家聚焦细节,让家长有所收获。另一方面,为了给家长们提供更多学习交流的机会,超银学校从教师团队、家长团队中招募了客座讲师,以便于宣传科学的家庭教育方法,从而积极推进新时代家庭教育支持服务工作。家长们都爱孩子,都希望让孩子接受最好的教育,却不知道如何爱、不清楚先进的教育理念和方法。教师面对面地对家长进行指导,就会让他们不但爱孩子,还知道了如何去爱。这样,教师和家长才能同舟共济,教育好孩子。家长之中,有的不但对学生如何更好地学习有所研究,而且还是教子有方的家教典范,让他们为其他家长开设讲座,讲述自己的家教经验,让大家受益,同时还会在面对面时,解决一些家长对于当下家教的某些疑虑,从而产生立竿见影的效果。"父母大课堂"让学有专长的家长来校为学生上课,在让更多的孩子开阔眼界、学到新知的同时,也让他们自己的孩子深感自豪,从而对自己的父母有了更多的敬仰与信任,并由此密切了亲子关系。而家庭的和谐,不但可以给孩子一个幸福的家庭环境,还会塑造孩子健康的性格,并让这种和谐不经意间延伸,惠及更多的孩子与家长。为了让这些方法更有实操性和针对性,学校还从学生团队中招募了客座小讲师,了解孩子们的真实想法和需求。

除了表彰学生,超银学校还特别在家庭教育论坛等有仪式感的活动中大张旗鼓地表彰那些在家校共育中支持学校工作、密切配合老师共同教育孩子的家长典范,为家长树立身边的榜样,让家长带动家长,形成教育合力。

二、学校伸向未来的"触须"

"今天我们的教育困惑很清晰,学习 19 世纪的知识,使用 20 世纪的方法,应对 21 世纪的挑战。或者用计划经济时代的思想教市场经济时代的学生,想去搏智能经济时代的未来。"中国陶行知研究会副会长、中国陶行知研究会家庭教育专业委员会理事长卢志文说,破题之法是重塑面向未来的教育,构建家校社协同育人新格局。

1. 学校教育：应对知识裂变，培养终身学习者

学校教育作为社会进步的重要引擎，正通过三大"触须"积极探索未来：应对知识裂变式发展、适应社会需求变化、探索智能社会中人的知识成长路径。这三大"触须"不仅是学校教育的核心任务，更是其面向未来的战略方向。

（1）应对知识裂变式发展。

随着科技的飞速进步，知识的更新速度呈指数级增长。据统计，人类知识总量在19世纪大约每50年翻一番，而到了21世纪，这一周期缩短至不到3年。这种知识裂变式的发展对学校教育提出了前所未有的挑战。学校需打破传统学科壁垒，引入跨学科课程，培养学生的综合思维能力，并树立终身学习理念。教育不仅要传授知识，更要培养学生的学习能力，使其具备终身学习的意识和能力。

（2）适应社会需求变化。

社会需求的变化要求学校教育不断调整培养目标。从工业时代到信息时代，再到如今的智能时代，社会对人才的需求从单一技能转向综合素养，从知识型人才转向创新型人才。德国通过校企合作模式，将学校教育与社会需求紧密结合，培养了大量高素质的技术人才，支撑了德国制造业的全球竞争力。美国的STEAM课程将科学（Science）、技术（Technology）、工程（Engineering）、艺术（Arts）和数学（Mathematics）融合，培养适应未来社会需求的创新型人才。我国也在不断地探索学校与企业的合作方式，促使学校教育了解社会需求，调整课程设置和培养方向。

（3）探索智能社会中人的知识成长路径。

AI技术的普及正在重塑教育的形态，它不仅改变了知识的获取方式，也对人的学习能力和成长路径提出了新的要求。近年来，我国多地学校引入AI技术，通过智能批改、个性化学习推荐等方式，提升教学效率。新加坡将AI技术融入教育体系，通过智能教室和虚拟实验室，为学生提供沉浸式学习体验，培养其适应智能社会的能力。

学校积极引入AI技术，优化教学流程，提升教学效率是必须的，但同

时也要注重教师的情感教育和人文关怀，避免技术完全取代人的作用。除了利用大数据和 AI 技术为每个学生量身定制学习路径，满足其个性化需求，在智能社会中，还需要加强对学生人文素养和伦理意识的培养，以应对技术带来的社会挑战。

2. 家庭教育：夯实家庭根基，培育未来栋梁

2021 年，国家颁布了《中华人民共和国家庭教育促进法》（以下简称《家庭教育促进法》），让家庭教育真正做到了有法可依。《家庭教育促进法》的颁布标志着家庭教育进入法治化、规范化的新阶段，成为学校教育延伸至未来社会的重要补充。该法强化了家庭作为孩子成长第一课堂的作用，通过法律引导和规范，推动家庭、学校和社会形成合力，共同营造有利于未成年人全面发展的教育环境。学校教育不再局限于课堂和校园，而是通过与家庭的紧密合作，将教育融入孩子的成长全过程，为其未来奠定坚实的基础。

除了立法，国家教育纲要把家庭教育也抬到了前所未有的位置上。纲要强调家庭教育是孩子成长的第一课堂，是学校教育和社会教育的基础。家庭教育的质量直接影响孩子的身心健康、人格塑造和价值观形成。同时明确家长是孩子教育的第一责任人，要求家长树立科学的教育理念，注重孩子的全面发展，包括德、智、体、美、劳等方面。家长应积极参与孩子的教育过程，与学校和社会形成合力。加强家校合作，建立家校沟通机制，推动家庭与学校的紧密配合。通过家长学校、家长课堂等形式，帮助家长提升教育能力，形成家校共育的良好氛围。纲要还特别提到要关注留守儿童、流动儿童、残疾儿童等特殊群体的家庭教育问题，确保每个孩子都能获得平等的教育机会和资源。同时，要利用好现代信息技术，推动家庭教育的现代化发展。通过互联网平台、在线课程等方式，为家长提供科学的教育指导和支持。

《家庭教育促进法》的实施和纲要的颁布，为学校教育提供了新的视角和方法，使得教育能够更加深入地触及每一个孩子的心灵，为孩子们的未来插上飞翔的翅膀。超银学校超前布局，早在 2014 年就启动了相关工作，心理健康研究中心和家庭教育指导中心的成立成了学校教育延伸到未来的两条

"触须"。

为了让这两条"触须"有效触达，真正形成合力，心理健康研究中心和家庭教育指导中心通过创建一个模式、打造一个品牌，走上标准化之路，为学校教育赋能，为家校社的合作助力。

（1）创建一个模式。

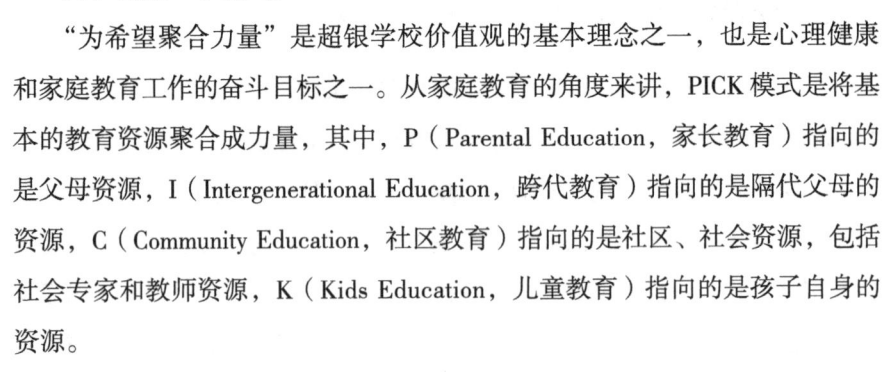

"为希望聚合力量"是超银学校价值观的基本理念之一，也是心理健康和家庭教育工作的奋斗目标之一。从家庭教育的角度来讲，PICK模式是将基本的教育资源聚合成力量，其中，P（Parental Education，家长教育）指向的是父母资源，I（Intergenerational Education，跨代教育）指向的是隔代父母的资源，C（Community Education，社区教育）指向的是社区、社会资源，包括社会专家和教师资源，K（Kids Education，儿童教育）指向的是孩子自身的资源。

工作中学校会把P-I-C-K的四部分资源"PICK UP"起来。"PICK UP"也就是拾起来、捡起来、聚合起来，服务于孩子们的成长，于是就形成了超银学校的"PICK UP"工作模式。从2014年起步做心理健康和家庭教育工作到2024年十年的时间，学校尝试梳理出了一个模式——"PICK UP"工作模式，打造出了一个品牌——"超悦"品牌，编制出了一个标准——"12345"标准。

这三个"一"里，有探索也有实践、有思考也有沉淀、有汗水也有泪水、有希望也有力量。

"PICK UP"的工作模式，让爱更有广度，是一个为希望聚合力量和资源的模式。"PICK UP"工作模式意味着学校会从亲职、子职、代际、社区等方面来面向家长、学生、教师三类群体同步开展工作，以此来不断尝试构建学校、家庭、社会和谐交流的平台，实现三者的良性互动，旨在表达超银学校在家校共育工作中所秉持的帮助更多在陪伴孩子成长过程中暂时掉队的家长和家庭的初心。在"PICK UP"模式中，学校帮助家长意识到自己的问题所在，给予他们支持与鼓励，为他们提供指导和帮助。

学校曾在学期末，做了一个面向学生的心理小调查：近期你面对的最大的挑战和考验是什么？58%的答案是：家长的唠叨。由此可见，面对家长的

唠叨，学生往往持消极的态度，那怎样才能帮助家长更好地了解自己的孩子呢？学校开展了一系列家庭教育讲座及沙龙读书会活动，例如"青春，一块出发""你好，初中生""解码青春期"等，通过这些活动，让家长有机会深入了解自家孩子所处年龄阶段的成长特点和需求，了解与孩子沟通的技巧和方法，并鼓励家长将所学落实到日常与孩子的互动中。

"PICK"的另一层含义是 Psychology（心理专业性）、Individuality（特色多样化）、Care（真诚关注）、Kindness（友爱与有爱），意即超银的家庭教育指导和心理工作将会带着专业、爱心、耐心、细心、责任心，以多样化的形式，常态化地陪伴好师生、家长和每一个家庭。这样，在超银"PICK"就有了双重的意义，而"PICK UP"则让这双重的意义聚合在校园之中。

雯雯是一名品学兼优的好学生，属于典型的"别人家的孩子"，但有段时间不想上学了。班主任分别与雯雯和妈妈进行沟通，发现了其中的症结。原来雯雯很有自己的想法，凡事喜欢自己做主；妈妈也非常有想法，非常愿意给孩子拿主意。于是冲突就出现了，且在一件件家中"小事"发生后，冲突不断升级，亲子关系呈现白热化的状态，尤其有了"二宝"以后，母女关系更是剑拔弩张。

对此，学校邀请母女俩做了基本的性格测试，明确了彼此的性格类型及相应类型的特点、优势、沟通互动需要注意的事项，妈妈听完眼圈红了，因为自己既往用的方法又准又稳地踩在了女儿性格的"雷区"上，让亲子关系处于崩溃的边缘，心理学技术让母女找到了问题的根源，窗户纸捅破，母女二人通过这次冲突而多了一份加倍珍爱的动力。

以雯雯妈妈为代表的这类家长，都慢慢地学会了从根上爱孩子，从而让爱更有深度。

（2）打造一个品牌。

"超悦"是超银学校家庭教育指导中心多年来一直在努力打造的一个服务品牌，这里的"超"指的是超银、超过，"悦"指的是愉悦、快乐，"超悦"加在一起，代表着学校希望家长和孩子们都能在超银愉悦快乐地好好学习，超越自我，实现亲子共同成长。众所周知，在新时代背景下，亲子共同成长重要且必要。ChatGPT 的出现，给孩子们的成长提出了新的标准和要求，这其实也是给家长的要求。很多家长说"不能让孩子输在起跑线上",孩子的起跑线在哪里呢?其中一条起跑线就在家长的认知里。要提高认知,就必须不断学习。

在"超悦"理念的指引下,"超悦 Talks"以讲座、沙龙、读书会、优秀家长报告团等形式有声地陪伴家长,"超悦 Reader"则以文字的形式实现了对家长的无声陪伴。

"超悦 Talks"推出十年来,通过走上讲台、走出校门、走进社区,学校在线下与校内外数万名师生和家长共话心理健康、共话家庭教育。另外,学校的视频号也很受家长朋友们的欢迎,包括截至目前共办了五届的家庭教育论坛活动,也是"超悦 Talks"的一种呈现形式,是对师生和家长朋友们的一种有声的陪伴。

"超悦 Reader"则以文字的形式实现了对家长的无声陪伴。"超悦 Reader"的主阵地是《超悦 Reader》心理健康与家庭教育专刊,目前已完成三期。其中的作者包括超银学校专家智库的专家、心理老师、家庭教育指导师、教师和家长,内容则聚焦于学校对家庭教育的探索和思考,有温度又有深度。另外,超银的校刊校报、公众号的"心理－家教"专栏,也有"超悦 Reader"的身影。此外,学校也在不断地探索、实践和创新更多的"超悦 Reader"的体现形式,例如,为家长朋友们编写了 23.6 万字的《青岛超银学校家长手册》《家庭教育常见 11 问》《家庭情感账簿》等。学校重视从教科研的方向上让家庭教育更趋专业化,目前已经成功完成多个课题项目,其中由潘晓莉校长主持的《浅谈中华优秀传统文化在家庭教育中的作用》获得全国教育科研"十三五"规划教育部重点课题一等奖。

(3)走上标准化之路。

随着社会对教育服务质量的关注度不断提高,超银学校认识到公开标准化服务的必要性。学校希望通过公开服务标准,增强学校的透明度,提高服务质量,同时提升学生和家长对学校的信任度。

学校标准化建设工作是全面提升学校管理水平和教育质量的有效机制,是时代发展对教育工作的要求。超银教育集团通过多年的实践和探索发现,开展心理健康服务标准化工作是提高学校心理健康服务质量的重要抓手。所

谓标准化，指的是一个体系，这个体系由四个部分组成，包括通用基础标准、服务保障标准、服务提供标准和岗位工作标准。

标准化的原理与方法的引入，让心理工作的框架更加清晰，让心理工作成为一个完整的闭环，对心理健康教育工作管理规范、服务规范等软实力的提升具有重大意义。鉴于标准化体系的这些优势，学校申请了"青岛超银学校'12345'心理健康教育服务标准化试点"项目，已完成收集起草服务通用基础标准、服务保障标准、服务提供标准、岗位工作标准共计140项。2023年，根据青岛市委、市政府部署，青岛市市场监督管理局确定了2023年度青岛市标准化试点评估合格项目60项，"青岛超银学校'12345'心理健康教育服务标准化试点"项目位列其中。随后，市场监督管理局又遴选出10个市级标准化试点示范项目典型案例，"青岛超银学校'12345'心理健康教育服务标准化试点"项目成功入围。

3. 社会教育：凝聚社会力量，共筑教育生态

社会教育作为家庭教育和学校教育的延伸，是构建完整教育生态的重要一环。社会教育在拓展学习空间、培养社会责任感、弥补教育资源差距等方面都发挥了重要的作用，例如，社会教育可以通过博物馆、科技馆、文化中心等场所，为孩子们提供实践性学习机会，激发其探索兴趣与创新能力；可以通过志愿活动、社会实践等项目，帮助青少年了解社会、服务社会，培养其公民意识和社会责任感；还能为偏远地区和弱势群体提供更多的教育资源，促进教育公平。近年来，我国多地推动社区教育发展，通过开设社区课堂、组织志愿活动等方式，促进青少年全面发展。例如，上海某社区通过"四点半课堂"为放学后的孩子提供学习辅导和兴趣培养，深受家长欢迎。

未来，政府、企业和社会组织应协同合作，整合教育资源，构建覆盖城乡的社会教育网络。利用互联网和数字化技术，打造线上线下融合的社会教育平台，让更多的孩子受益。同时，推动家庭、学校和社会教育的深度融合，形成协同育人的良好生态，为孩子们的全面发展提供坚实支撑。

三、"三健康"，人的底层逻辑量表

"三健康"指的是躯体健康、心理健康和社会适应能力健康。这一概念最早由世界卫生组织在1948年提出，认为健康不仅仅是没有疾病或体弱，而是包括生理的健康、心理的健康、社会适应的完满状态。这三个层面共同构成了一个人的全面健康状态。躯体健康指的是身体上没有疾病和不虚弱；心理健康指的是精神、情绪和意识方面的良好状态；社会适应能力健康则是指个体在社会中的适应能力，包括与他人的交往、工作和对日常生活的适应。而放到学生群体中，则对应了学生的心理、知识、能力。

1. 用量表指引工作方向

围绕"三健康"，超银学校也采用了心理学界普遍认可的量表，对学生进行调查和分析，形成学生的报告后，一方面用于教育教学一线对学生进行个案指导，另一方面将所有数据上传至智慧校园，为形成学生画像提供依据。

2024年暑期，超银高中使用《学习生活状态学生自评量表（高中版）》和《幸福发展状态学生自评量表（高中版）》，对近700学生进行了心理测评。调查报告显示，超银高中学生在"情绪状态、躯体状态、行为特征、异常状态"四个维度整体良好，"抑郁倾向、焦虑倾向、强迫倾向、恐惧倾向、敌对倾向、人际敏感、网络成瘾、适应不良、品行失范、受到欺凌、应对方式、躯体症状、自伤倾向、睡眠失调、饮食失调、异常表现、自我否定、学习倦怠"等因子需关注人数均低于常模临界值，学生的整体学习生活状态较好。

在情绪状态维度，学生们普遍展现出积极向上的情感倾向，能够较好地调节自己的情绪波动，有效避免因负面情绪积累可能导致的心理困扰。尽管存在少量学生在"人际敏感"等因子上得分偏高，但整体而言，这些需关注人数远低于常模所设定的临界值，表明学校大多数学生能够积极面对学习压力，保持较为稳定的情绪状态。

在行为特征维度，学生们普遍展现出良好的行为习惯和自我管理能力，如"适应不良、品行失范、受到欺凌"等因子的低检出率，反映出超银学校大多数学生在面对挑战和困难时能够采取较为理性的应对方式。同时，"网络成瘾"因子的低得分也说明越来越多的学生能够合理、理性地使用互联网资源。

在异常状态维度，"异常表现"因子需关注人数较少，大部分学生能够更加自信地与人交往，快速适应学习环境变化，展现出良好的心理健康状态和较完善的人格状态。

2. 把心理工作和班主任工作有机结合

心理测评调查报告出炉后，学校心理健康研究中心马上制定了下一步的工作方案，综合各维度、各因子具体情况，将处于危机预警中的学生名单及班级团体分析报告一对一汇总给各班班主任。显示"一级预警"的学生由心理老师负责访谈；"二级和三级预警"的学生由班主任老师进行访谈，根据访谈结果，确定下一步的工作方向；未提示预警的学生，班主任老师根据其日常表现，确定是否由心理老师进行辅导。心理中心在心理测评结果呈现后，召开心理测评结果报告分析会，结合实际情况，协助班主任填写《心理危机预警班主任日常观察评估表》，以便更深入地了解学生们的心理状态。

心理中心在回访结束后，召开了心理测评结果回访分析会议，从测评系统中导出以班级、年级、学校为单位的团体分析报告，报告了需重点关注的问题，并提供了相应的工作指导建议。

随后心理老师与班主任建立沟通，以便深入了解学生在各方面的具体情况。经过与班主任的深入交流，总结分析认为，大部分学生在学业上存在压力，部分学生存在家庭关系的困扰，小部分学生存在明显的情绪波动。针对需要特别关注的学生，心理老师和班主任继续保持密切的关注，持续跟进学生的心理动态变化，以进一步支持并帮助学生实现全面发展。

调查报告还显示，在内部支持系统中，成就动机与生涯规划两因子需关注的比例偏高，提示部分学生在追求学业成功与个人未来规划上，可能面临一定的压力或迷茫。在外部支持系统中，家庭支持与同伴支持两个领域亟须关注。尽管存在上述几个方面的问题，但整体而言，超银高中学生的发展状态仍然保持着良好的态势。大部分学生在"学习能力、幸福感受、成长思维、学习投入、教师支持"这几个方面表现良好，他们具备较强的学习能力，能够积极投入学习并享受其中的乐趣。同时，他们也拥有较为积极的心态，能够正面应对生活中的挑战与压力。此外，教师作为学生学习与生活中的重要指导者，其提供的支持与帮助也得到了学生的广泛认可与肯定。

以上案例虽然源自超银高中，但在同龄学生群体中具有一定的代表性，反映出超银学校管理已初步形成"量表工具＋人文关怀"的双轨发展格局，为学生的全面成长奠定了坚实基础。

学校，是民命所系、社会所期的"圣地"，承载着培养未来社会栋梁的重任。在这一过程中，家庭教育的重要性不言而喻，它作为孩子的第一课堂，在价值观塑造与行为习惯养成中发挥着基础性作用。父母作为孩子的第一任教师，其教育理念与育人方式直接影响着孩子的人格成长。同时，心理健康教育也日益成为学校工作的核心内容，直接关乎学生的幸福感、生活质量与适应能力。面对快节奏、高压力的社会环境，学校应高度重视学生心理素养的培养，帮助其建立积极健康的人生观与价值观。唯有家庭教育、心理健康教育与学校教育"三位一体"协同推进，真正实现"学习健康、心理健康、身体健康"的系统育人目标，方能回应民之所望、服务国之所需，为社会培养出身心健全、素养全面的时代新人。

后记

在奠基人的瞩望中

在第四届中国质量奖颁奖的会场，我便萌生了以超银学校为样本撰写一本书的念头，书中不止有我个人 18 年青春生命的沉积、成长，还有学校作为生命赋能的加油站，无数人、无数家庭在一天天短暂又漫长的学校生涯牵绊、记挂中，翘首以望、埋首以行。我该如何将一届届来来去去的学生、一位位朝夕相伴的老师，平凡、平淡中孜孜以求的足迹和心灵深处凝结下来的珍贵记忆，复现给他们，呈现给更多的学校、学生、老师？

当时，这个念头如惊鸿一瞥似的闪过，却迟迟没有付诸行动。而真正启动写这本书，是源于 2024 年 4 月创校董事长张勤先生引退对我的触动。

张勤先生是青岛名师"物理张"张友农的儿子，在当年的下海潮中，凭着自己的细心、敏锐、勤奋、踏实，赢得了商场口碑，也赢得了积累，但名师血脉一直流淌在他的心中。"总是不时浮现父亲讲课时的身影""我教不了书，但可以育人"，这实际上是子承父业于教育的精神追求，也是延续父亲的心愿，于是在民办教育的夹缝中，一步步走来。创业艰难百战多，成功的背后是遍野无人可见的苦楚，何况是将事当业做的追求。"质量是超银的命根""超银靠成绩吃饭""一个学校教不出好学生，等于犯罪"，秉持这样的信念，超银中学的中考成绩近二十年保持"遥遥领先"，也使超银教育集团成了青岛市民口中必不可少的一个教育话题。

在一代代老领导、老校长瞩望的目光中，尤其是在张勤董事长的培养教导下，我和同事们并肩奋进，努力开拓。18个激情燃烧的青春岁月融成自己的教育生涯，化成一步一个脚印、一级一个成长……

2006年我大学毕业便入职超银，原本对教育的认知几乎白纸一张，当命运的浪花把我推进学校圈、教育界，从登台讲课，到政教处主任、办公室主任，到超银小学校长、超银中学校长，到超银总校校长……我见证了超银从一隅之地，到扩展至遍布青岛城区的八大校区，到托管两所公办学校，再到加拿大成功办学，内心自豪又激动。回想自己的成长经历，粗心时、失误时、挫败时，身边总有老领导们的宽容，有他们的激励；困难时、迷茫时、成功时，身边还有同事们的支持、鼓励，有他们与我共欢喜。

从张勤董事长的身上，我明白了学校质量的内涵。我清楚地记得，有一个学生的行为和心理都出现一些问题，了解后得知是他的原生家庭所致，于是想要劝家长把孩子转到一个离家近的学校就读。张勤董事长知道后大发雷霆，"如果家庭不能给到孩子应有的滋养，我们在孩子走到悬崖边的时候，是推他一下还是拉他一把？"他那张微微抽动的脸，至今仍镌刻在我的心头，也让我意识到，一个学校的质量不仅仅是好看的升学率、荣誉、奖项，其根底是每一个学生应有的生命质量。

从老校长们的身上，我学到了凡事认真的品质。年轻时跟老校长们汇报工作，我经常扮演的是"二传手"的角色，很少经过思考。他们总能敏锐地从我的汇报中找到问题和漏洞，然后把我问得哑口无言。返工的过程就是成长的过程，慢慢地，思维严谨、条理清晰成为我的行事风格。

超银学校80多岁的顾问马论业主任跟我讲起当年张友农老师在课堂上激励学生的一些小办法，60多年前的故事被马主任讲述得绘声绘色，"我就是受他的启发，用这些小方法，让学生心里触动、让课堂生动、让同事融洽""张老师不止有很多小方法，还有大思路，他总是能结合一个班、一个学段的学生情况，将学习能力装到学生的脑袋里，所以，很多学生几十年了还记着他、想念他"。

张友农老师的衣钵被完整地家传，也被发扬光大于超银，有技巧，有思路，更有的是那种浸润着历史传统的教育精神、教育家精神。就如"超银"

之名，银子很珍贵，超过银子就是金子，它寓意着超越的价值、追求赤金的卓越。

张勤董事长退休后，张毅帅董事长接过接力棒。有一次他问我，怎样让超银优秀下去？我不假思索地说：精神、传统、人。超银有着经典的张友农精神，也已然形成了自己的传统和一支优秀的师资团队，只有在奠基人的瞩望中，点亮教育精神的指路灯，才能在超越的路上自觉攀登……

在本书即将付梓之际，特别鸣谢质量领域的深入思考者项润教授，他撰写的序言为学校质量提升提供了宝贵的智慧与洞见。同样对陶继新总编表示诚挚的谢意，自 2020 年对我进行深入访谈以来，他始终如一地关注并支持我的工作，并再度为本书撰写序言。此外，超银学校全媒体中心的徐奎胜、曲蓓等同事的全力支持与协助，也是本书得以顺利"杀青"的关键。在此，我要向所有超银学校的师生、家长以及社会各界对学校发展给予关注与支持的人士表达最深切的敬意与感谢！你们的慷慨支持与无私帮助，是我前行的不竭动力。

谨以此书的出版，来表达我对教育的爱，对超银学校的爱，以及对所有帮助过我、支持过我的一代代超银奠基人和并肩战斗的同事们的爱。